현용수 교수의

공·동·체·경·제
마·을·이·야·기

공동체경제마을

마을은 기업이다.

마을은 주식회사이고 협동조합이다.

마을은 협동과 공유를 실천하는 공동운명체이다.

마을은 홍익공동체 시민정신의 실천 도장이다.

마을은 역사 · 문화 · 전통이 공존하는 곳이다.

마을은 낡은 집과 오래된 이야기가 있는 곳이다.

마을은 미래의 유산이다.

마을은 '사람 사는 세상'의 마지막 희망이다.

• Agrigento(아그리젠토)
 : 그리스인이 B.C 6세기에 건설한 부유한 농업국가에서 유래
  Agri (Ariculture: 생명농업 + 역사·문화 : 6차산업 융·복합)
  Gen (Genesis: 창의성 + 홍익인간 정신 : 공동체 시민 정신)
  To (Tomorrow: 미래 + AI 기술혁명 : 농촌 르네상스)
  http://ka6ca.or.kr

잘사는 마을기업 · 부자 되는 6차산업 · 전원 3.0 귀농 · 귀촌

현 용 수 교수의
공·동·체·경·제
마·을·이·야·기

6th Industrial Convergence Village
마을은 협동과 공유를 실천하는 공동운명체이다.

수름 세상

홍익미래경영연구원
HI-Future Business Institute

미래의 농촌은 건강한 농촌성Rurality과 6차산업의 경제성으로 새로운 농촌개발Development을 바라볼 때 비로소 지속가능한 농촌 성장의 길이 보입니다.

저는 5년 전부터 '홍익인간 정신, 아그리젠토 공동체 정신으로 다시 태어나다'라는 명제로 '아그리젠토 공동체 시민운동Citizen Spirit'을 이 땅에 뿌리내리기 위해 노력해 왔습니다. 아그리젠토 공동체 정신의 부활을 위해 제일 먼저 실행에 옮긴 것은 대학원 과정에 6차산업 융·복합 미래경영 최고위 교육 과정을 신설하여 공동체경제마을 만들기를 위한 조직 '협회' 등을 만들었습니다. 그리고 6차산업에 대한 정의를 정리하였습니다.

6차산업 융·복합이란 농업과 비농업(문화, 역사, 맑은 물, 맑은 공기 등) 분야, 도시와 농촌, 농민과 도시민 간의 교류를 문화와 학습 그리고 재생Renaissance으로 다시 탄생시킨 것입니다. 21세기는 농촌과 농업 그리고 농민을 새롭게 정의해야 합니다.

농촌은 신新개념의 치유와 상생 그리고 평생학습의 공간으로, 농업은 모든 산업의 기초 재료를 제공하는 생명산업으로, 농민은 농사를 짓는 단순개념의 사람이 아니라 3농(농촌, 농업, 농민)에 의지한 6차산업 기업 등 도·농 간 교류를 통해 생산성을 책임지는 모든 사람과 기업을 포함한 광의적 개념으로 다시 정의해야 합니다.

아그리젠토Agri Gen To는 Agriculture(생명농업 + 역사·문화 = 6차산업 융·복합), Genesis(창의성 + 홍익인간 정신 = 공동체 시민정신), Tomorrow(미래 +

AI 기술혁명 = 농촌재생)의 뜻을 지닌 21세기 농촌부활운동Renaissance입니다. 또한, 아그리젠토 정신은 사라져가는 지역공동체 정신을 일으켜 세우고, 현대화, 산업화라는 미명으로 무너진 농촌을 다시 만드는 농촌재생운동입니다.

우리는 흔히 3농을 말합니다. 3농農은 농촌과 농업 그리고 농민을 말합니다. 농촌은 사람이 사는 공간을 의미합니다. 사람이 사는 공간은 주거의 외양적 환경도 중요하지만, 무엇보다도 더 중요한 것은 공간을 이루고 있는 사람들의 삶의 철학일 것입니다. 지금 우리 주변의 농촌을 돌아봅시다. 저출산, 고령화 그리고 갈등과 핍박으로 농촌·농업·농민은 정체되어 있고, 어떤 때는 거꾸로 간다는 느낌이 드는 게 현실입니다.

한때, 녹색혁명을 통하여 쌀 자립기반을 만들었고, 백색혁명으로 이야기되고 있는 시설원예를 성공적으로 정착시켜 우리 농업도 한때는 많은 나라의 부러움을 샀습니다. 그렇지만 작금의 농촌의 모습은 10년 전, 20년 전과의 차이를 느낄 수 있습니다. 한국은 국토가 좁은 데다, 산악지형이 많아 어쩔 수 없다는 자조 섞인 체념을 들곤 합니다. 그러나 네덜란드는 국토가 우리의 40% 정도밖에 안 되고 인구도 1천700만 명이지만 미국에 이어 농·식품 수출이 1,115억 달러로 세계 2위입니다. 우리 반도체 수출량보다 많습니다. 네덜란드보다 더 적은 국토를 가진 벨기에는 경상남북도 크기에 인구가 1,100만밖에 안 되지만 농·식품 수출은 세계 9위입니다. 우리는 68억 달러로 세계 25위에도 들지 못합니다. 또한, 농촌에는 마을당 40세 이하의 청년 농업인이 0.4명에 지나지 않습니다. 전국의 청년 농업인은 1만 명 정도로 이들의 농업 기반도 매우 취약합니다. 이러다가 10년도 채 안 되어 농업 기반이 붕괴되는 것이 아닌가 하는 걱정이 듭니다.

미래의 한국경제는 장담할 수 없는 어려움으로 치닫고 있습니다. 비단 한국만이 겪는 현실이 아닙니다. OECD 국가의 대부분은 3농을 통해서 경제 환경의 어려움을 극복하려고 합니다. EU와 일본 등은 3농 분야 즉 6차산업의 생산성을 GDP 16% 이상으로 향상시키기 위해 스마트 식물공장, 치유농업Care Farm, 경관산업(농업)Landscape industry, 문화농촌부활 Renaissance 등을 지역공동체 정신과 결합하여 새로운 개념의 농촌재생을 만들어 생산과 수익성을 향상시키고 있습니다.

우리도 늦지 않았습니다. 우리에게는 "6차산업과 농촌재생 그리고 아그리젠토 공동체 정신"이 있습니다. 아그리젠토 공동체경제마을을 농촌지역마다 성공리에 정착시키고, 그리고 21세기 새로운 협동조합(공유경제)경제를 탄생시킨다면 유럽, 일본 등 선진국에 뒤떨어지지 않는 생산성과 콘텐츠를 만들어 낼 수 있습니다.

또한, 아그리젠토 공동체경제마을은 "잘사는 마을 기업, Agri-Business(6차산업), 건강한 자연주의를 바탕으로 4차 기술혁명인 정보통신ICT, 인공지능AI과 결합, 새로운 개념의 스마트 식물공장을 추진하여 농촌재생 Renovation과 치유문화Naturopathy를 정착시켜 신新산업의 장르를 열어가는데 일조를 다 할 것입니다.

우리는 문화민족입니다. 우리의 유구한 역사와 문화가 농촌에 있습니다. 이 문화와 역사를 잘 엮어 콘텐츠로 승화시킬 수 있다면 새로운 "아그리젠토Agrigentopia 한류의 영광"을 3농農에서 다시 재현할 수 있을 것입니다.

2018년 穀雨

홍익인간의 공동체 정신을 되새기며

木元 현용수

널리 인간을 이롭게 하리라

해강海綱 김규남(시인·시조시인)

아득한 날
하늘빛 받은 무리들
붉은 산 아래 터를 잡고
하나 되어 어우렁 더우렁 하더니
큰 박달나무 아래 큰 맹서
널리 인간 이롭게 하고자 했다.

아침 햇살 가장 먼저 비추는 땅
큰 활 메고 말달리던 무리들
호령하던 동북아가 좁았었는데
날개 접은 천 삼백 오십 년 지나
삼족오 날개 다시 푸덕이매
지난날 돌아보며 더 살아갈 날을 위하여
아름다운 그림 그리려네.

오늘 하나 된 우리
서로 도우며 살고자
바로 보되 치우침 없이
더 알차고
더 올바름으로
더 멀리 바라보며
잊었던 혼 회복하려 하네.

아!
한국 아그리젠토Agrigento
오늘 내딛는 걸음
유라시아 대륙을 넘어 5대양 6대주를 넘나들며
우리, 발자국 길이 되고
우리, 걸어간 길 역사가 되리니
우리,일궈낸 신화 자손만대이어
널리,
널리 인간을 이롭게 하리라.

| 차례 |

북촌 한옥마을

공동체경제마을 이야기

왜 마을인가?

마을에 대해 생각해보자.

일본의 이나카다테 마을은 어떻게 부자 마을이 되었나?

우리나라의 대안마을들의 사례를 살펴보자.

독일 마을과 쁘띠프랑스의 사례를 생각해보자.

공동체경제마을의 특징을 생각해보자.

*공동체창조경제마을 · 공동체경제마을 · 창조경제마을 ·
  대안마을 등은 비슷한 개념이다.

1. 왜 마을이 주목받는가?

왜, 지금 사람들은 마을에 주목하는 것일까? 이것도 하나의 유행인가? 그럴지도 모른다. 유행이라고 해도 아주 좋은 현상이다. 우리는 이런 트렌드에 편승하여 우리의 꿈을 이루어 볼 생각이다.

최근에 와서 마을에 대해 연구가 활발해지니 덕분에 관련된 연구 논문이나 책과 기사들이 많아졌다. 필자 또한 마을 만들기 사업에 관한 이야기를 하고자 한다.

지금 마을에 대한 지나친 관심은, 한동안 정부와 지방자치단체들이 서로 밀어붙였던 정책의 힘일지 모른다. 도시인구를 시골로 분산시키려는 정책에 힘입어, 귀농·귀촌 혹은 전원마을들이 많이 생겨났다. 언론에 이런 뉴스들이 계속 나온다. 그래서 사람들이 마을에 대해 주목하는 것일지 모른다.

사실은 그보다 근본적인 이유가 있다.

마을에 대한 관심이 높아진 것은 오늘날의 세계적, 국가적, 사회적으로 직면한 문제들 때문이다. 오늘날 우주선 지구호는 유례없는 위기에 직면하고 있다.

지난 수백 년간 급격히 팽창한 금융자본주의가 지구호[1]의 대부분을 장악했다.

이런 금융의 힘으로 세상을 지배하는 사람들을 우리는 금융자본가라 부른다. 세상의 모든 부는 금융자본가들이 독점하고 있다. 부의 독점으로 인한 경제적 양극화는 이 시대의 비극이다. 그 결과 많은 지구인들을 절대빈곤과 기아, 질병으로 내몰리고 있다.

금융자본가들이 부를 착취하는 과정에서 급속한 공업화, 도시화는 심각한 후유증을 남겼다. 엄청난 화석연료를 소모시키면서 경제성장을 하는 동안에, 결국 지구 온난화와 같은 여러 문제점을 드러내고 있다. 인류는 우주선 지구호의 바이오피드백 시스템을 흔들고, 결국 자멸하는 수순을 밟고 있는 것이다.

미래학자, 현자들은 이구동성으로 말한다. 인류는 소수의 가진 자들의 탐욕으로 망할 것이라고…. 우리는 그렇게 되지 않기를 희망하는 사람들에 속한다.

오늘날 우리가 직면하고 있는 여러 가지 문제들을 모두가 다 안다. 전 세계적으로 그리고 각 국가적으로 해결하려는 움직임이 없는 것은 아니다. 모두 최선책을 찾고 있다.

이런 문제들을 지구호에 승선한 전 인류가 합심하여 해결한다면 최선책일 것이다. 최소한 국가 단위로 해결할 수 있다면 가장 좋을 것이다.

---

1) 필자는 '지구'를 '우주선 지구호'라 명명한 벽민스터 풀러 박사의 말을 애용한다. 지구는 드넓은 우주공간을 수백만 년간 날고 있는 완벽한 우주선이고 인류를 그 우주선의 탑승객들 중 한 무리의 생명체들이다. 『우주선 지구호 사용설명서』 - 벽민스터 풀러/앨피 2007.)

그러나 이것은 현실적으로 무리한 요구이다.

그래서 이런 문제들을 근본적으로 해결하지는 못해도, 개중에 일부는 마을 단위로 해결하는 것이 최상책이라고 전문가들이 말한다. 필자는 이에 동의한다. 우리는 마을이 인류가 직면한 여러 가지 문제들 중 일부를 해결할 수 있다고 생각한다.

이미 전문가들이 지적하듯이 오늘날 전 세계적인 문제는 명확하다. 자원고갈, 부의 양극화, 직업 종말, 인구절벽, 사회계층간의 충돌, 종교적 충돌, 인간성 상실, 저출산과 고령화 등 우리가 이미 다 알고 있는 것들이다.

이런 문제들은 본질적으로 금융자본가들이 자본주의를 오·남용한 결과물이다. 돈이 최고인 세상에서 가진 자들이 지나치게 개인주의적이고 이기적이며 독립적인 라이프스타일에서 이런 문제들이 발생한다. 이 결과 마을이 사라진 것이다.

우리가 형식적으로 어느 마을에 속해서 살고 있지만, 정작 이웃이 누구인지도 모르고, 옆집 사람들과 왕래도 없이 살고 있다. 우리의 마음속에 마을은 없다. 오늘날 세상이 점점 더 도시화되면서 실제로 마을은 점점 더 사라지고 있다.

이제 다시 마을을 되찾아야 할 때가 된 것이다. 그래서 현명한 사람들이 대안마을 운동을 하는 것이다. 우리는 원래의 마을을 복원해야 한다. 그렇다면 원래의 바람직한 마을의 원형에 대해서 알고 있어야 하지 않을까? 어떤 마을이 바람직한 마을일까?

우리가 생각하는 원래의 마을은 사람이 어울려 사는 곳이다. 정상적인 마을은 공유와 협동 그리고 나눔이 있는 주민들의 삶의 공간이다.

하지만 우리 주변의 있는 마을이란 그저 물리적인 집합체일 뿐이다. 우리는 같은 마을에 살고 있지만, 각자 자기 집 담 안에서 살고 있을 뿐, 한 마을에서 사는 것이 아니다. 우리의 몸은 마을에 살지만, 우리의 정신은 완전히 다른 곳에 산다.

이론을 좋아하는 학자들은, 마을이 공간을 공유하는 공동 운명체라고 한다. 미국 시카고대학 로버트 레드필드 교수는 마을을 공동체 속의 공동체라 말한다.

오늘날 도시화된 도시의 마을은 이러한 공동체마을의 기능을 상실하였다. 우리나라의 대도시에서는 마을 개념이 희미하다.

실제로 필자가 오랫동안 서울 강남에 살고 있지만, 한 번도 마을이란 생각을 하지 않고 살고 있다. 그저 행정구역상 구분된 개념만 있을 뿐이다. 삼성동이나 역삼동이 다르지 않으며, 은마 아파트나 개나리 아파트나 전혀 다르지 않다. 단순히 동이 다르고 아파트 단지가 다르다는 인식만 있을 뿐이다. 도시에는 마을이 없다. 있다면 아마도 변두리 동네 정도일 것이다.

더 심각한 것은 이제 이러한 구분도 의미가 없어지고 있다. 도로명 주소 체계로 전환되면서, 마을을 구분하던 지명도 완전히 소멸하는 듯하다. 이제는 사람 사는 마을이 이런저런 거리로 구분되는데, 이러한 도로명 주소는 전혀 마을의 의미를 담지 못하는 것 같다.

실제로 대도시의 마을은 거의 비슷하다. 어디나 판에 박힌 듯 똑같다. 필자는 이것을 '성형미인'에 비유한다. 강남의 거리를 걷다 보면 많은 미인들을 만난다. 그런데 늘 어디선가 본 듯한 얼굴이라는 느낌을 받는다. 어디서 봤지?

우리는 그들이 같은 동기생이라는 것을 짐작한다. [2]

도시의 마을이 천편일률적으로 비슷한 모습을 하는 이유는 도시를 건설한 업자들이 모두 같은 사람들이기 때문이다. 주로 대기업 건설사들이 도시의 아파트와 고층 빌딩들을 만들었을 것이다. 그래서 전국 어딜 가나 도시는 비슷비슷하다. 물론 도시개발을 하는 전문가들이 특색 있는 도시를 만들려고 노력했겠지만, 아무리 봐도 도시는 비슷비슷할 뿐 구별되지 않는다.

참으로 서글프게도 오늘날 시골도 비슷한 꼴이 되고 있다. 과거 시골은 마을마다 독특한 분위기가 있었다. 밤나무골이나 배나무골은 이름만 들어도 뭐가 많은 동네인지 구별이 되었다.

그러나 지금은 같은 업자들이 비슷한 건물들을 짓고 비슷한 놀이공원과 산책로 등을 만든다. 그래서 시골도 거의 도시처럼 생겼다. 어느 시골이나 비슷한 분위기가 되어 버렸다. 이름도 뭔지 구별되지 않는다. 이것이 개발이고 발전이고 진보인지는 모르겠다.

시골이 개발되는 것이 나쁘다는 것이 아니다. 도로가 포장되고 집이 현대화되고 심지어 아파트가 되는 것은 주민들의 삶에 도움이 된다. 그러나 그 덕분에 시골의 특별한 맛이 없어지고 도시와 똑같아진 것은 아쉬운 일이다.

솔직히 요즘에 와서 도시와 시골의 구분은 무의미하다. 생활권의 범위 안에 있다면 그것이 도시이든 시골이든 같은 곳이다.

다만 현대 사회는 모든 경제, 상권, 문화, 행정 등이 대도시 중심으로 돌아가기 때문에, 이런 것이 부족한 시골은 상대적으로 불리할 뿐이다.

---

2) 그들은 같은 성형외과 출신들이다. 의사가 같으니 비슷하게 성형할 수밖에 없다.

이 때문에 점점 더 도시로 사람들이 몰리고 시골은 사람들이 없는 꼴이 되었다. 하지만 이제는 도시가 너무 심하게 망가진 탓에 사람들은 점차 시골로 관심을 돌리기 시작했다. 그리고 정책적으로 사람들을 이주시키려고 시골도 개발하다 보니 덕분에 이제는 시골도 점점 도시화되고 있는 것이다.

시골은 자연환경, 힐링 공간, 치유농업, 산림복지 같은 중요한 역할을 한다. 그래서 시골은 시골답게 남아있어야 한다는 생각을 한다. 도시와 시골이 너무 똑같아진다면 이것은 미래의 후손들에게 비난받게 될 일일 뿐이다. 이제 시골을 도시로 만들지 말고, 상호보완적인 관계로 발전해야 한다.

2. 마을은 무엇일까?

마을에 대한 이야기를 계속하기 위해서는 마을에 대한 정의를 해야 할 것이다. 이 대목은 학자들의 의견을 수렴하여 설명한다.[3]

일반적으로 '마을은 오랜 기간에 걸쳐 자연스럽게 형성된 곳'이 대부분이라서 마을에는 역사성과 자연적, 생태적 특성이 강하게 나타난다. 이것이 원래의 마을이다.

마을은 주민과 공간으로 구성된다. 주민들이 '우리'라는 공동체 의식을 바탕으로 마을 구성원으로서의 정체성과 소속감을 갖게 되고, 마을의 여러 활동에 참여하게 된다. 대개 마을 주민이라고 하면 그 지역에 사는 사람을 의미하는데, 장기간 외지에 있더라도 여전히 마을 주민으로 간주한다. 즉 마을의 애경사에 참여하며 지속적으로 인간관계를 유지한다면 여러 가지 이유로 다른 곳에 있더라도 마을 주민으로 인식되는 것이다.

마을은 주민들의 배타성이 매우 강하다. 이것은 장점이면서 동시에 단점이다. 그래서 시골 마을에 도시인이 이주하는 경우, 마을 주민으로

---

3) 『마을의 재발견』 -김기홍 / 올림 2014.

포함되는 일이 쉽지 않다. 특히 집성촌을 이루는 마을의 경우에는 외지인들이 들어가는 것이 더욱 어렵다. 결혼 등으로 마을에 타지의 사람들이 유입되거나 다문화인들이 들어오는데 기존 마을사람들과 융화에 많은 어려움을 겪기도 한다.

필자는 건국대학교 미래지식교육원에서 6차산업 융·복합, 농업경영과 농촌공동체경제마을 만들기 등 인재 양성에 혼신을 다하고 있다. 그래서 농촌 마을의 실상을 매우 잘 알고 있는 편이다.

국제결혼을 통해서 한국의 농촌 노총각들과 결혼한 동남아 여성들은 시골 마을에 정착하는 데 애를 먹는다. 도시보다도 시골의 마을은 전통적인 유교 사상이나 외지인 특히 피부색이 다른 인종에 대해서 상당한 반감을 가지고 있다. 이런 시골 마을에 정착하여 잘 살기 위해서는 사회적인 지원이 절대적으로 필요하다.

일반적으로 마을은 주로 20~50가구 정도가 모여서 형성되는데 아무리 커도 100가구 안쪽의 같은 지역 내에서 살고 있는 주민들로 구성되는 것이 보통이다. 사실 이러한 주민의 수는 특정 지역이라는 장소적인 특성과 관계되는 것이다. 모듬살이가 실제로 이루어지는 공간을 마을에 포함시키는데, 오늘날은 실제로 경제활동을 하는 곳까지 마을로 간주하기도 한다.[4]

마을은 그 자체로 자발성, 자족성, 지속성 같은 본질이 유지되는 곳을 말한다. 마을이 짧게는 수십 년 길게는 수백 년 혹은 수천 년간 역사를

---

4) 도시의 마을은 가구 수가 전혀 의미가 없다. 주로 다세대와 아파트에 거주하기 때문이다. 어느 정도 공간을 가진 단독주택들이 마을을 형성할 때 이러한 가구 수는 의미가 있다.

이어오기도 한다.[5]

우리는 이러한 마을에서 새로운 가치를 찾게 된다. 이 주제는 제5장에서 다시 이야기할 것이다.

마을이 유지되기 위해서는 평등과 자치, 공유와 나눔, 상생과 조화의 정신이 기저에 깔려 있어야 한다.[6]

마을을 움직이는 메커니즘을 사회적 자본의 관점에서 접근하면 이해가 쉽다고 김기홍 작가는 말한다. 자본주의에서는 물적자본(화폐, 에너지, 귀금속, 부동산, 광물 등)과 인적자본(기술, 전문성, 자격증, 노하우, 정보 등)의 두 가지 자본을 중심으로 분석하다가 구성원들의 결속력이나 참여 등의 사회적 자본을 제3의 자본으로 인식하게 되었다.

사회적 자본은 구성원들의 상호 관계 속에서 존재하는 형태의 자원이다. 공동체와 관계망이 형성되어야 작동하는 자본이다. 사회자본은 오늘날 개인주의가 발달한 사회에서 개인과 공동체에 유익한 역할을 한다.

성공적인 마을을 만들기 위해서 단계별로 분명한 목표가 있어야 한다. 첫 번째는 주민들의 마음을 하나로 묶는 '마음 만들기'이고, 두 번째는 '사람 만들기'로 마을의 인재를 육성하는 것이다. 세 번째는 '비전 만들기'로 마을에서 할 일들의 우선순위를 정하고 일을 추진하는 것이다.

---

5) 필자가 20~30대에 관심을 가졌던 티베트와 인도 오지마을은 수천 년간 거의 변화 없이 전통생활 방식으로 마을이 유지되고 있다.
6) 그래서 우리는 처음부터 새롭게 마을을 건설해야 한다는 것을 알게 되었다.

구자인 소장(전북 진안군 마을만들기센터 소장)은 마을 만들기가 궁극적으로 지향할 목표 4가지를 첫째는 항상 배우고 공부하며 학습 능력을 키워가는 평생학습 습관의 마을, 둘째는 지역의 문제를 주민 스스로 해결하는 주민 자치의 마을, 셋째는 적정한 수입을 통한 안정적 생활이 가능한 경제 자립의 마을, 마지막으로 넷째는 마을 인심이 살아 있는 서로 돕는 공동체마을이라고 한다.

이러한 마을 만들기는 단순히 마을 주민들의 힘만으로는 어렵다. 그래서 정부와 지방자치단체, 기업, 전문가, NGO, NPO 등이 상호 협력해야 한다.

김기홍 작가는 마을의 유형으로 협동형 마을, 방임형 마을, 다문화형 마을, 종족형 마을, 이념형 마을, 임의형 마을 등으로 구분하였다.

과거 한국 마을은 훌륭한 사회적 자본을 가지고 있었다. 두레, 품앗이, 계 등이 마을을 유지하는 경제적 바탕을 만들어 주었다. 오늘날 이러한 우리 전통의 사회적 자본을 살리는 대안마을이 절실히 필요하다.

우리의 현대사에서 박정희 정부가 주도했던 새마을운동과 오늘날 대안마을 만들기를 비교해보는 것도 의미가 있을 것이다. 새마을운동이 물리적인 측면에서 마을을 혁신시킨 점은 인정할 수 있지만, 과연 그 과정에서 우리의 전통문화와 미풍양속 그리고 역사성을 가진 수많은 마을의 사회적 자본은 보존, 발전되었는가를 되짚어봐야 한다.

김기홍 작가는 마을이 자아실현의 장이어야 한다고 말한다.

첫째, 인간의 자유 확대와 기본적인 욕구는 마을 공간에서 최대한 존중되어야 한다.

둘째, 마을 구성원은 마을의 존속을 위해 지속적인 관심을 가지고 적극적인 마을 현안에 참여해야 한다.

셋째, 마을 구성원은 개인적인 이기심이나 탐욕을 극복함으로써 상호 협력에 힘써야 한다.

넷째, 마을에서의 개인적인 삶과 공동체 구성원으로 지속적인 인문학적 성찰이다.

다섯째, 마을 구성원의 전인격적인 삶을 위해 배움의 기회가 보장되어야 한다.

마을은 국가라는 울타리 내에 존재하지만, 그 자체가 하나의 독립성을 갖는다. 마을을 작은 공화국이라 표현한다. 그러나 결국 국가 내에 소속되어 있어서, 마을이 정상적으로 존립하기 위해서는 국가의 적극적인 관심이 필요하다.

우리가 말하는 마을이 자본주의 배치되는 관계처럼 보이지만, 자본주의의 효율성과 개인 이익 중심과 마을이 공동체와 공익을 강조하는 부분은 상호 보완관계가 될 수 있다. 이것이 마을 단위로 우리의 라이프스타일을 구축하는 것이 현시대에 적합하다고 생각하는 이유 중 하나이다.

잠시 살펴본 것처럼 마을은 지금 우리가 살고 있는 것처럼 도시의 아파트 단지가 아니다. 물론 아파트 단지도 마을이긴 하지만, 우리가 희망하는 그런 의미의 마을이 아니다.

오늘날 우리는 여러 면에서 매우 힘들게 살아가고 있다. 경제적인 측면에서 그리고 건강이나 가족 등 많은 것들이 갈등과 문제의 연속이다.

도시인들의 삶은 그 자체로 전쟁터이다. 직장에서도 전쟁을 치러야 하지만 집에서도 심지어 출퇴근하는 동안에도 전쟁을 치른다. 인간적으로 믿을 사람도 없고 주변에 온통 적들과 날강도와 사기꾼들과 협잡꾼들이 득실거린다.

　최근에 언론에 자주 등장하는 '이상한 부모들'의 이야기는 우리가 어디에 와 있는지 되돌아보게 만든다. 자신의 딸을 오랫동안 폭행하여 결국 죽게 만들고, 사체를 냉장고에 보관하면서도 아무렇지 않게 살고 있었던 부모들이 있다. 아들을 죽이고도 멀쩡하게 사회생활을 하는 부모들도 있다. 단순히 화가 난다고 부모를 죽이거나 이웃을 죽이는 일이 비일비재하다. 심지어 고속도로에서 앞길을 가로막았다고 해서 끝까지 쫓아와서 폭행을 하는 운전자도 있다.

　이런 일들이 우리나라의 문제만이 아니지만, 왜 인류가 점점 더 이렇게 야만적이고 비인간적으로 되는지에 대해서 생각해 볼 필요가 있다. 이런 일들은 한 가지 원인으로 설명할 수 없지만, 분명한 것은 우리가 서로 모르고 산다는 데 있다. 하나의 마을에서 서로 잘 알고 사는 경우에는 매우 인간적이 될 수밖에 없을 것이다.

　하지만, 오늘날 도시의 마을은 아니 도시화된 마을에서는 이웃도 서로 잘 모른다. 이웃집에 어떤 사람들이 살고, 무엇을 하는지 모른다. 알 필요도 없는 것이다. 개인신상 정보가 잘못 누출되면 위험하다고 생각하기 때문이다. 이것이 현대인들의 생활 한 단면이다. 요즘 익명성을 지닌 SNS 등에서 심각한 인신공격이나 범죄 등이 일어나는 것도 우리의 라이프스타일에 관계가 있다고 생각된다.

　아이들의 왕따나 폭력 역시 마찬가지다. 모두가 다 알고 있는 마을에서는 이런 일이 쉽지 않을 것이다. 그러나 오늘날 도시에는 한 반의 아이들은 서로 다른 마을에서 사는 경우가 많다. 같은 마을이라도 서로 부모들이 왕래하지 않기에 서로 모를 수도 있다. 결국, 아이들만 학교에서 마치 교도소와 같은 생활을 하는 것이다. 이러한 단절이 왕따나 폭력으로 발전한다. 서로 모르기 때문에 이러한 일들이 커지기 전에 차단하지 못하는 것이다.

마을의 기능을 전문가들이 논문으로 잘 말하고 있지만, 그것을 구현하는 실제적인 마을들이 필요할 것이다.

다양한 형태의 대안마을이 거론되고 있다. 그러나 처음부터 완벽하게 이상적인 마을을 만들 수는 없다. 하지만 얼마든지 마을을 재조명하고 바람직한 마을을 자꾸 만들어가는 것은 매우 가치 있는 일이라고 생각한다.

어느 지역에 좋은 마을들이 점점 더 늘어난다면, 결국 그 지역에 사는 사람들의 라이프스타일이 좋아진다는 뜻이다. 이것이 작은 동네에서 작은 마을로, 더 커지면 하나의 지방자치단체 단위로 발전할 수도 있다.

우리는 다양한 형태의 대안마을을 생각할 수 있다. 그리고 모든 마을 만들기는 다 연구할 가치가 있다. 하지만 우리는 선택과 집중을 모색할 것이다. 우리는 단 하나의 관점에서 마을을 생각한다. 그것이 바로 '경제'이다. 오늘날 많은 문제들이 이 경제적인 것에서 시작되기 때문이다.

3. 공동체경제마을의 구성 요소

우리는 공동체경제마을의 구성을 세 가지 측면에서 살펴본다. 그것은 경제, 인문, 자연으로 나누어 볼 수 있다.

먼저 경제적 측면에서 생각해보자. 마을이 존속하기 위해서는 경제가 정상적으로 돌아야 한다. 마을 주민들이 경제적인 문제가 해결되지 않는다면, 그 마을을 떠날 것이다. 한 마디로 마을은 경제적인 능력이 부족하면 존립하기 힘들다.

그 반대로 만일 경제적인 것이 해결된다면, 마을은 지속될 수 있을 것이다. 실제로 사람들이 시골 마을을 떠나 도시로 가는 이유는 시골에서 경제 문제가 해결되지 않기 때문이다.

마을은 주민들의 경제 문제를 해결할 수 있어야 한다. 이것이 우리가 생각하는 마을의 첫 번째 요소이다.

이 경제의 문제는 오늘날 자본주의가 가진 화폐 시스템을 벗어나서 생각할 수 없다. 마을은 경제적으로 자립할 때, 지속될 수 있는 것이다. 그래서 우리는 대안마을의 중요한 부분은 마을의 경제력을 갖추는 경영적인 능력이라고 생각한다.

두 번째는 인문이다.

인문人文은 사람들의 삶의 자취에 관한 것이다. 일반적으로 인문학이란 역사, 문학, 철학을 의미한다. 이런 것들은 모두 인간이 삶을 통해서 만들어낸 흔적들이다. 이것은 인본주의의 핵심요소이기도 하다. 이것이 바탕이 되지 않으면 마을의 항상성이 무너진다.

우리가 생각하는 마을은 사람들이 서로 어울릴 수 있는 인문적인 요소가 있어야 한다. 마을 사람들은 서로 간의 믿음과 의리와 존중과 사랑이 있다. 또한, 상호 간의 질서가 있다. 이것이 마을을 계속 존재하게 하는 인문의 힘이다.

오늘날 효도에 대해 말하는 사람들이 많지만, 그 근본적인 이유는 인문적인 가치 붕괴에 있다. 인간이 인간답지 못하니 생기는 일이다. 인문은 새로운 가치를 창조하는 힘이다. 결국, 이 인문이 경제와 결합하여야 새로운 부가가치로 거듭난다. 인문은 곧 창의성의 원천이 된다.

세 번째는 마을의 지리적, 공간적인 관점이다.

이것이 학자들이 말하는 마을의 지형학적인 개념이다. 마을이 어떤 곳에 어떻게 존재하느냐는 대단히 중요하다. 도시의 마을과 시골의 마을은 자연환경이 엄청나게 다르다. 주변에 어떤 사회적인 인프라가 있느냐도 중요하다. 이러한 자연과 환경적인 요소는 마을에 절대적으로 영향을 미친다.

마을에는 사회자본이 존재한다. 마을이 가진 자연적이고 사회적으로 형성된 고유의 자원을 말한다. 이것이 마을이 차별화되게 하는 중요한 요인이다. 마을의 브랜드를 만드는 데 중요한 역할을 한다. 이러한 사회자본은 오랜 기간을 통해서 형성된다. 그래서 변화시키기 어렵지만 이를 극대화할 수는 있다.

마을을 형성하는 데는 이 세 가지 외에 수많은 요소들을 언급할 수 있지만, 이 세 가지만 중심축으로 놓고 생각한다. 이제 대안마을을 이 세 가지 측면에서 연구해 본다면 흥미로운 점을 발견할 것이다. 어떤 마을은 경제적 요소가 강하고, 어떤 마을은 인문적 요소가 강하다. 또 어떤 마을은 사회자본이 강하다. 모든 성공적인 대안마을은 이 세 가지 요소들이 잘 결합되어 있는 마을이다.

다음 장에서는 주목할 만한 마을들을 일부 살펴볼 것이다. 이미 널리 알려진 사례이지만 이 책에서 한 번 더 의미를 새겨보기로 한다. 일본의 성공적인 마을, 그리고 한국의 공동체경제마을 몇 군데 이야기를 나누어보자.

4. 이나카다테 마을 이야기

인구 8,700명의 작은 마을…

아오모리현의 중앙에 위치한 시골 마을…

이나카다테…

일본 북동부의 이나카다테Inakadate는 쌀로 유명한 작은 마을이다. 주 생계 수단이 쌀인 만큼 쌀 판매량은 이나카다테 마을이 유지되는 데 중요한 비중을 차지한다.

그러나 일본인의 식습관이 서구화되면서 쌀 소비가 줄어들었고 이나카다테의 쌀 판매량 역시 급속도로 줄었다. 또한, 농촌 인구의 고령화와

〈이나카다테 마을〉

〈라이스코드〉

인구 감소로 일손 부족이라는 고충이 더해져 작은 마을의 어려움은 더 커져갔다. 생존 위기에 처한 마을 주민들은 방법을 모색하기 시작했다.

그때 마을을 구하기 위한 라이스코드Rice-code 프로젝트가 시작됐다. 라이스코드는 재치 있는 아이디어와 디지털 기술을 융합시켜, 마을의 주 생계 수단이었던 쌀의 가치를 새롭게 부각시키는 프로젝트이다.

이 프로젝트는 1993년 농업 환경이 점점 기계화되는 요즘 사람들이 직접 모를 심고, 곡식을 거둘 수 있는 체험을 제공하기 위해서 시작했다.

라이스코드 프로젝트는 논에 심는 벼로 그림을 그린 후, 그 그림을 디지털 기술에 접목하는 것이다. 방법은 아주 간단했다. 먼저 보라, 노랑, 흰색, 오렌지, 빨강, 초록과 같은 다양한 색상의 쌀을 심어서 논에 그림을 그린 뒤에 QR코드 기술을 덧붙여 쌀 판매 사이트로 연결하는 것이었다. 이 다양한 색깔의 벼는 특별한 기능을 가진 쌀이 아니라 오히려 별로 주목받지 못하던 것들인데 일본 전역에서 모은 것들이다.

논에 그리는 그림은 처음에는 100% 마을 사람들에 의해 시작되었다. 마을 재건회에서 올해의 주제를 선정한 뒤 마을의 미술 선생님이 스케치를 하면 측량 경험이 있는 주민이 CAD 도면을 그려 논에 좌표를 옮긴다.

〈도면에 맞춰 벼를 심는다〉

〈1개월 후의 모습〉

〈4개월 후의 모습〉

〈6개월 후의 모습〉

그 후 1,200명이 넘는 마을 사람들이 모여 도면에 맞춰 벼를 심는다. 지금은 수많은 자원봉사자들과 함께 그림을 그린다.

이렇게 칼라 벼를 심어서 자라는 동안에 변화되는 모습을 사진을 찍었다. 이것을 구경하려 사람들이 오기 시작했다.

1개월 후의 모습, 4개월 후의 모습 그리고 6개월 후의 모습을 보면 확실하게 논 그림이 뚜렷하게 드러나는 것을 볼 수 있다. 이러한 논 그림의 변화는 사람들의 관심을 끌기에 충분했다.

〈초창기 후지산의 모습〉

　초창기 작품은 후지산의 모습과 마을을 홍보하는 글귀로 이루어졌다. 초기에 그렸던 모나리자 그림은 그 이유는 처음에는 미처 원근법을 생각하지 못했기 때문에 사진과 같이 비정상적으로 보인다. 그래서 원근법을 도입하여 그림이 정상적으로 보이도록 정교하게 설계하게 되었다. 해를 거듭할수록 논 그림의 예술성이 높아졌다.

　하지만 단순히 그림을 그리는 것이 목적이 아니라 쌀 판매량을 늘리기 위한 전략이었다. 당시 일본인들은 QR코드를 일상적으로 사용하고 있었고 QR코드 기술을 논 그림과 연결함으로써 실제 쌀 판매와 배송까지 하나로 통합하게 된 것이다.

　라이스코드 프로젝트는 다양한 채널로 일본 전역에 전파되었다. 각종 신문과 방송 그리고 사람들의 입소문, 직접 방문한 사람들이 SNS를 통해서 소문을 내기 시작했고, 많은 사람들이 이 마을을 방문하기 시작했다. 한해에 무려 마을 인구의 30배에 달하는 25만 명의 방문객이 찾아왔다.

〈논 그림의 다양한 모습〉

쌀 판매량도 치솟았다. 이 프로젝트로 인해 마을은 활력을 되찾았다. 이에 일본 정부는 이나카다테를 찾는 관광객을 위해 특별한 기차역까지 만들었다.

이 마을은 이제 6차산업 융·복합을 제대로 구현하고 있다. 이 마을에 관광 오는 손님들은 논 그림 모심기 행사에 참여할 뿐만 아니라, 벼 베기에도 참여했다.

이 마을은 관광객들을 대상으로 하는 다양한 프로그램을 하고 있다. 마을 주민들은 특산품도 판매하고, 농악 공연도 펼친다.

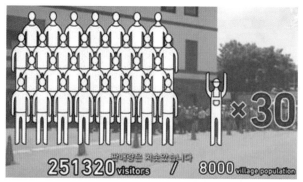

이렇게 마을 주민들과 관광객들이 함께 어울리는 축제의 장을 만들면서 마을은 점점 부유해졌다.

오늘날 이나카다테 마을은 일본 전역에서만 유명한 것이 아니라 전세계적으로 널리 알려진 유명한 마을이다. 한 마디로 세계적인 브랜드로 성공한 마을이 된 것이다.

이나카다테 마을의 성공 사례는 우리에게 여러 가지를 시사한다. 이나카다테의 성공 요인들을 다음과 같이 정리해 보았다.

1. 간절한 마음으로 하나 된 마을 주민들이 협동과 공유의 정신으로 뭉쳤다.
2. 농업을 기반으로 하되 창의적 발상으로 6차산업 융·복합적인 부가

〈체험행사 - 벼 베는 방법 설명〉　　〈체험행사 - 특산품 판매〉

〈체험행사 - 벼 베기〉　　　　〈농악 공연〉

　가치를 창출했다.

3. 단 한 가지 목표에 집중했다. 즉 쌀 판매를 위해서 라이스코드를 만든 것이기에, 논 그림을 상업화하지 않았다.

4. 모든 문제를 마을 주민들의 힘으로 해결하고자 했다.

5. 사회적 공감대를 형성함으로써 자연스럽게 정부 지원을 받았다.

6. 마을을 하나의 브랜드 있는 명소로 만들었다.

7. 결과적으로 마을이 하나의 성공적인 기업이 되었고 그 결과 마을 주민들이 부자가 되었다.

　첫 번째 성공 요인은 '간절함'이다. 이 마을 주민들은 간절한 소망으로 뭉친 것이다. 필자가 오랫동안 자기계발 교육을 하면서 알게 된 것은, 모든 성공하는 사람들이나 일은 절실함 혹은 간절함이 있었다는 점이다.

　마을 주민들이 간절히 소망하는 마음이 있었기에 협동과 공유의 정신으로 단합할 수 있었다. 이나카다테의 경우에 마을 주민들이 생존을 위해서 자발적으로 뭉쳤다. 이렇게 마음에서 우러나서 한마음 한뜻으로 뭉친다는 것이 성공의 핵심요인이다.

우리나라의 많은 공동체경제마을들의 사례를 살펴보면 마을 주민들이 뭉쳐서 자발적으로 잘살기 운동을 전개한 경우도 더러 있다. 그러나 대부분이 외부의 지원을 받는 것이 동기가 되었다. 정부가 농촌 마을 지원 사업을 하면서, 현재의 공동체마을들이 많이 생겨난 것이다.

이렇게 외부의 지원으로 시작된 경우에는 마을 주민들이 모두 협동하여 하나의 프로젝트를 추진하는 데 어려움이 많다. 한국의 공동체마을이 성공하기까지 너무 많은 시간과 시행착오를 겪고 있다.

이나카다테의 경우처럼 마을 주민들이 자신들의 생존을 위해서 뭉친 경우에는 협동과 공유의 힘을 발휘하기가 매우 쉽다. 마을 주민들이 전체적으로 동의하여 추진하는 프로젝트는 성공하기 쉽다.

외부의 힘으로 마을 주민들이 모두 참여하는 프로젝트를 추진하는 경우에, 수년 혹은 수십 년의 시간이 소요되기도 한다. 특히 외지인이 텃세가 심한 농촌 마을에 들어가서 어떤 개혁적인 일을 추진하는 것은 너무 어렵다. 오랜 역사와 전통을 가진 마을일수록 더 배타적이기 때문이다.

무슨 일을 하든지 마을 주민들이 모두 참여할 수 있다는 것은 그 자체로 매우 의미가 깊다. 이나카다테의 경우, 프로젝트가 마을 주민들 모두가 공감하는 일이고, 주민들이 합심하여 시작했다.

필자가 공동체경제(창조)마을 프로젝트를 추진하면서 기존 마을에서 시작하지 않고, 처음부터 새롭게 마을을 건설하려는 것도 처음부터 마

음 맞는 사람들이 뭉쳐야 성공할 수 있기 때문이다.

　마을 주민들이 모두 합심하기 위해서는 처음부터 절실한 마음을 가진 사람들이 모여야 한다. 무슨 일을 하든지 한마음 한뜻으로 뭉칠 수 있는 사람들을 결성하는 것이 최선책이다. 그래서 필자는 일심동체로 공동체경제(창조)마을을 건설할 사람들을 찾기 위해서 '아그리젠토 6차산업 융·복합 미래경영 최고위 과정'을 운영하고 있는 것이다.

　이는 체계적인 교육을 통해서 생각과 마음이 통일된 사람들이 연합하여 공동체경제(창조)마을을 건설하는 것이 핵심이다.

　두 번째 주목할 부분은, 이나카다테는 농업을 기반으로 하고 있고 여기서 출발했다는 점이다. 이 마을은 전통적으로 쌀농사에 의존하던 마을이었다. 문제도 이 쌀 판매량이 저조하여 생긴 것이다. 문제가 된 바로 그 쌀에서 시작했다. 이것이 아주 중요한 성공 포인트이다. 농업을 기반으로 한 것은 대단히 중요하다.

한국의 공동체경제마을의 경우에 일부는 너무 성급하게 자신들의 조상 대대로 내려오던 농업을 버리고, 전혀 새로운 것들을 시도했다. 물론 일시적으로 성공한 것처럼 보이는 경우도 있다. 그러나 장기적으로 본다면, 그 마을의 역사와 전통을 살리는 것이 더 가치 있는 법이다.

공동체경제마을을 만드는 경우에도, 기존의 것을 싹 바꿀 것이 아니라, 창의성을 발휘하여 새로운 길을 모색하는 것이 바람직하다. 이 마을 사람들이 발상을 전환한 것이다. 쌀은 먹는 것만이 아니라, 예술 작품이 될 수 있다는 생각은 창의적 발상이다. 더구나 누구나 생각할 수 있는 것처럼, 단순히 쌀의 소출을 높이기 위해서, 특별한 쌀을 개발한다든지 혹은 특수한 쌀을 생산하는 데 관심을 둔 것이 아니었다.

실제로 우리나라에도 어떤 마을에서는 게르마늄이 들어간 쌀을 생산하고 어떤 곳에서는 유황 쌀을 생산한다. 또한, 어떤 곳에서는 우렁이 농법으로 유기농 쌀을 생산한다. 물론 이렇게 품질을 개량하여 차별화하는 것은 아주 좋은 방법이 될 수 있다. 그리고 이렇게 특별한 쌀을 생산하여 농가소득을 높이는 데 기여하고 성공한 케이스도 있다.

하지만 이나카다테는 좀 다르게 생각을 했다. 기존의 쌀을 그대로 두고 판매량을 높이기 위해서 어떻게 할 것인가를 연구했다는 점이다. 이것은 경영의 관점, 마케팅의 관점에서 사물을 보는 시각적 변화이다.

이 마을의 자본은 쌀 농사짓는 논과 마을 사람들이 전부일 것이다. 이것으로 어떻게 새로운 부가가치를 창출할 것인가를 고민한 것이다. 이러한 창의적 발상이 해답을 만들어 내는 것이다.

창의적 발상으로 쌀은 먹기 위해서 생산해야 한다는 전통적인 사고방

식에서 벗어난 것이다. 만일 쌀 자체를 개량하는 것에 관심을 두었더라면, 단순히 농업이라는 전통적 생각에서 벗어날 수 없었을지 모른다.

쌀을 하나의 작품으로 만들겠다는 생각은 새로운 부가가치를 창출하는 창의적인 부분이다. 논 그림(논 아트)을 시도한 것은 누구나 할 수 있는 일처럼 생각할 수 있지만, 아마도 당시 마을 사람들에게는 획기적인 발상이었을 것이다. 이것은 우리가 본받을 만한 발상의 전환이었다. 흔히 말하는 복합적이고 융합적인 생각을 한 것이다.

벼 + 그림 = 논 그림

벼에 그림Art을 도입하여 하나의 작품을 만든다.

이런 발상 자체도 마을 주민들이 자발적으로 했고, 또한 이 일 자체도 주민들이 역할을 분담해서 자발적으로 했다는 점을 높이 평가해야 한다. 진실로 자발성이 성공의 핵심요인이다.

현재 우리나라에 다양한 형태의 공동체경제마을들이 생겨나고 있다. 그중에는 농업을 기반으로 하는 경우도 있지만, 전혀 그렇지 않은 경우도 있다. 물론 농업이 아니라도 성공할 수 있다. 그러나 우리는 앞으로 공동체경제마을에서 기본적으로 농업을 바탕으로 해야 한다는 생각이다. 그 이유는 뒤에서 설명한다.

세 번째 주목할 부분은 이들은 한 가지에 집중했다는 점이다. 흔히 선택과 집중이라는 말을 한다. 무엇을 선택하고 어디에 집중하느냐는 매우 중요하다.

한국의 공동체경제마을 사례를 연구 조사한 자료들을 살펴보면, 하나의 분명한 목적에 집중한 경우도 있지만, 너무 다양한 사업들을 추진하는 경우가 많다.

예를 들어서 어느 작은 마을에서 농사도 짓고, 마을 축제도 열고, 캠프도 만들고, 숙박시설도 운영하고 놀이시설도 운영한다. 그런데 이런 것들은 거의 모든 마을이나 혹은 관광지에서는 흔히 볼 수 있는 것들이다. 요즘에 흔한 체험 캠프들도 전국 어디서나 쉽게 볼 수 있는 것들이다.

공동체경제마을을 만들기는 했지만, 전혀 차별화되지 않았다. 한 마디로 선택과 집중의 실패이다. 다른 마을에서 성공한 것들을 모방해서 일시적으로 사람들을 끌어들일 수는 있지만, 장기적으로 본다면 실패할 가능성이 높다. 경쟁력이 약화되고, 힘은 분산되고, 뚜렷한 주제가 없는 꼴이 될 것이다.

사실 이나카다테의 경우도 처음에 논 그림을 시작한 후에 사람들이 많이 방문하게 되면서 여러 번 유혹이 있었다. 기업체들이 접근해서 논 그림을 상업적인 광고로 활용하자고 제안했던 것이다. 즉 기업체 광고

물을 논 그림으로 그리면 자금을 지원하겠다고 유혹한 것이다. 만일 이렇게 했다면 초기에 상당한 광고수익을 올렸을 것이다. 그러나 이렇게 상업적으로 변질되었다면 나중에 실패했을지 모른다.

그러나 아나카다테 마을은 쌀 판매를 높이기 위해서 논 그림을 시작했고, 이것으로 돈을 벌려고 하지 않았다. 결국 상업적인 광고를 포기하는 대신, 기부금으로 운영하기로 함으로써 그들의 순수성을 유지했다. 이 덕분에 쌀 판매를 통한 수익이 급격히 증대되었고, 마을 사람들은 모두 부자가 되었다. 이처럼 선택과 집중은 대단히 중요하다. 하나의 사업에 주력하고 나머지는 포기하는 것이 성공하는 비결이다. 그러나 실제로는 반대로 하는 경향이 많다.

우리나라의 공동체경제 마을에 가면 어디서나 볼 수 있는 너무 많은 잡다한 프로그램들이 있다. 이래서는 안 된다는 생각이다.

그다음으로 주목한 것은 자치와 자립이다. 즉 문제를 모두 주민들의 자치적인 협의로 해결했다는 점이다. 당연히 이렇게 하려면 마을에는 민주적인 의결기구가 있어야 한다. 그리고 이에 마을 주민들이 모두 동참해야 한다.

성공적인 공동체경제마을에는 이러한 주민자치기구가 잘 되어 있다. 주민들의 힘으로 모든 문제를 해결하겠다는 생각 자체가 매우 중요한 것이다. 마을의 문제를 외부에서 해결하려고 한다면, 처음에는 쉬울지 몰라도 나중에는 독립성을 잃을 수가 있다. 마을 주민들이 독자적으로 해결하려는 태도가 중요한 것이다.

물론 이 대목에서 전문가의 지원이나 도움을 받는 것은 필요하다. 모든 것들을 마을 사람들이 다 해결해야 하는 것이 아니라, 마을 사람들이 주도적으로 자치적으로 해결해야 한다는 뜻이다. 그러나 일에 따라서는 전문가나 외부의 지원을 받아야 하는 경우가 있을 것이고, 언제든지 지원이나 도움을 받는 것이 좋다.

　그다음 생각해 볼 부분은 먼저 사회적으로 인정받고 나서 정부의 지원을 받았다는 점이다. 많은 경우에 이렇게 하지 않는다. 먼저 지원을 받아서 어떻게 해보려고 애를 쓴다.

　이나카다테 마을이 먼저 사람들의 주목을 받을 수 있는 프로그램을 운영하였기 때문에 정부도 이를 지원하기로 한 것이다. 실제로 어느 마을에 기차역을 만들려면 철도망을 구축해야 하므로 상당한 비용이나 정책적인 지원이 필요한 일일 것이다.

　먼저 이런 것들을 요구한다면 가능성도 적지만 일에 주객이 전도되어 일이 틀어질 것이다. 흔히 귀농 · 귀촌하는 사람들이 정책적인 지원에 목을 매는 경우가 많다. 사실 정부는 의도적으로 많은 사람들에게 지원 자금을 만들어 주었다. 이것은 미끼이고, 사람들은 이 미끼를 물었다. 그러나 이런 지원 때문에 귀농 · 귀촌했던 사람들은 나중에 망해서 다시 도시로 돌아오는 경우가 많았다.

　정선군이 고향인 전0일 회장은 수년 전 귀향할 때, 다른 사람들처럼 사업계획을 제시하여 지원 자금을 받는 것은 쉽지 않다는 것을 알았다. 다만 지방자치단체에서 꼭 필요한 일을 찾아서 그 일을 하게 되면, 그 성과물을 가지고 지원을 받을 수 있다는 점을 알았다. 전 회장은 정선군에 꼭 필요한 일이 무엇인가를 연구하였고, 인구 증가가 절실하다는 것을 확인했다.

전 회장은 정선군에 인구를 늘리는 방법으로 국제결혼을 추진했고, 이것이 성공하면서 정선군의 인정을 받게 되었다. 이후에 다문화 지원 사업을 펼치면서 지자체로부터 수년간 많은 지원을 받아서 성공적으로 정착하였다. 먼저 지원을 받아서 시작한 것이 아니라, 자신이 먼저 투자해서 할 일을 함으로써, 결과적으로 지원을 받을 수 있도록 실적을 올렸던 것이다. 전 회장은 이를 '선투자 후지원'이라고 규정했다. 즉 먼저 자신이 투자해서 실적을 쌓은 후에 나중에 지자체로부터 지원을 받는다는 뜻이다.

이나카다테 마을은 먼저 자체적으로 마을을 살리기 위하여 노력하였고, 그 결과 마을에 관광객이 늘어났던 것이다. 이러한 실적을 달성한 것이 '선先투자'에 해당한다. 이것을 보고 정부는 기차역을 신설해 주었던 것이다. 이것이 '후後지원'에 해당한다.

여섯 번째, 마을을 명소로 만들었다. 이나카다테의 성공에서 알 수 있듯이 마을이 논 그림 하나로 명소가 되었다. 이것 자체로 일본 전역뿐만 아니라 세계적으로 사람들의 관심을 끌었던 것이다.

이 논 그림은 이 마을을 살리는 스토리텔링의 주제이다. 사람들은 이런 스토리를 찾아온다. 첫째, 이 논 그림으로 브랜드를 만들었다는 것이 중요하다. 이나카다테의 성공에 자극받아서 많은 곳에서 이런 논 그림을 벤치마킹하였다. 이나카다테보다 더 멋진 논 그림을 그리는 곳도 있었다. 하지만 어디서도 브랜드를 만들어 내지 못했다. 그 이유는 최초 창시자의 특권을 넘어서지 못했기 때문이다.

사실 논 그림을 단순한 구경거리로 만들어서 관광객을 끌어들이는 것은 나쁘지는 않지만, 이것은 우리가 바라는 대안마을과는 거리가 멀다.

논 그림은 이나카다테의 작품으로서 충분한 것이지, 이걸 베낀다고 성공할 수는 없는 것이다.

마지막으로 이나카다테의 성공에서 주목할 부분은 이 마을은 하나의 성공적인 기업이라는 점이다. 마을 자체가 하나의 사업체이고 주민들은 여기의 주주들이다. 그래서 마을이 성공함으로써 주민들이 모두 부자가 된 것이다.

이 대목이 매우 의미심장하다. 우리가 추진하는 공동체경제마을이 바로 하나의 주식회사이며 협동조합인 사업체이기 때문이다. 요즘 많이 거론되는 마을기업이라는 것은 의미상으로 본다면, 마을에서 운용하는 기업이다. 그러나 마을 기업 중에서는 마을 주민 중 일부만 참여하는 경우도 많다. 그러나 공동체경제마을은 마을 자체가 하나의 기업체이다. 즉 마을이 법인이고 주민들은 그 법인의 주주이며 임직원들이다. 따라서 이것은 일반적인 마을 기업과는 차원이 다르다.

공동체경제마을은 처음부터 경영적 관점에서 기획되는 마을이다. 주민들이 처음부터 일정한 자격을 갖추고 참여하는 것이다. 공동체경제마을은 시작부터 고수익 창출을 하는 기업체이다. 이나카다테 마을의 성공에서 볼 수 있듯이, 마을 주민들이 창의성을 가지고 합심한다면 부자 마을을 만들 수 있다.

5. 공동체경제마을의 사례

한국에도 여러 형태의 공동체경제마을들이 있다. 앞으로 점점 더 늘어날 것이다. '사람 사는 공동체경제마을'이란 책을 보면 다양한 형태의 대안마을 사례를 읽을 수 있다. 그 중에 몇 군데를 간단히 소개한다.

[자료 인용:『사람 사는 대안마을』, 정기석 지음]

공근봉화 영농조합

- 강원도 횡성군 공근면 공근리 마을 공동체 -

강원도 횡성군 공근면 공근리에는 90여 가구 250명의 주민이 살고 있다. 이 마을은 1985년 원주한살림 공동체를 세우는데 한몫을 했던 공근생산자공동체의 발상지이다.

오늘날까지 공근공동체가 유지되어 온 것은 안정적인 고소득 때문이다. 현재 마을 농가의 연평균 소득은 5000만 원에 달하고 유명한 횡성한우를 함께 키우는 농가는 한해 1억 원 넘게 벌기도 한다. 이 마을은 쌀, 감자, 잡곡 등을 공공 생산해 한살림에 전량 공급하고 있다. 계약재배를 하니 판로 걱정이 없다. 남는 쌀은 마을 공장에서 누룽지로

〈강원도 횡성군 공근면 공근리 마을〉

가공해 쌀의 부가가치와 수익성을 높인다.

이 마을이 성공한 이면에는 '농업이 6차산업 융·복합형 농산업으로 진화해야 한다'는 지식으로 무장하고 마을 이장을 중심으로 7개 마을 사업 리더들이 수익 창출 사업에 역량을 집중한 덕분이다.

마을주민들이 단결하여 한살림에 납품할 친환경 쌀 누룽지 생산 공장을 세우고, 100마리가 넘는 한우를 수용하는 삼배리 한우체험장 공동축사를 짓고, 청소년 학습과 도농 교류를 위한 숙박시설로 쓰일 폐교 3곳을 리모델링하는 등 수익사업에 집중했다.

무엇보다 마을 공동체 사업을 추진하면서 기업 경영 방식을 과감히 도입했다. 마을 사람들의 출자하고 참여하는 '공근금계권역영농조합'과 '공근봉화마을영농조합'을 설립해 권역의 기업식 경영을 주도했다.

그러나 단순히 수익사업에만 치중한 것이 아니라, 마을 주민들의 삶의 질 향상을 위한 문화·복지서비스에 과감하게 투자해서 낡은 마을회관을 개조해 쾌적한 휴식 공간을 만들기도 했다.

공근리는 사람이 먹고살 만한 마을이라는 소문이 나면서 귀농인들이 속속 찾아오기 시작했다. 이 공근리의 성공은 공동체 정신이 뿌리 깊게 자리 잡고 있기 때문이다. 오랫동안 한살림생산자공동체 정신을 계승하면서 경제적 관점에서 마을의 수익창출에 주력한 성과이다.

소호 고헌산 영농조합

- 소호마을 농산촌유학 -

소호마을은 해발 550m 이상의 고헌산, 백운산 등에 둘러싸인 오지 산골 마을이다. 이곳에는 전원주택 등 외지인들도 적지 않게 들어와서 지금은 와리, 당리, 태종, 대곡 등 4개 자연 마을에 160여 가구, 300명의 주민들이 흩어져 산다.

소호마을은 매년 소호마을농산촌유학생을 모집하는데, 그저 산골에서 1년 이상 살아보고 싶은 아이들이면 된다. 농산촌유학은 단순하다. 농사, 시골살이, 자연과 자립 생활을 가르치고, 학교와 유학센터에서는 풍물, 초딩밴드, 연극, 목공, 미술, 치유의 숲, 노작 등 다양한 방과 후 프로그램을 운영한다.

이곳은 단순히 교육 콘텐츠나 프로그램의 경쟁력이 아니라, 교육을 바라보는 생태적이고 인간적인 원칙이자 철학을 실천한다. 그래서 먼저 농산촌유학 결정하기 전에 소호마을에 와서 눈으로 직접 보고 가라고 권한다.

유학생들이 다닐 학교는 궁근정초등학교 소호분교인데, 2012년 말

기준 전교생 34명 중 유학생이 17명이나 된다. 서울, 경기, 부산, 대구, 울산 등 7개 도시지역에서 산골로 '역주행 유학'을 온 것이다.

현재 국내에서 진행되는 농산촌유학 형태는 농가형과 센터형으로 구분되는데, 농가형은 귀농한 부부가 자기 집에서 3~6명의 유학생을 돌보며 지역의 농산촌 학교에 보내는 형태이고, 센터형은 공동 기숙 시설에서 15~25명가량의 아이들이 집단생활을 하며 그 마을의 학교에 다니는 형태이다.

소호마을의 경우는 좀 특이하다. 기존의 농가형이나 센터형과 달리 '마을공동체형'이라고 해야 할 것이다. 소호마을 안에는 농가형, 센터형 그리고 부모 참여형 또는 귀촌형 농산촌유학이 어우러지는 방식이다. 가까운 장래에 농가형 10농가(유학생 30명), 부모 참여형 10~15명, 센터형 15~20명, 마을 아이 10명 등 소호분교 전교생 60~70여 명 규모의 작지만 아름다운 마을공동체 학교의 꿈을 꾸고 있다. 마을 공동체

〈 울주군 상북면 소호리 궁근정초등학교 소호분교가 폐교 위기에서 6개 학급 증설. 2014.03.04 〉

형은 마을 주민들의 지속적이고 일상적인 참여 기회와 방안이 마련되어, 다양한 농촌형 사회적 일자리 사업을 마을공동체 구성원들이 협력적으로, 협동적으로 함께 추진할 수 있다.

농산촌유학 농가부모들은 지역아동센터 교사, 방과 후 프로그램 강사, 마을체험 안내자료 등 교육사업 분야는 물론 로컬푸드 협동조합 조합원으로 야생차, 산나물, 감자, 배추 등 농사, 가공, 판매 사업도 함께 창업하고 경영할 수 있다. 이는 도농 상생의 대안이 될 수 있다. 대안 교육의 수요, 맞벌이, 한 부모 등 가족 구조 변화, 아토피, 인터넷 중독 등 오늘날 도시 아이들이 겪는 문제를 해결할 수 있다.

또한, 농촌 공교육 활성화에 기여하고, 농촌의 일자리 창출과 청년 실업 해소에 기여할 수 있다. 또한, 학교 폭력, 왕따, 부적응 등 다양한 학교 붕괴 현상의 대안으로, 한부모 가정, 다문화 가정 등 농촌 지역 아이들의 학습 공간으로, 지역 학교와 지역 활성화의 유기적 연계 고리로 기여하고 있다.

소호마을의 마을공동체형 농산촌유학 사업은 농촌의 새로운 가능성을

보여주는 사례이다. 농촌이라고 해서 항상 농업에만 치중해야 하는 것이 아니다. 농촌 마을의 지리적, 환경적 특성을 잘 살린다면, 이것이 경쟁력이 될 수 있고 마을을 살리는 무궁무진한 사업들을 찾아낼 수 있다.

소호마을이 교육을 중심 테마로 설정한 것은 매우 의미가 깊다. 이는 여러 도시의 많은 가족을 유입할 수 있으며 다양한 파생 사업들을 창출할 수 있기 때문이다.

알프스 마을

- 충남 청양군 정산면 천장리 -

이 마을에는 첫눈에 특별한 자원이나 테마를 발견하기 쉽지 않다. 전형적인 산골 마을이다. 얼핏 보기에는 축제장도 마찬가지다. 얼음 분수와 눈 조각이 눈을 시원하게 하는 정도, 차라리 마을 밖 '천장호'에 놓인 길이 207m의 국내 최장 출렁다리가 더 인상적이다. 그런데 2012년 한 해 20만 명이 이 마을을 다녀갔다. '알프스마을'에는 농한기가 없다. 한겨울에도 한가할 틈이 따로 없다. '칠갑산 얼음분수축제' 때문이다. 축제는 12월 말에서 2월 초까지 겨우내 성황이다.

얼음 분수와 눈 조각은 볼거리이고, 빙어 낚시, 맨손 빙어잡기는 어른들의 할 거다. 소가 끄는 썰매, 비료포대 썰매, 얼음 썰매, 튜브 눈 썰매, 얼음 봅슬레이는 놀기 좋아하는 아이들을 위한 프로그램이다. 군고구마, 군밤, 군옥수수, 가래떡 구워 먹기는 가족들이 웃고 떠들며 함께하기에 제격인 먹을거리다.

이런 것들은 다른 곳에도 있는 평범한 것들이다. 그런데 겨울에만

〈칠갑산 얼음분수축제〉

15만 명이 찾아온다. 그 이유는 도시인들은 이 평범한 '고향의 추억'을 원하기 때문이다. 이 소박함 때문에 연간 매출이 10억 원이 넘는 '마을주식회사'의 사업성과 경쟁력이 생겨난 것이다.

이 마을은 하드웨어보다 소프트웨어와 콘텐츠에 더 집중하여 마을 주민들이 머리를 싸매고 개발한 프로그램이 '마을축제'이다. 겨울에는 '얼음분수축제', 여름에는 '세계조롱박축제'이다.

그러나 처음부터 성공한 것이 아니다. 2009년 첫해는 1만 명 찾아오는데 그쳤고, 1800만 원의 적자를 기록했다. 축제장 입장료 2000~3000원을 받겠다는 모험을 강행하였는데 다행히 보기 좋게 성공했다. 2010년에는 15만 명이 찾아왔고, 축제로만 1억 8000만 원의 수익을 올려 대박을 터뜨렸다. 2011년 한해 마을이 벌어들인 총수익은 5억 원에 달했다. 농사로 벌어들인 수익의 2.5배이다. 이 중 1억 5000만 원은 마을 행사와 사업에 참여한 주민들에게 인건비로 돌아갔다. 알프스마을 주민이 모두 37가구이니 가구당 400여만 원씩 농외소득이 생긴 것이다. 매년 말 순수입의 6% 안팎은 주민들에게 배당된다. 짭짤한 부수입이다.

'마을주식회사'의 CEO는 황준환 위원장이다. 명문 법대에 합격해 상경한 지 10년 만에 고시 낙방생으로 귀향했지만, 농촌에서 막상 처자식을 먹여 살리는 일이 쉽지 않았다. 마침 농촌마을종합개발사업이 2004년 시작되면서, 마을 이장과 중학교 동창생이 의기투합하여 농촌 체험, 농산물 생산 사업을 펼치고자 했다.

먼저 마을의 이름을 '천장리'에서 '알프스마을'로 바꾸어 마을 브랜드를 정했다. 그리고 역발상으로 전국에 넘쳐나는 다른 마을과 달리, 국제 규격의 축구장, 배구장, 수영장을 조성했다. 이것은 다른 마을에서는 볼 수 없는 알프스마을만의 명물이다.

천장리 37농가 모두 참여하는 마을기업형 농촌경영체 '천장리영농조합법인'을 만들었고, 여기에 이 마을 출신의 인사들과 자매결연회사도 자본금을 출자했다. 그러나 사업 초기에는 마을 주민들의 비협조로 난항을 거듭하면서 결국 2006년 농촌마을종합개발사업 중간평가에서 '전국 꼴찌'라는 수모를 겪었다. 이후 황 위원장은 솔선수범하여 마을 주민들의 참여를 독려하고 마을 회의를 거듭하면서 주민들의 마음을 바꾸어놓았다.

마을주민 사이의 갈등과 분란은 '돈' 때문에 생기는 경우가 많다. 알프스마을은 소득을 공평하고 공정하게 분배하는 규정을 만들었다. 마을발전기금 10%, 출자금 배당 70%, 사업 적립금 20% 원칙을 고수한다. 매출과 소득 내역을 투명하게 공개하는 것은 물론이다. 연간 매출액의 30% 이상은 마을 사람들의 인건비로 지급되고 있다. 도·농 교류

센터, 마을식당, 마을숙소 등을 관리하고 운영하는 인력이 다 마을사람들이다. 농사 말고 농외소득을 올릴 수 있는 새로운 일자리를 스스로 창출한 것이다.

알프스마을은 청양군에 장학금을 기부할 정도로 발전했다. 2012년에는 자매결연회사에서 마을 펜션을 지어 주고 마을이 수탁해 운영하고 있다. 또 마을야구장도 이 회사가 지을 예정이다. 그래서 기존 축구

장, 배구장, 수영장과 더불어 명실공히 스포츠 테마파크가 이 작은 산골에 들어서게 되는 것이다.

종친회를 통해 마을 폐교(천장초등학교)도 매입하여, 신규 사업인 '조롱박 화장품'을 개발하고 있다. 그래서 마을기업의 법인격도 현재의 영농조합법인에서 주식회사 체제로 전환하려고 준비하고 있다. 이 마을을 6차산업 융·복합 모델로 육성하려는 계획을 차근차근 실천하고 있다.

독일마을 스토리

독일마을은 오늘의 대한민국이 있기까지 우리 민족이 겪었던 슬픈 역사를 되새기게 하는 의미가 있는 마을이다.

1960년대 대한민국은 가난한 나라였고, 선진국의 원조를 받아야만 했었다. 당시 미국, 영국, 프랑스, 독일 등에 원조를 요청했고 우여곡절 끝에 독일에 광부들과 간호사들을 파견하면서 원조를 받게 되었다.

사실 독일에서는 광부와 간호사가 많이 필요했지만, 이런 힘든 일을

〈독일마을〉

할 사람들이 없었던 터라 사람들을 보내는 조건으로 원조를 받았다고 한다.[7] 대한민국은 파독 광부와 간호사들 덕분에 달러를 확보했고, 이 것을 종잣돈으로 해서 경제건설을 시작하였고 오늘날 세계 10대 경제 대국이 되었다는 것은 모두가 알고 있다.

평생 독일에서 힘든 일을 하면서 대한민국의 경제 초석을 놓았고, 또 개인적으로는 그들의 형제들과 부모들에게 돈을 보내주어 집칸이라도 마련할 수 있게 해 준 이들은 노후에 고국으로 돌아오고 싶어 했다.

이에 당시 지자체장이 남해에 땅을 제공하여 독일마을을 건설하게 되었다. 처음에는 오늘날처럼 명소가 될 것이라고 생각하지 않았겠지 만, 이 마을은 우리나라의 근대역사와 맞물려 스토리가 있는 마을이 되었다.

독일마을은 독일의 이국 문화를 경험하는 관광지로 개발하기 위해 2001년부터 조성한 곳이다. 경상남도 남해군은 사업비 약 30억 원을 들여 40여 동의 건축물을 지을 수 있는 택지를 독일교포들에게 분양하 고, 도로 · 상하수도 등의 기반시설을 마련해주었다.

---

7) 이 이야기는 당시 이 업무를 담당했던 원로가 강연 중에 직접 한 말이다.

남해군 삼동면 물건리와 동천리, 봉화리 일대 약 100,000㎡의 부지
에 걸쳐 조성되어 있으며 주택들이 모여 있는 독일교포 정착 마을은

산과 바다를 함께 조망할 수 있는 동천리 문화예술촌 안에 있다. 독일교포들이 직접 독일에서 건축부재를 수입하여 전통적인 독일양식 주택을 건립하였는데 독일마을은 2014년 현재 35집이 완공되어 귀국한 독일교포들이 살고 있다. 이 주택들은 독일교포들의 주거지로 또는 휴양지로 이용되며, 관광객을 위한 민박으로도 운영된다.

그 중에 20여 집은 부업으로 민박을 운영하고 있는데, 원래부터 가정집으로 지은 것이라서 방이 1~3개 정도의 소규모 민박으로 가족형이라 할 수 있다. 처음부터 독일식으로 건물을 짓고, 독일의 문화를 그대로 수용한 것이 이 마을의 특징이다. 실제로 독일에서 살던 사람들이 그대로 와서 생활하기 위한 마을이므로, 가장 이상적인 마을 중의 하나이다.

이 마을의 주민들은 거의 모두 부자들이다. 따라서 마을 자체에서 특별한 수익사업을 해야 할 이유는 없는 것이다. 실제 주거목적으로 마을을 조성한 것이기에 마을 내에는 술집이나 커피숍 같은 상업적인 시설물이 없다.

조경을 위해 전깃줄도 지하로 매설하는 등 아름다운 바다 전경과 더불어 완벽하게 독일식으로 잘 조성된 마을이다. 이런 철저한 기획 덕분에 이 마을은 많은 관광객을 끌어들이고 있다.

이 마을 덕분에 마을 외곽도 많이 활성화되었고, 도보로 5분 거리에 식당들도 생겨 별다른 불편함은 없다. 특히 새로 개장한 독일광장에는 독일식 식당 겸 독일맥주집, 독일공방이 있어서 제대로 구색이 갖추어졌다. 독일마을 주민들의 '독일마을 행복공동체 영농조합'이 독일문화 체험을 펼치는 곳이 이 독일광장이다.[8]

---

8) [참고자료] 독일마을·남해파독전시관: http://nhpadok.namhae.go.kr/

쁘띠프랑스 이야기

쁘띠프랑스는 우리가 생각하는 대안마을과는 거리가 멀다.

이는 분명히 잘 만들어진 테마파크 혹은 테마펜션의 일종이다. 그러나 앞에서 독일마을과 같이 특정 국가 혹은 특정 문화를 소재로 하여 성공하고 있다는 점에 쁘띠프랑스는 충분히 검토할 가치가 있다.[9]

쁘띠프랑스는 설립자인 한홍섭 회장이 전 세계를 여행하던 중에 프랑스의 아름다움과 낭만적이고 예술적인 분위기가 풍기는 프랑스 문화에 매료되어서 만들게 되었다고 한다. 그는 한국 안에 작고 아름다운 프랑스마을을 만들기로 결심하고, 프랑스하면 떠오르는 '어린왕자'를 메인주제로 테마 마을을 꾸민 것이다.

생텍쥐페리의 어린왕자는 너무 유명하여 설명할 필요도 없다. 어린

〈프랑스 문화마을 쁘띠프랑스〉

9) [참고자료] 쁘띠프랑스 사이트 : http://www.pfcamp.com/

왕자는 전 세계 어린이뿐만 아니라 어른들에게도 널리 알려져 있어서, 관심을 끌기에 충분한 소재이다. 이 쁘띠프랑스는 어린왕자의 스토리와 등장하는 캐릭터들, 동화 속의 각 장면들을 잘 융합시켜 하나의 마을로 꾸민 것이다.

쁘띠프랑스는 문자 그대로 작은 프랑스라는 말이다. 그래서 이곳은 실제로 프랑스 마을을 그대로 축소해 놓은 것처럼 꾸며져 있다. 사람들의 관심을 집중시키는 이유는 동화 속의 분위기 때문일 것이다. 동심을 자극하는 칼라풀하고 아기자기한 분위기로 꾸며진 테마파크가 일품이다. 마치 유럽의 골동품들이 늘어선 벼룩시장과 수백 년 전에 만들어진 오르골의 멜로디, 마리오네트 공연을 펼치는 광장 등이 잘 어우러져 동화 속의 한 장면을 연상하게 하는 것이 이 마을의 핵심 포인트이다. 이곳은 어린이를 동반한 가족을 위하여 다양한 프로그램과 체험, 숙박시설이 잘 꾸며져 있다.

쁘띠프랑스는 프랑스 대사관에서도 적극적으로 후원해 주고 있어서 사업적으로 엄청난 혜택을 얻고 있다. 이곳은 유명한 한류드라마 촬영지가 되었다. MBC 〈베토벤 바이러스〉, 〈개인의 취향〉과 SBS 〈별에서 온 그대〉, 〈시크릿 가든〉, 〈절친 노트 '소녀시대편'〉, 〈런닝맨〉 등 유명 한류드라마 및 예능프로그램, 영화, CF의 메인 촬영지로 사용되었다. 이러한 유명세로 쁘띠프랑스는 고수익을 창출하는 성공적인 사업으로 자리 잡았다.

쁘띠프랑스는 일반 마을이 아니라, 주식회사 쁘띠프랑스에서 운영하는 테마파크이다. 분명히 쁘띠프랑스는 한 개인의 사업체이지만, 독일마을과 같이 하나의 국가, 문화를 주제로 하고 있다는 점에서 주목할 필요가 있다. 이런 형태의 마을은 충분히 공동체경제마을을 설계하는 사람들이 관심을 가질만한 사례라고 볼 수 있다.

6. 성공적인 공동체경제마을의 특징

성공적인 공동체경제마을의 특징 혹은 공통점은 무엇일까? 다음 몇 가지로 정리해 볼 수 있다.

· 수익창출이 가능한 사업을 추진했다.

· 마을의 특화된 브랜드, 테마 등을 발굴했다.

· 하나의 경영 주체로 마을 주민들이 뭉쳤다.

· 정부 혹은 지자체의 지원을 끌어낼 수 있었다.

· 마을 주민들이 참여하고 부자가 되는 머니트리를 만들었다.

수익창출

성공적인 공동체경제마을들은 나름대로 다양한 특징들이 있겠지만, 가장 중요한 핵심요인은 모두 수익창출에 성공했다는 점이다. 그것이 농업이든 비농업이든 상관이 없다. 무엇을 하든지 결국 수익을 낼 수 있는 사업을 했다는 점이 중요하다.

수익창출에 실패한다면, 아무리 좋은 마을을 만들어도 결국 실패하게 된다. 그러므로 처음부터 수익창출에서 성공할 수 있어야 한다.

실제로 마을이 할 수 있는 수익사업에는 한계가 없다. 특산물을 생산하여 협업 업체에 전량 납품하거나 자체적인 유통망으로 지속적 수익을 창출한다면 성공 가능성이 높다. 그러나 단순히 농업만 생각해서는 큰 성공을 거두기 어렵다. 6차산업 융·복합의 다양한 복합적이고 융합적인 사업들이 결합될 필요가 있다.

브랜드, 테마

마을은 하나의 기업과 같다. 브랜드가 생명이다. 마을이 특별한 브랜드를 갖는 것이 중요하다. 브랜드란 마케팅 관점에서 가장 중요한 요소이기 때문이다. 알프스마을이나 독일마을, 쁘띠프랑스, 안동 하회마을 등은 모두 브랜드 가치가 높다.

브랜드가 만들어지려면 마을에 적합한 뚜렷한 테마가 있어야 한다. 어떤 마을을 떠올리면 즉시 연상될 수 있는 그러한 핵심적인 주제가 있어야 한다. 마을의 브랜드를 만드는 일은 경영적인 관점에서 생각해야만 하는 일이다. 어떤 마을은 농산물로 유명하고, 어떤 마을은 관광으로 유명하게 만들 수 있다.

교육적 열의가 깊은 사람들이 모여 있다면 대안 교육사업을 마을의 중심 테마로 결정할 수 있다. 깊은 산골의 어떤 마을이라면 자연환경을 이용한 힐링을 중심 테마로 결정할 수 있을 것이다.

하나의 경영 주체와 주민 참여

그리고 무엇보다도 성공한 공동체경제마을은 모두 분명한 경영 주체가 결성되어 있고, 마을 사람들이 이에 협동과 공유 정신으로 참여하고 있다는 점이다. 그것이 영농조합이든 협동조합이든 상관없다. 필요에 따라서는 주식회사 체제를 갖출 수 있다. 우리가 구상하는 공동체경제마을은 처음부터 협동조합 또는 주식회사로 출발한다.

정부, 지자체의 지원

또 하나 주목해야 할 부분은 성공적인 공동체경제마을은 결과적으로 정부나 지자체 등의 정책적인 지원을 받을 수 있게 되었다는 점이다. 이 대목이 매우 중요하고 의미가 있다. 이에 대한 자세한 내용은 다른 책에서 다룰 것이다.

머니트리

마을이 하나의 사업체라는 관점에서 본다면, 가장 중요한 것은 결국 '머니트리money tree' 혹은 '파이프라인pipeline'을 만들어내는 일이다. 여기서 머니트리, 파이프라인은 '지속적으로 수익을 창출하는 구조'를 의미한다.

성공적인 공동체경제마을은 모두 확실한 머니트리, 파이프라인을 만들었다. 이런 성과를 내기 위해서 마을 주민들이 '경제와 경영'의 시각에서 사물을 볼 수 있어야 한다. 기존의 마을에서 이런 창조적인 마을을 만드는 일은 대단히 어렵다. 실제로 많은 사람들이 시행착오를 겪는 이유 중 하나는 마을 주민들의 고정관념을 쉽게 변화시키지 못하고 있기 때문이다.

먼저 마을 주민들이 창의적인 생각을 가질 수 있어야 한다. 그래서 6차산업 융·복합 학습을 통하여 생각을 바꾸면 일반인들도 얼마든지 공동체경제경제마을을 만들 수 있다.

7. 우리가 만들려는 공동체경제마을

우리가 만들려는 공동체경제마을은 다음 세 가지를 주목한다.

> · 경제적 측면
> · 자연·환경적 측면
> · 인문적 측면

공동체경제마을은 이 세 가지 측면에서 접근하면 이해가 빠를 것이다.

경제적 자립

이미 앞에서 설명했듯이 성공적인 공동체경제마을은 형태와 사업 내용에 관계없이 모두 수익창출에 성공했다는 점이다. 따라서 공동체경제마을은 무엇보다 경제적인 자립을 최우선으로 한다. 마을 자체를 기업경영의 관점에서 기획하고 운영한다. 처음부터 경영·인문 전문가들이 참여하여 시작한다.

이런 점에서 공동체경제마을은 철저한 기획 마을이다. 계산이 나오지 않으면 시작하지 않는다. 반대로 계산이 나온다면 언제든지 공동체경제마을을 설립할 수 있다. 마을의 다양한 기능과 역할을 가지고 있지만,

우리는 경제적인 측면에서 마을의 존재 가치를 생각한다.

자연·환경적 측면

공동체경제마을은 친환경적이고 친자연적인 자연환경을 기본으로 한다. 그렇지만 이것은 사람이 살기 좋은 환경이라는 의미에서 말하는 것이다. 첩첩산중에 있는 오지 마을과는 개념이 다르다.

우리는 첨단 기술이 긍정적으로 활용하면 삶을 윤택하게 할 수 있다는 것도 안다. 그러나 산과 들과 강 그리고 늪지와 호수 같은 환경이 매우 중요하다고 생각한다.

공동체경제마을을 대도시 중심에도 만들 수 있지만, 여기에는 자연이 없다. 산과 들과 바다, 강이 없다. 그래서 공동체경제마을은 주로 대도시 외곽에 조성될 것이다. 물론 필요에 따라서는 도시라도 산과 강, 들이 연결된 장소에는 공동체경제마을을 건설할 수 있다. 어느 정도 마을을 형성할 공간이 확보된다면 어느 곳에서나 마을을 만들 수 있다.

우리는 사람이 살아가는데 이러한 자연환경이 절대적으로 필요하다고 보기 때문이다.

인문적 측면

이는 흔히 문화culture라고 말하는 요소들이다. 역사와 철학 그리고 문학이 절대적으로 필요하다. 인문이 바탕에 깔려있어야 건전한 개인의 삶과 마을이 유지된다고 본다. 특히 이런 인문적 바탕이 있을 때만이 창의적이고, 창조적인 발상이 가능하다. 모든 위대한 천재들은 결국 인문학을 바탕으로 탄생했다.

공동체경제마을에서는 인문적인 프로그램과 시스템을 매우 중요시

한다. 필자는 공동체경제마을을 중심으로 자연생명학교를 만드는 게 꿈
이다. 그래서 이러한 인문적인 요소를 매우 중요하게 여긴다. 또한, 다
른 전원마을과 확실한 차이점일 수도 있다. 우리는 이러한 인문적인 요
소의 중요성 때문에 평생교육·학습을 매우 중요시한다.

　'(사)한국 아그리젠토 6차산업 경영컨설팅협회'는 인문적인 정신을
가진 사람들로 공동체경제마을을 건설하려는 것이다. 이에 대해서는 이
책의 제5장에서 충분히 다룰 것이다.

　또한, 필자는 공동체경제마을에 세 가지를 자립해야 한다고 말했다.

　1. 에너지 자립

　2. 식량(건강한 먹거리) 자립

　3. 경제 자립(비 농업요소의 생산성 증대)

　공동체경제마을은 여타 마을과 좀 다르게 생각한다. 첫 번째는 에너
지 자립이다. 한 마디로 마을에서 사용하는 에너지는 자체 생산한다는
말이다. 과거에는 이러한 에너지 자립이 비현실적인 꿈이었다. 그러나
지금은 충분히 가능하다.

에너지 자립

우리 언론에도 심심찮게 에너지 자립 마을 이야기가 나온다.

이와 관련된 기사를 잠시 인용해보자.

　　친환경 태양광에너지만으로 전기요금 절감과 함께 에너지 자립까
　　지 성공한 마을이 전국에서 처음으로 탄생했다.

횡성군(군수 한규호)은 횡성읍 모평리에 전국 최초로 태양광만으로 전력사용량 100%를 충당하는 친환경에너지자립마을을 조성하는 데 성공했다고 26일 밝혔다. 이번 사업은 횡성군이 2015년 상수원 보호구역 주민지원과 신재생에너지 보급확대의 일환으로 진행했으며, 횡성읍 모평리 마을회관 외 33세대를 대상으로 태양광발전장치 설치사업이 진행됐다. 이를 위해 횡성군은 총사업비 4억 1,800만 원(국비 1억 1,500만 원·출연금 3억 300만 원)을 투자해 3kW급 친환경 태양광발전장치 34대를 지난 3월에 착공했다.

또한, 지난 4~6월 관련 기관과의 협의를 거쳐 구체적인 친환경에너지 자립마을 조성을 진행해왔으며 이달 태양광발전설비 설치완료와 함께 전기 사용 전 점검 및 계량기 설치를 끝으로 모든 사업을 완료했다. 이번에 횡성읍 모평리에 설치된 친환경 태양광발전설비는 세대에 따라 지붕부착형과 경사고정형으로 나눠 진행됐다.

횡성군은 이번 사업을 통해 가구당 월평균 전력생산량 286kWh 규모를 태양광발전설비만으로 확보하게 될 것으로 예상하고 있다. 특히 월평균 전력사용량이 350kWh인 가구의 경우 연간 70만 원의 전기요금 절감효과가 예상되며 연간 48톤의 탄소배출량 절감으로 자연환경 보호에도 기여할 것으로 기대된다.

오종복 횡성군 상하수도사업소장은 "태양광발전장치 설치로 전기요금을 줄여줌으로써 노인 인구가 대부분인 지역주민들에게 일부 경제적 부담을 덜어 줄 수 있는 효과와 함께 친환경에너지로 온실가스에 저감하는 청정지역이라는 홍보효과까지 보고 있다"라며 "사업 시행 전부터 상수원 보호구역 주민들을 대상으로 마을 에너지자립에 태양광발전이 효율적이라는 점을 설명하고 설치 위치나 규모를 주민들이 직접 선정하는 등 지역주민들을 사업에 적극적으로 참여 시킨 점이 빠른 시간 내 준공을 하게 된 계기가 됐다"고 설명했다.

오종복 소장은 또한 "전국 최초로 마을 전체가 태양광발전장치를 설치하는 친환경 에너지자립마을이 성공적으로 조성된 만큼 향후 추가적인 친환경 마을조성에 주력하겠다"고 말했다.

[출처: 투데이에너지(http://www.todayenergy.kr)]

문경시 마성면 정리마을이 신재생에너지를 활용해 온수와 조명을 해결하는 에너지 자립마을로 거듭났다.

한국광해관리공단과 문경시는 공동으로 지난해 초 정리마을을 '미래코 제로에너지마을 조성사업' 대상지로 정해 공동시설과 가정 집 등 36곳에 태양광과 태양열을 이용하는 신재생에너지 생산시설 을 설치했다. 지난 16일 준공된 제로에너지마을은 주민 자부담 없이 광해관리공단과 정부 보조금 등 5억 2천700만 원으로 지붕에 태양 광발전시설 등을 설치하고 가정마다 온수를 쓸 수 있는 시설을 설치 했다.

미래코 제로에너지마을은 광해관리공단이 폐광지역 저소득층이나 에너지 취약계층을 대상으로 신재생에너지 설비를 보급해 주민의 에 너지 비용을 줄이고 환경보전과 에너지 복지를 실현하기 위해 펼치 고 있는 사업으로 강원도 태백시에 이어 정리마을이 둘째다. 이 마 을에 설치된 신재생에너지 시설은 태양광 발전 연간 84.9kW, 태양열 설비 면적 222㎡ 규모로 연간 최대 5천만 원의 에너지 비용 절감 효 과가 예상되며 3,340그루의 잣나무가 연간 흡수하는 온실가스와 동 일한 19톤의 온실가스 저감효과도 거둘 것으로 기대된다.

김동일 정리마을 이장은 "집집마다 따뜻한 물을 쓸 수 있고 전기요금도 80% 정도 적게 드는 등 이 사업의 효과를 톡톡히 보게 됐다"고 좋아했다. [출처: 영남일보 2015. 01. 19.]

이와 같이 태양광 발전설비를 통해서 마을의 에너지 자립은 가능하다. 참고로 우리가 기획하는 마을은 아주 작은 규모이다. 마을 가구수가 20~100가구 정도의 초미니 마을이다. 따라서 에너지 자립은 현실적으로 전혀 무리한 일이 아니다.

식량(건강한 먹거리) 자립

두 번째는 식량 자립이다. 마을에서 필요한 대부분의 식량은 자급자족한다는 뜻이다.

공동체경제마을의 바탕은 농업에 있다. 따라서 우리는 무엇보다도 식량의 자립을 중요하게 생각한다. 기본적으로 마을의 주민들의 식량은 대부분 자체적으로 해결이 가능하다.

더구나 우리는 수직농장 및 스마트 농업을 바탕으로 고부가가치 농업을 한다. 따라서 마을에 하나의 수직농장Vertical Farm을 건축하여 주민들 모두가 먹을 수 있는 채소와 기본적인 농산물을 공급할 것이다. 또한, 마을 주변의 산과 임야 등의 자연환경을 활용하여 친환경 농산물을 재배함으로써 식량뿐만 아니라 부가적인 소득창출도 가능하게 한다.

마을의 식량 자립은 하나의 상징적 의미도 지닌다. 이러한 마을을 계속 확대하면 결국 우리나라 자체가 식량 자립도 가능하다. 물론 이것은 단기적으로 실현 가능한 일이 아닐 것이다. 그러나 작은 마을 단위로 식량 자립을 한다는 발상 자체가 매우 의미심장한 일이다.

경제 자립: 비농업 요소의 생산성 증대

공동체경제마을의 가장 중요한 요소가 '경제적 자립'이다. 공동체경제마을이라는 말 속에 이미 이러한 의미가 내포되어 있다. 과거나 현재에 주로 조성된 마을을 지칭할 때, 문화마을이나 창조마을이라 부르기도 한다. 그런데 우리는 '공동체경제마을'이라고 하는 이유가 경제의 중요성을 상징적으로 나타내기 위해서이다.

공동체마을을 연구한 논문이나 책들을 다수 읽어본 결론은 성공적인 공동체마을은 반드시 경제적 문제를 해결했다는 점이다. 경제적 자립은 세계적으로 성공한 모든 공동체마을의 공통요소이다. 사실 이 경제적인 문제가 해결되지 않는다면 공동체경제마을로서 전혀 의미가 없을 것이다. 경제적 자립을 위하여 공동체경제마을은 처음부터 경제와 경영의 관점에서 기획되고 건설되는 것이다.

어떤 의미로 본다면, 공동체경제마을은 자연적으로 형성되는 일반 마을과 성격이 매우 다르다. 즉 공동체경제마을은 처음부터 마을 주민들이 부자로 살 수 있는 마을을 계획적으로 만들기 때문이다.

공동체경제마을의 경제적 자립은 비 농업적 요소 즉, 농촌의 어메니티 유지를 통한 도시와의 차별화이다. 도시에는 존재하지 않은 자연적 요소와 문화·역사·축제 등 지역사회자본을 결합한 비 화폐·비 농업적 콘텐츠를 선순환 구조의 경제적 생태환경을 조성하여 '공동체 경제 자립'을 이룩해 내는 것이다.

공동체경제마을은 처음부터 철저하게 기획된 경제성을 가진 마을이다. 경제적 자립을 위하여 우리는 단순한 농업이 아니라, 6차산업 융·복합을 바탕으로 사업을 추진하는 것이다. 6차산업 융·복합에 대해서 뒤에서 상세하게 설명할 것이다.

2

장

전원 3.0 귀농·귀촌 이야기

1. 한국의 귀농·귀촌 이야기

프롤로그에서 잠시 언급한 것처럼 필자는 시골 출신이다. 그리고 오랫동안 도시에 살고 있지만, 다시금 시골로 가고자 하는 사람이다. 하지만 지금 시골은 옛날의 정겨운 그런 시골이 아니다. 이제 우리가 새로운 시골을 창조해야 할 때이다.

우리 시대의 주류인 베이비부머babyboomer들은 거의 비슷한 라이프스타일을 가지고 있다. 우리나라의 경우에 전후 세대들은 모두 고생스럽게 살았던 사람들이다. 흔히 조국 근대화라는 타이틀로 그리고 새마을운동이라는 것으로 기억하지만, 세상이 공업화로 바뀌면서 많은 사람들이 도시로 진출하였다. 농촌, 어촌, 산촌 할 것 없이 모든 시골 출신들이 도시로 이동하는 일이 일어난 것이다. 그래서 아마도 1960년대~1990년대까지는 도시로 이동하는 시대였을 것이다.

시골에 살 때는 주로 농업이 기본이었다. 물론 어업, 축산업도 있었

다. 이 모두를 농업으로 묶어서 생각해보자. 시골은 농업이었고, 도시
는 공업이었다. 그래서 발전과정에서 당연히 1차 산업에서 2차 산업으
로 무대가 이동한 것이다. 우리들의 기억에는 시골에서 농사짓던 갑돌
이, 갑순이는 도시로 나와서 공돌이와 공순이가 되었다. 이것은 우리 시
대가 겪은 정형적 이야기이다.

이때부터 주거와 생활은 모두 바뀌었다. 적어도 시골에서는 땅에서,
자연 속에서 살았다. 비록 초가집이라도 마당이 있고 뒤뜰이 있는 곳에
살았지만, 도시에서는 상황이 달라졌다. 땅을 만날 일도 거의 없었다.
도시의 공장에서 기숙사나 혹은 쪽방 집, 판자촌에 살았다.

시골에서는 봄, 여름, 가을, 겨울이 뚜렷하게 존재했다. 여름에 원두
막에서 참외를 먹고, 냇가에서 물놀이하고, 가을 단풍놀이를 하고, 겨울
에 썰매를 타고 쥐불놀이를 했다. 그러나 도시의 생활은 거의 시계추처
럼 왔다 갔다 하는 것이 전부였다. 계절이 변하는지 세상이 어찌 되는지
모르고 회사와 공장에 매여 살았다.

이 시기에 도시에서는 판자촌의 시대가 있었고, 그리고 점차 연립주
택, 다세대 그러면서 아파트들이 건설되었다. 이제 도시는 아파트 시대
가 된 것이다.

　아파트 시대에 라이프스타일은 완전히 변했다. 우리가 알고 있던 마을은 사라지고, 이웃과의 교류도 사라졌다. 한마디로 인간적인 삶은 사라진 것이다. 이제는 도시 어디를 가나 아파트 천지이다. 아파트도 저층 시영아파트에서 이제 고층 프리미엄 아파트 시대로 바뀌었다. 이 사이에 사람들의 삶은 완전히 변했다. 정말 개인주의적이고 이기적이고, 부자는 부자끼리 빈자는 빈자끼리 그룹이 갈렸다. 이 둘 사이에는 영원히 물과 기름처럼 섞이지 못할 사이처럼 벌어지고 있다.

　도시 사람들은 라이프사이클이 분명하다. 직장과 집 사이에만 코스가 잡혀있다. 그래서 늘 집이라는 박스 안에 들어가서 갇혀 지낸다. 이런 아파트에서 태어나고 자란 사람들에게 시골 혹은 자연은 주말에 놀러 가는 곳일 뿐이다. 도시 사람들은 박스처럼 생긴 자기 집안에서 모든 것을 해결한다.

　네모난 박스 상자, 아파트 안에서 일생을 산다. 가족끼리 아주 소수의 가족끼리 자기 집안에서 살아간다. 도시 사람들은 흙을 밟을 일도 없고 비바람을 맞을 일도 없다. 물론 태양을 볼 일도 없다. 일부 고급 고층 아파트에는 실내에 정원도 있고 풀장도 있을 것이다. 그들만의 작은 천국일지 모른다. 그러나 이것은 인공적인 것이지 전혀 자연이 아니다.

도시의 생활은 매우 효율적인 면도 많이 있다. 시골의 삶은 매우 불편하고 어려움이 많다. 그래서 현대인들에게는 도시가 좋을 것이다. 그러나 이제 도시가 포화상태가 되었고, 문제가 생기기 시작했다. 텅 빈 시골의 일손이 부족하고 아무것도 할 수 없었다. 그래서 국가는 사람들을 시골로 내려보내는 정책을 추진했다. 지난 십수 년 간 수많은 사람들이 시골로 내려가는 일이 일어났던 것이다.

우리는 이것을 정부가 주도하는 정책형 귀농·귀촌이라 부른다. 정부는 귀농과 귀촌을 장려하면서 많은 투자를 했다. 그 결과 오늘날 시골은 정말 좋아졌다. 도시인들이 살만한 곳도 많아졌다.

이제 귀농과 귀촌의 실상을 잠시 들여다보자.

2. 귀농 · 귀촌의 변천

　지난 20년간 귀농 · 귀촌은 몇 단계의 변화를 거쳤다.

　1단계 모델은 전원 1.0 귀농 · 귀촌의 시기로, 자발적으로 귀농 혹은 귀촌하는 경우였다. 한동안 정부는 영농조합을 우대하는 정책을 펼쳤다. 덕분에 시골에서도 수많은 사람들이 사업체를 만들었다. 농어민 후계자가 되면 상당한 자금지원도 해주었다. 이 과정에서 극소수의 귀농 성공사례들이 언론에 노출되기도 하였다. 그러나 이 시기에는 거의 개인적으로 혹은 한 가족이 시골로 내려가는 경우로 주로 귀농이 많았다.

　과거에 귀촌은 소수의 부자들이 공기 맑고 물 좋은 시골에 별장이나 전원주택을 짓고 즐기는 것이었다.

　2단계 모델은 전원 1.5 귀농 · 귀촌의 시기이다. 이 시기부터는 정부의 정책적인 지원으로 귀농 · 귀촌이 이루어지는 시기이다. 그래서 이 시기를 전원 1.5 귀농 · 귀촌 시기라고 정의한다.

　이 시기 귀농 · 귀촌이 본격적으로 추진된 것은 IMF 이후였을 것이다. 우리 사회는 IMF 전에 이미 시골에서 도시로 올라왔다면, 이후에는 농촌으로 내려가는 추세로 전환된 것이다. IMF 이후에는 주로 귀농하는 사람들이 늘어났다. 정책적으로 도시인구를 농촌 지역으로 분산시키려고 정부는 귀농하려는 사람들에게 다양한 지원을 시작했다. 일정한 자격을 갖추면 상당한 자금 지원과 여러 가지 특혜를 주는 프로그램 덕분에 귀농을 하려는 사람들이 늘어났다. 한동안 귀농 붐이 일어난 시기이기도 하다.

이 시기에 귀농·귀촌은 시골에서 농사로 돈을 벌려는 사람들이 주류를 이루었다. 이것이 초기의 귀농·귀촌이었다.

3단계 모델은 전원 2.0 시기인데, 펜션과 체험농장 등의 수익사업을 위한 귀농·귀촌이었다. 전원 2.0부터는 비농업적 요소가 결합된 초기 사업형 비즈니스Agri-Business 전원 2.0 귀농·귀촌 시기이다.

이 시기에 건설업자들이 대거 참여하면서, 전국적으로 다양한 형태의 귀농·귀촌 단지를 조성했다. 업자들은 펜션 혹은 전원주택, 그리고 귀농·귀촌 마을을 분양하였다. 그러나 이 모델은 성공적이지 못했다. 그 이유는 막상 입주한 후에 몇 년이 지나면서 충분한 소득이 발생하지 않아서 다시 도시로 돌아가는 역귀성 현상이 발생했기 때문이다.

지금은 귀농·귀촌이 하나의 사회적 현상이 되었다. 귀농이냐 귀촌이냐는 구분은 무의미해졌다. 이제는 농사를 지으면서, 펜션을 운영하면서, 아니면 귀촌했지만 결국 소득이 되느냐 아니냐가 더 중요한 이슈가 되었다.

4단계는 전원 3.0 시대의 귀농·귀촌 모델은 마을이다.

지금은 개인적으로 귀농, 귀촌을 하는 것은 바람직하지 못하다는 생각을 하게 되었다. 그래서 하나의 마을을 만드는 것이 최선책이라는 사람들이 늘어났다. 지금 우리가 추구하는 귀농·귀촌 모델은 좀 더 진화된 형태이다.

이전까지는 개인이 추진하거나 정부가 추진하거나 혹은 업자가 추진하는 모델이었다. 이런 경우에 대부분이 먼저 하드웨어 즉 건물부터 짓고 시작하는 것이었다. 그리고 문제는 나중에 발생하였다.

우리가 생각하는 새로운 전원 3.0 귀농 · 귀촌 모델은 이렇다.

1. 먼저 소프트웨어, 콘텐츠를 준비한다.
2. 팀을 구축하되 사전에 충분히 지식을 갖춘다.
3. 마을이 하나의 주식회사, 조합으로 경제성을 갖춘다.
4. 사람, 콘텐츠, 회사가 준비되면 이후에 마을을 건설한다. 이때 정부와 지자체, 그리고 도시와 연계하는 6차산업 융·복합을 추진한다.
5. 브랜드를 갖춘 마을로 주민들이 부유하게 산다.

이것이 새로운 전원 3.0 귀농 · 귀촌 전략이고, 공동체경제마을의 전략이다. 기존의 모든 귀농 · 귀촌은 하드웨어에 치중했던 것이다. 그러나 공동체경제마을은 경제성을 갖춘 소프트웨어 즉 콘텐츠를 먼저 준비한다. 그리고 마을에 입주할 사람들을 선별하여 조직한다. 이때 공동체경제마을에 대한 명확한 개념이 있어야 한다. 이 책은 이러한 개념을 정립하기 위해서 제공하는 것이다.

결국, 모든 일은 사람이 하는 것이다. 그래서 아그리젠토 공동체 협동조합 교육을 이수한 사람이 확실하게 준비되어야 한다, 그런 이유로 공동체경제마을은 철저하게 준비된 마을 주민들만 입주하는 특별한 마을이다. 우리가 생각하는 전원 3.0 귀농 · 귀촌 마을은 하나의 기업체로서 경쟁력을 갖추고 브랜드를 갖춘 부자 마을이다.

이런 새로운 전원 3.0 귀농 · 귀촌 마을을 추진하려면, 협동조합 교육이 무엇보다도 중요하다. 또한, 4차 기술혁명과 3농農을 새롭게 정의한 6차산업 융·복합 지식이 절대적으로 필요하다. 따라서 공동체경제마을 주민은 먼저 충분히 지식을 갖춘 사람들로 구성하는 것이다.

3. 복지마을이 무엇일까?

선진국형 특히 유럽의 선진국 마을복지정책에 대해서 주목하는 이유
가 무엇일까? 그 이유는 다음과 같은 단적인 비교로 설명할 수 있다.

한국의 노인들은 사회적으로 매우 불안한 위치에 있다. 그 이유
는 노후의 삶을 위한 국가적, 사회적 보장책이 미흡하여, 전적으로
여기에 의존할 수 없다는 것이다. 우리나라에서는 노인 자살률 증가
그리고 노인 범죄가 증가 추세에 있다. 반면 유럽의 노인 행복지수
는 세계 최고 수준이다. 이들은 당연히 자살도 하지 않고 범죄도 일
어나지 않는다.

그렇다면 왜 우리나라에서만 이렇게 노인 문제가 심각한 것일까?
오늘날 가족 개념은 핵가족 혹은 부부와 자녀 한 둘이 전부이다. 도시
의 생활이 그런 점도 있지만, 오늘날의 라이프스타일이 모두 서구화되
었기 때문이다. 3대가 한 집에 모여 사는 동양적 문화에서 한 세대만 독
립적으로 사는 서구적 문화로 변했기 때문이다. 우리 사회의 노인들의
갈 길은 뚜렷하게 정해져 있다. 양로원이나 요양원으로 가게 되어 있다.
본인이 부자이거나 부자인 자녀들인 경우에는 좀 나은 요양시설로 들

어간다. 그렇지 못한 서민들은 마땅히 갈 곳이 거의 없다. 이들은 허접한 양로원이나 요양원에서 생을 마감하게 될 것이다. 그래서 노인들은 미래 삶에 대한 회의를 느껴 자살하거나 생존을 위한 범죄를 일으키게 된다.

우리나라가 세계 10대 경제 대국이라는 자부심을 갖기 전에 무엇이 문제인지 자성해볼 필요가 있다. 자고로 인류 역사를 돌아보면, 노인세대들이 천대받는 사회는 심각한 문제가 있는 사회였다.

우리나라가 직면하고 있는 심각한 사회복지의 불편한 진실은 쉽게 해결할 수 있는 일이 아니다. 하지만 절대 해결 안 될 일도 아니다. 다만 정부나 민간 모두가 합심해야 되는 일이라는 점이 어려울 뿐이다.

유럽의 복지마을은 정부나 사회 기관, 단체들이 서로 협력하여 장기적으로 기본적인 인프라를 갖추었기에 가능했다. 유럽의 사회복지에서 가장 중요한 것이 각 개인의 의식주가 보장되는 것은 기본이고, 의료와 문화적인 것들이 모두 보장된다는 것이다. 당연히 이렇게 할 수 있는 사회적인 인프라가 형성되었기 때문에 가능한 것이다.

우리의 경우에 의료보험이 있지만, 실질적으로 큰 질병 혹은 수술 같은 것들을 지원하는 것이지, 각 개인의 건강을 관리하는 것이 아니다. 선진국의 의료 시스템은 미리 병이 나지 않게 예방하는 데 주력하고, 그런 환경을 조성한다. 하지만 우리는 아직까지 그런 여건에 못 된다.

또 하나 유럽의 복지마을은 도시에 있거나 시골에 있거나 공통적으로 부자 마을이라는 점이다. 이 말이 무슨 말인가 하면, 마을 주민들이 모두 부자들이라는 말이다. 마을 주민들이 경제적으로 풍족하다는 뜻이다. 그 이유는 여러 가지 있지만, 무엇보다도 복지정책에 의해서 노후에 개인 자산이 있거나 없거나 상관없이 부자로 살 수 있게 한다는 것이다. 이것이 바람직한 복지정책이지만, 우리의 현실과는 거리가 너무 멀다. 우리는 상황이 유럽과 확실히 다르다. 개인적으로 자산이 없으면 고통스럽게 산다. 영세민을 위한 보조금이 있지만 실제로 이것으로 겨우 생존할 뿐이고, 결코 부유한 생활을 할 수 없기 때문이다.

유럽의 노인들이 행복한 이유는 따로 있다. 이들은 노후에도 다양한 일을 한다. 소득과 상관없이 할 일이 있다. 노인들의 삶에서 가장 중요한 것은 할 일이 있어야 한다는 것이다. 반드시 돈을 벌지 않아도 일을 해야 한다. 사실 남녀노소 할 것 없이 모두 일이 있어야 한다. 가치 있는 일을 해야만 보람을 느끼며 행복하게 살 수 있는 것이 세상에는 그러한 일들이 매우 많다.

하지만 한국은 어떤가? 일자리 자체가 턱없이 부족하다. 청년들도 일자리가 없는데 노인들까지 신경 쓸 겨를이 없다.

유럽의 복지마을은 노인들이 충분히 서로 협력하여 어울리는 환경이 조성되어 있다. 문제는 우리나라의 마을에는 그러한 환경 자체가 거의 없다는 점이다. 도시 마을이나 시골 마을이나 노인들이 갈 수 있는 곳은 겨우 노인정, 마을회관 그것이 전부이다. 우리나라에는 노인들이 일하면서 살 수 있는 그런 복지마을이 전혀 없다.

우리가 생각하는 복지마을이란, 주민들이 모두 일을 할 수 있는 마을이다. 남녀노소 심지어 장애인들도 일을 할 수 있는 마을이다. 우리는 이러한 마을을 제대로 된 복지마을이라 생각한다.

진정한 복지마을은 마을 주민들이 모두 부자인 마을이다. 개인 재산이 많고 적든 간에 마을에 사는 동안에 부자로 살 수 있는 마을이 진짜 복지마을이다.

우리가 만들려는 공동체경제마을은 복지마을이다. 모두가 일할 수 있는 마을이다. 우리가 만들려는 공동체경제마을은 일자리 창출을 위한 복지마을이고 노인들이 일할 수 있고 노후에 행복할 수 있는 그런 마을이다. 이것이 필자와 함께 '(사)한국 아그리젠토 6차산업 경영컨설팅협회' 가 만들려는 공동체경제마을이다.

4. 스페인의 이상한 마을 이야기

스페인 남부 안달루시아 자치주州의 주도 세비야에서 동쪽으로 100여Km 떨어진 곳에 인구 2,700명의 소도시 '마리날레다'라는 마을이 있다.[10] 별다른 산업 시설이나 관광 자원도 없고 올리브와 농작물을 기르는 평범한 농촌인 이곳이 스페인 전역과 전 세계인의 이목을 집중시키는 이유는 무엇일까?

주민 대부분이 같은 농장에서 일하고 직위의 높낮이 없이 동일한 급여를 받는다. 실업률이 27%인 나라에서 사실상 완전 고용을 이루고 있다. 경찰이 아예 없고, 대신 주민들이 번갈아 가며 자경단 임무를 수행한다.

스페인 경제 위기가 한창이던 2012년 여름엔 마을 노조원들이 대형 수퍼마켓 체인점에서 식료품을 약탈해 주민들에게 나눠줬다. '강도질'을 주도한 것은 도시의 시장市長이었다.

이곳 사람들은 대지주의 수탈에 맞서 12년간 한여름에 매일 16Km를

---

10) 『우리는 이상한 마을에 산다』 - 댄 핸콕스 / 위즈덤하우스 2014. 영국의 저널리스트 댄 핸콕스가 이곳을 방문해 시장을 비롯한 주민들과 함께 생활하면서 공동체를 심층 취재하고, 이 마을의 지지자와 반대자를 두루 인터뷰해 내놓은 결과물이다.

〈실업자도 없고 경찰도 없는 이상한 마을, 마리날레다 전경〉

행진하고 단식 투쟁을 통해 땅을 얻어 내는가 하면, 스페인을 강타한 경제 위기에 저항하기 위해 슈퍼마켓에서 식료품을 턴다.[11] 자본의 힘이 개인과 사회의 존재 방식을 폭력적으로 강압하는 오늘날, 이 이상한 마을은 연대와 우정의 가치로 그 강압에 저항하고, 원하는 것을 내일까지 기다리지 않고 지금 여기에서 실현할 수 있다는 것을 보여 준다.

스페인의 근현대사를 통해 끊임없이 수탈되고 빈곤한 상태에 있었던 안달루시아 지방의 이 작은 도시는 수십 년간 여러 실험을 통해 자족적 공동체로 변모했고, 유럽과 스페인 경제 위기 이후에는 자본주의의 대안으로 전 세계적인 주목을 받고 있다.

1979년 이래 주민이 직접 선출한 시장, '로빈후드 시장'으로 유명한 후안 마누엘 산체스 고르디요Juan Manuel Sanchez Gordillo가 30년 넘게 이

---

1 1) [출처] 프리미엄조선

마을을 통치하고 있다.

그는 이곳을 "자본주의 세상 한복판에서 일궈낸 사회주의 유토피아(이상향)"라고 자신 있게 말한다. 시 공식 웹사이트를 보면 '평화의 유토피아 마리날레다' 라는 문구가 뜬다. 실제 마리날레다는 꽤 이상적인 수준의 공동체 사회가 정착한 곳이다.

이 마을은 농산물과 올리브를 재배하고 가공하는 농장과 공장을 협동조합의 형태로 살림을 꾸리고 판매와 수출까지 한다.

공동체 경제의 중심엔 협동조합 형태로 운영되는 대농장 '엘 우모소' 가 있는데, 주민들은 모두 협동조합 소속이며, 마을 주민 대부분은 이곳에서 하루에 여섯 시간 반을 일하며 하루 일당은 47유로, 한 달에 1200유로(약 180만 원으로 스페인 최저 임금의 2배)를 받고, 협동조합은 이윤을 분배하지 않고 재투자한다. 최근의 이주민들을 제외하면 완전 고용 상태나 다름없다.

더 놀라운 것은 지방정부로부터 자재를 지원받아 주민들이 살 집을 직접 짓고 한 달에 15유로 정도만을 부담하여 사실상의 무상 주거가 가능하다는 점이다. 축구 경기장, 실내스포츠센터 등 레저 시설과 탁아소, 노인회관 등 복지 시설을 무상에 가까운 가격에 이용할 수 있다. 주택은

공동체 소유로 개인이 사고팔 수 없다. 대신 매달 15유로(약 2만1300원)의 월세만 내면 된다.

시정市政은 직접민주주의 형태다. 월평균 세 차례씩 열리는 주민 회의에서 고르디요 시장이 직접 의제를 설명한다. 16세 이상 주민이라면 누구나 참여해 의견을 개진할 수 있다. 마을의 중요한 사안은 총회에서 주민의 참여로 이루어지며 이 마을에서 벌이는 떠들썩한 축제에는 스페인 전역에서 사람들이 몰려든다. 이 이상한 마을을 두고 극단적 평가(유토피아 또는 공산주의 테마파크, 독재 체제)가 엇갈리고 있다.

마리날레다 협동조합은 인간의 노동력이 가장 많이 필요해 되도록 일자리를 많이 창출할 수 있는 농작물을 골랐다. 곳곳에서 볼 수 있는 올리브 나무와 올리브유 가공 공장에 더해 다양한 종류의 피망과 아티초크, 누에콩, 깍지강낭콩, 브로콜리를 심었다. 이는 가공해 통조림을 만들고 단지에 담을 수 있는 농작물이어서 마을에 가공 공장을 만들어 2차 산업을 일으키고, 일자리를 늘렸다. "우리의 목적은 이윤이 아니라 일자리를 창출하는 것이었습니다"라고 산체스 고르디요는 설명했다. 이러한 철학은 후기 자본주의에서 '효율'을 강조하는 것과 완전히 대비된다. 효율이라는 말은 신자유주의 사전에서 거의 신성한 지위로 격상되었지만, 현실에서는 주가라는 제단에 인간의 존엄성을 제물로 바치는 것을 완곡하게 표현하는 말이 되었다.

핸콕스는 마리날레다를 공산주의적 유토피아가 실현된 공동체로 보거나 정반대로 실패한 현실 공산주의의 축소판으로 보는 관점 모두 이 마을을 단편적으로 보는 것이라고 주장한다. 이 마을은 스페인 역사에서 안달루시아가 차지하는 독특함, 즉 자립과 분권에 대한 강한 열망, 땅과 일에 대한 집착, 상당한 수준의 무정부주의 등을 배경으로 이해돼야 한다. 따라서 특정한 이념으로서의 공산주의를 실현했다고 보기에는 무리가 따른다는 것이다.

한편, 이 마을이 지닌 자유로움과 개방성, 마을 규모에 비해 다섯 배나 많은 여가 시설, 노동과 축제의 적절한 균형은 실패한 공산주의의 축소판으로도 볼 수 없게 한다. 그뿐만 아니라 국가의 지원이나 복지 제도에 기대지 않고 자립이 가능한 경제 모델을 만들어 냄으로써 기존의 사회 민주주의나 복지 국가 체제로도 설명이 쉽지 않게 됐다.

세계인은 이제 마리날레다를 자본주의에 맞서는 하나의 대안으로, 현재 진행형의 실험으로 조심스럽게 지켜보는 중이다. 그들의 끊임없는 투쟁과 실험은 실업과 주택 문제, 빈부 격차 등 비슷한 문제를 겪고 있는 한국에게도 체제의 위기와 혁신에 대한 생각할 거리를 준다. 우리 사회에서 관심을 모으고 있는 여러 이슈를 앞서 실험하고 있다는 것은 더욱 눈길을 끄는 점이다.

이 지난하고 끈질긴 도전과 실험을 통해 유토피아는 '어디에도 없는 곳'이 아니라 '지금 여기'가 될 수 있을지도 모른다. "우리는 우리가 미래에 원하는 것을 지금 하려고 합니다. 우리는 내일까지 기다리고 싶지 않습니다. 오늘 하고 싶습니다. 오늘 하고 싶습니다. 우리가 오늘 하기 시작하면 그것이 가능해지고, 다른 사람에게 보여줄 수 있는 본보기가 됩니다"라는 고르디요 시장의 말처럼 이 마을은 새로운 가능성을 보여 주고 있다.

오늘날 마리날레다 공동체가 가능하기까지는 고르디요 시장의 역할이 절대적이었다. 1979년 그가 처음 시장에 당선될 때만 해도 마리날레다의 실업률은 60%가 넘었다. 고르디요는 마을을 살리기 위해 정부 지원을 촉구하며 1980년 주민 700명과 함께 단식 투쟁을 벌였다. 9일 만에 정부로부터 생계 보조금 지원을 얻어내는 데 성공했다. 이어서 그는 지역 유지 인판타도 공작의 대농장을 겨냥해 토지 개혁 및 재분배를 요구했다. 현 공동체의 기반인 엘 우모소 농장은 당시 인판타도 공작의 개인 소유지였다. 고르디요는 토지가 없는 주민들을 이끌고 엘 우모소까지 16㎞를 걸어가 점거 시위를 벌였다. 경찰에 쫓겨나면 다시 걸어서 마을로 돌아왔다. 이런 식의 시위를 10년 동안 100차례 넘게 반복했다. 안달루시아 정부는 결국 1991년 공작에게 보상을 해주고 엘 우모소 농장을 마리날레다에 공유지로 넘겼다.

마리날레다의 이야기는 지난 10월 영국과 스페인에서 책으로 출간돼 널리 알려졌다.[12] 글로벌 금융 위기로 자본주의 위기론이 거론되는 가운데 마리날레다 모델은 하나의 대안으로 주목받고 있다. 다만 과격하고 급진적인 고르디요의 방식에는 비판도 뒤따른다. 현재 그는 2012년 수퍼마켓 강도 사건으로 재판을 받고 있다. 고르디요는 자신의 방식에 대해 "내가 할 수 있는 선에서 현실의 대안을 보여줄 뿐"이라고 말했다.

마리날레다의 경우는 특수한 사례라고 할 수 있다. 아마 다른 곳에서 이와 비슷한 실험을 하는 것은 쉽지 않을 것이다. 이는 마치 우리나라에서 박정희 대통령 시절에 불도저식으로 밀어붙였던 것과 같은 맥락에서 생각해 볼 수 있을 것이다. 한 나라이든 혹은 하나의 마을이든지 강력한

---

12) 『우리는 이상한 마을에 산다』 - 댄 헨콕스, 위즈덤하우스. 2014.

리더십으로 전체를 개혁하여야만 가능한 일이다. 그러나 실제로 이렇게 과격하고 급진적인 방식은 상당한 부작용이 따른다. 그러나 이 마을에서 볼 수 있듯이, '협동과 공유' 라는 경제적 가치관은 충분히 실현 가능하다는 것을 확인할 수 있다.

마리날레다와 같이 2700명의 주민들을 움직이는 것은 대단히 어려운 일이지만, 우리가 추진하려는 20세대~100세대의 마을은 충분히 이러한 실험이 성공할 수 있다고 확신한다.

5. 6차산업 융·복합마을

6차산업 융·복합 마을은 우리가 추진하는 공동체경제마을을 의미한다. 6차산업 융·복합 즉 농업(1차)을 기반으로 제조(2차) 그리고 유통과 서비스(3차) 산업을 융·복합하는 경제적 마을이 공동체 '창조' 경제마을이다.

우리는 이런 마을을 건설하기 위해서 오랫동안 준비했다. 그래서 우리는 단순히 공기 맑고 물 맑은 곳에 전원주택 단지를 만드는 일에 크게 관심이 없다. 이렇게 멋진 곳에 사는 것은 로망일 수 있지만, 이것은 소수의 부자들만이 할 수 있는 일이다.

또한, 이미 오랫동안 사람들이 살고 있는 시골 마을을 리모델링하여 새롭게 만드는 일에도 크게 관심이 없다. 이것은 이미 많은 사람들이 시도하고 있는 일이다. 대안마을을 만들려는 사람들은 대개 기존의 마을을 바꾸려고 시도한다. 그러나 이것은 훌륭한 일이긴 하지만 너무 어렵고 오랜 시간이 걸리는 일이다.

우리는 아주 빠르게 쉽게 하나의 이상한 마을을 만들려는 것이다. 이것이 '6차산업 융·복합형' 마을이다.

우리는 서민들이 주민으로 입주하여 살 수 있는 생산적인 마을, 저녁이 있는 삶과 철학과 문화가 존재하는 사람이 사는 동네를 만들려는 것이다.

6차산업 융·복합을 주목하는 것은 그만한 이유가 있다. 6차산업 융·복합은 결국 농업을 중심으로 융합하고 결합화 하는 산업이라는 말이다. 즉 농업에서 파생되는 모든 산업을 종합한다는 것이다. 이러한 농업 기반의 마을이 우리가 추구하는 공동체 '창조' 경제마을이다.

이미 다른 책이나 자료에서 자주 언급한 내용이지만, 처음 접하는 사람들을 위해서 간단히 6차산업의 융·복합 이야기를 다룬다. 자세한 이야기는 다음 장에서 이야기할 것이다.

지금 우리는 3농農에 대한 패러다임을 바꾸어야 한다. 그래서 몇 가지 6차산업 융·복합과 관련된 개념들을 정리해보자. 이런 지식은 공동체 '창조' 경제마을이 어떤 방향으로 가는지 이해하는데 필요한 것이다.

스마트 농업 시대가 온다

선진국에서 생각하는 농업은 스마트 농업Smart Farm이다. 그렇다면 스마트 농업이란 무엇일까?

스마트 농업이란, 기존의 농업에 AI(인공지능), ICT(정보통신), BT(바이오), ET(환경) 등 첨단기술을 접목하여 고부가가치 산업으로 발전시킨 것이다. 그렇다면 왜 스마트 농업이 필요한가? 이는 노동인구의 감소, 농지의 감소, 기상 이변 등 다양한 변수로 기존의 농업으로는 효율성이 떨어지기 때문이다.

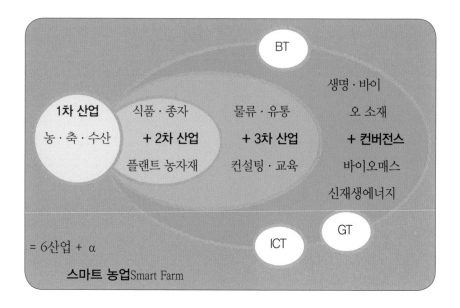

BT
생명·바이
오 소재

1차 산업	식품·종자	물류·유통	+ 컨버전스
농·축·수산	+ 2차 산업	+ 3차 산업	바이오매스
	플랜트 농자재	컨설팅·교육	신재생에너지

= 6산업 + α

스마트 농업 Smart Farm

ICT   GT

미국, 일본, 네덜란드 등 농업 선진국들은 이미 스마트 농업이 자리잡고 있다. 스마트 농업에서 가장 두드러진 변화는 생산 영역에서 첨단 기술들이 모두 접목된다는 점이다. 스마트팜Smart Farm은 각종 첨단 장비를 활용하여 농축수산물의 생장, 발육, 생육 단계부터 정보관리를 바탕으로 최적의 환경을 조성하고, 병충해나 각종 위험 요소들을 자동 방지하는 시스템, 네트워크, 스마트 기기 등을 연동시켜 운영한다. 이러한 스마트팜에서 농부는 스마트폰이나 태블릿으로 농장의 모든 상황을 원격 제어하거나 모니터링 할 수 있다. 이러한 시설을 갖춘 새로운 농장은 흔히 '식물공장'이라 부른다.

식물공장은 저비용. 고효율 생산을 위해 작물의 상태에 따라서 영양, 온도, 광원 등 모든 생장 환경을 실시간 모니터링하고 제어하는 기술 즉 플랜트PLANT라는 5가지 핵심 기술을 적용한 스마트 농업의 핵심 시스템이다. 여기서 말하는 P(place 장소), L(light 조명), A(auto 자동화),

N(nutrient 양분), T(temperature 온도) 등 농장에 꼭 필요한 5가지 핵심 기술을 말한다.

이러한 식물공장은 발전된 지능형 농·작업기를 사용하는데, 이는 무선통신 및 농기계 원격제어, 항법장치 기반 농기계 자동제어, 무인제어 및 모니터링 시스템, 스마트 농·작업 통신 플랫폼, 지능형 농·작업 기술 등을 접목한 것이다.

스마트 농업에서는 단순히 생산에만 첨단기술이 접목되는 것이라, 제조와 유통에서도 첨단기술이 그대로 접목된다. 이미 유통과 물류의 배송에는 놀라운 IT 기술들이 접목되고 있다는 것을 쉽게 알 수 있다.

예를 들어 온라인으로 소비자가 주문하면 농장에서 직접 배송하면서 자동적으로 재고와 계산이 이루어지는 통합적인 서비스가 실시되는 것이다. 배송에서 드론이 사용되면서 우리는 놀라운 세상을 경험하고 있다. 농업은 최첨단의 모든 기술들이 접목되는 산업 분야라는 점을 주목할 필요가 있다.

도시에서 농업 한다
수직농장Vertical Farm에 대한 인터넷 검색 자료이다.

미 뉴욕시의 금싸라기 땅인 맨해튼에 작물 재배만을 위한 30층짜리 빌딩을 건립할 계획이 추진되고 있다고 뉴욕타임스NYT가 15일 보도했다. 스콧 스트링거Stringer 맨해튼 구borough 의장은 2개월 내에 뉴욕시에 수직농장 건립의 타당성 조사를 위해 2000만~3000만달러(약 201억~302억 원)의 예산 지원을 시에 요청할 방침이다.

선출직인 구 의장은 뉴욕시 정부에 대해 자치구의 입장을 대표해 도시계획과 교육정책 입안에 영향력을 행사한다.

스트링거 의장이 추진 중인 '수직농장Vertical Farm'은 딕슨 데스포미어Despommier 컬럼비아대 공공보건학 교수가 1999년 대학원생들과 함께 개념을 창안한 뒤, 이미 유럽과 미국의 여러 건축회사로부터 각광을 받고 있다고 NYT는 보도했다.

국내의 수직농장에 대한 신문 내용이다. [출처: 경향신문 2015. 06. 02.]

서울 도심 3층짜리 건물에서 오이와 호박을 재배하고 아파트 옥상에서는 상추와 고추를 심어 그것들로 식단을 꾸린다면 어떨까. 2018년이면 서울에서 흔하게 볼 수 있는 광경이 될지도 모른다.

서울의 도시농업이 한 단계 진화를 앞두고 있다. 가까운 미래에 수직농장(고층 빌딩형 농장)과 아파트·주택의 베란다 및 옥상이 농작물의 재배지가 될 것으로 전망된다. 미래농업의 대안으로 떠오른 수직농장은 평지가 아닌 도심의 고층건물에서 농작물을 재배하는 새로운 개념이다. 미국 컬럼비아대 딕슨 데스포미어 교수가 제안한 수직농장은 병충해도 거의 없고 농업용수도 대폭 줄일 수 있어 효율성이 높다. 이미 외국에서는 수직농장이 대세로 자리 잡고 있다. 일본에서는 130여 개의 수직농장이 운영 중이다.

국내에서는 서울시가 46억 원을 들여 강북과 강남에 한 곳씩 수직농장을 조성 중이다. 은평구 통일로 일대에 지상 2층(540㎡) 규모로, 양천구 목동에 지하 1층, 지상 3층(3558㎡)의 수직농장이 2018년부터 운영될 예정이다. 수직농장은 비닐온실에 비해 초기 설치비

골파 후추 브뤼셀 토마토 벽리향 시금치
스프라우트

상추

복숭아

사과

양배추

딸기

체리

〈미국 뉴욕 맨해튼에 작물 재배만을 위한 30층짜리 수직농장 계획 추진 중이라고
뉴욕타임즈가 보도 – 인터넷 자료〉

가 많이 들지만 층수에 따라 몇 배의 생산효과를 볼 수 있다.

2018년이면 주거지역 10분 이내 거리에 1800개의 도심텃밭도 조성된다. 또한 집이나 사무실에서 재배할 수 있는 상자(주머니) 텃밭 13만 세트도 시민들에게 제공될 예정이다. 자치구에서도 도시농업은 주요 현안으로 자리매김했다. 도시농업의 메카로 급부상한 강동구는 지난해까지 전국 자치구 중 최대 규모의 공동텃밭을 확보(6000세트 · 12만1289㎡)한 데 이어 2020년까지 1만개까지 늘릴 계획이다. 노원구는 공릉동에 지상 650㎡ 규모의 '노원–삼육 에코팜'을 조성, 상추 등 채소를 생산 · 판매 중이다.

〈미국 컬럼비아대 딕슨 데스포미어 교수가 제안한 수직농장의 유형. 박스 안은 일본에서
운영 중인 수직농장의 실내 전경. ㅣ서울시 제공〉

수직농장Vertical farm은 빌딩농장 또는 식물공장Plant Factory이라고도
부른다. 건물로 된 농장을 말한다. 식물공장 아이디어를 1999년 처음
제시한 딕슨 데스포미어 컬럼비아 대학교 교수는 "30층 규모의 빌딩농
장이 5만 명의 먹을거리를 해결할 수 있다"고 말한다.

식물공장에서는 거의 모든 작물 재배가 가능하며, 물고기, 새우, 조개
류, 조류(닭, 오리, 거위) 등 밀폐 사육이 가능한 동물 사육이 가능하다. 미

국, 러시아, 일본, 중국, 유럽연합 등 선진국들은 2020년 경에 달 유인기지를 건설할 계획이다. 식물공장은 달 유인기지에 필수적인 구성품이다.

식물공장Smart Factory

식물공장Plant Factory이란 용어의 기원은 정확하지 않으나, 1960년대에 유럽에서 채소의 시설 재배가 성행하면서 공장식 농업을 '식물공장'이라고 불렀던 것으로 알려진다.

북유럽 지역은 흐린 날이 많고 일조 시간이 적어 채소 생육에 그다지 좋은 환경이 아니기 때문에, 노지 재배보다는 시설 재배가 발달하게 되었다. 이즈음에 네덜란드에서 채소를 중심으로 수경 재배가 성행하게 되자 땅에 뿌리를 박고 있지 않은 작물을 사람들이 보고 마치 식물공장 같다고 말했다고 한다.

식물공장이 가시화된 것은 1957년에 덴마크의 크리스텐센 농장에서 새싹채소를 컨베이어 방식으로 생산하면서부터이다. 이러한 식물공장 방식이 네덜란드, 벨기에, 오스트리아 등으로 확산되었는데, 유럽의 농업 기술을 소개한 일본에서 1970년대에 식물공장植物工場이라는 용어를 사용하면서 대한민국에도 같은 용어로 파급된 것으로 보인다.

참고로 일본에는 현재 약 50개소의 식물공장이 상업적으로 운영되고 있는 것으로 알려지며, 미국에서는 '마천루농장' 이라는 수직농장Vertical Farm 건립을 계획하고 있다. 최근 한국이 발광다이오드LED 기술의 선진국으로서 이를 상용화한 전자제품들이 세계시장을 석권하면서 LED 기술을 활용한 식물공장도 세간의 관심을 끌고 있다.

식물공장이란 "농작물에 대하여 통제된 일정한 시설 내에서 빛, 온·습도, 이산화탄소 농도 및 배양액 등의 환경 조건을 인공적으로 제어하여 계절이나 장소에 관계없이 자동적으로 연속 생산하는 시스템"을 말한다.

한 마디로 온도와 습도를 제어하고 인공 광원으로 농작물을 재배하는 시설농업으로서, 날씨나 계절에 관계없이 농작물을 연중 안정적으로 생산할 수 있다. 따라서 식물공장의 유형은 그 기준에 따라 다양하게 분류할 수 있으며, 개념적으로는 협의와 광의라는 구분이 가능하다. 먼저,

협의의 식물공장이라 함은 식물을 생산하는 시설 그 자체를 말하며, 주로 수경재배 방식을 기본으로 지상부 제어 범위로는 광, 온·습도, 탄산가스 등이 해당된다. 반면, 광의의 식물공장이라고 하면 협의의 식물공장의 범위뿐만 아니라 조직배양 방법에 의한 클론 증식시스템, 세포배양 방법에 의한 세포 대량증식시스템 등까지 포함하는 개념이다.

이와 같이 식물공장은 농작물의 생육 상태를 과학적으로 관리하여 비료나 농약을 저투입하는 정밀농업Precision Agriculture의 성격을 가지므로, 일반 농산물에 비해 안전성을 확보할 수 있다. 또한 노지에서 재배가 어려운 기능성 농작물을 재배함으로써 고부가가치 농업을 실현할 수 있고, 식량 작물의 연중 재배를 통해 생산성을 비약적으로 높임으로써 식량 기지로 활용할 수 있다는 점에서 식물공장 방식은 미래 농업의 대안이 될 수 있을 것이다.

이러한 식물공장은 결국 넓은 농지를 필요로 하는 것이 아니라 첨단 시설의 건물이 필요한 것이다. 따라서 도심지에서 얼마든지 식물공장을 세워서 스마트 농업을 추진할 수 있다.

지금까지 설명한 6차산업 융·복합, 스마트 농업에 관한 자료를 토대로 공동체경제마을이 농업을 기반으로 한 농업 생산성을 중요하게 생각한다는 점을 이해하기 바란다. 즉 우리가 조성하는 공동체경제마을은 농업을 하지만 결코 넓은 땅에서 하루 종일 노동하는 그러한 농업을 시도하지 않을 것이다. 넓은 평야에서 비행기로 씨를 뿌리고 기계로 추수하는 그런 농업도 전혀 고려하지 않는다.

우리가 조성하는 공동체경제마을은 도시나 농촌이나 어디서나 가능한 식물공장Plant Factory, 수직농장Vertical Farm, 스마트 농업Smart Farm을 기본으로 하는 것이다.

다만 이것이 생산 측면만이 아니라, 가공과 유통 그리고 관광·체험·교육·학습·자연치유를 겸하여 고수익이 창출될 수 있는 것이야 만 한다는 점이다.

6차산업 융·복합으로
부자 되는 길

1. 6차산업 융·복합의 의미

6차산업 융·복합이란 무엇인가?

최근에 6차산업 융·복합이란 말을 자주 듣게 된다. '6차산업 융·복합' 이라는 용어는 농업 분야 융·복합공유경제에 적용된 새로운 개념이다. 즉 6차산업 융·복합이란 농촌에 존재하는 모든 유무형의 자원을 바탕으로 농업과 식품, 특산품 제조가공(2차 산업) 및 유통판매, 문화, 체험, 관광, 서비스(3차 산업) 등을 연계함으로써 새로운 부가가치를 창출하는 활동을 의미한다.

또한, 농업의 6차산업 융·복합화란 3농農[13]의 주도로 농촌과 지역에 부존하는 다양한 자원(농산물 자연자원·인재·역사·문화 등)을 활용하여 생산에서 가공·판매·교류 등을 수직·수평적으로 통합하는 경제의 선순환 생태계를 형성하여 새로운 가치를 창출하는 비즈니스[14]를 말한다(권영덕, 2014, 경남발전).

---

[13] 3농農(농촌·농업·농민)이란 농촌은 신 개념의 치유와 상생 그리고 평생학습의 공간으로 농업은 모든 산업의 기초재료를 제공하는 생명산업으로, 농민은 농사를 짓는 단순개념의 사람이 아니라 3농農에 의지한 6차산업 융·복합 기업 등 도·농 간 교류를 통해 생산, 유통, 소비 등과 연관된 모든 사람과 기업을 말한다.

[14] Agri-Business는 하QJ드대학의 J.H.Davis와 A.R.Goldberg에 의해 제안된 3농農 관련 산업을 말한다.

6차산업 융·복합은 한국의 융·복합공유경제 정책의 연장선에서 이해할 수 있다. 현재 6차산업 융·복합은 〈농촌 융·복합 산업 육성 및 지원에 관한 법률〉로 실행 가능한 단계에 진입했다. 정부에서 정책적으로 진행하는 공동체 형 공유와 협동 그리고 창조형 경제는 '창의력 및 상상력과 과학기술, ICT 융합을 통한 새로운 시장과 산업 육성으로 양질의 많은 일자리 창출을 위한 신新경제 패러다임이다.

따라서 6차산업과 융·복합공유경제는 결국 동일한 경제적인 해법으로 볼 수 있다. 농업생산물에 창의력과 상상력을 더 하면 다양한 형태의 가공 상품(식품, 의약품, 건강식품, 생활용품 등)과 관광 체험 서비스 상품이 개발될 수 있기 때문이다. 이를 통하여, 기존에는 없었던 새로운 일자리를 창출, 생산적 복지를 실현하고 지역경제를 활성화시키는 기틀을 마련할 수 있다.

대표적인 사례로 꼽히고 있는 곳이 청양의 알프스마을이다. 농촌지역

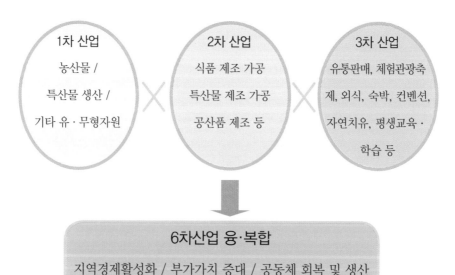

이라면 존재하는 일상적인 자원에 상상력을 더하여 지원 없는 순수 자립형 축제를 만들었다. '여름철 세계 조롱박 축제'와 '겨울철 칠갑산 얼음분수 축제' 등을 통해 이 지역만의 흥미로운 볼거리, 즐길거리, 먹거리 등을 만들어 6차산업 융·복합을 선도하고 있다.

6차산업 융·복합은 다음과 같이 도식화된 개념으로 정의하고 있다.

'6차산업 융·복합'을 정의할 때, 〈1차 산업 × 2차 산업 × 3차 산업〉처럼 곱하기로 표현한 것은 이중 어느 하나라도 0이 되면, 전체가 0이 된다는 의미가 들어 있다. 즉 1차 산업의 기반이 무너지면, 융·복합공유경제가 아무런 의미가 없다는 뜻이다. 이는 농업 생산성의 중요성을 인식하고 있다는 것이다.

농업은 인류 생존의 기반이며, 오늘날 가장 중요한 국가 경쟁력의 기반이다. 실제로 오늘날 대부분의 경제 선진국은 모두 농업 강국이라는 점에서 6차산업 융·복합의 중요성은 절대로 무시될 수 없다. 또한 앞으로 식량 전쟁이 일어날 경우에 농업의 기반이 약한 국가는 위기에 직면하게 될 수도 있다. 식량 전쟁은 결코 기우가 아니며, 이 분야의 전문가들이 예견하고 있는 필연적인 시나리오이다. 그러므로 한국사회는 6차산업 융·복합에 대해서 새로운 가치관을 정립해야 할 때이다.

우리는 이미 글로벌 시대에 살고 있고 농업 자체도 전 세계와 경쟁하고 있다. 기존의 1차 산업으로서의 농업은 이미 경쟁력을 상실한 상태이다. 또한, 농업이 기존의 2차 산업이나 3차 산업 등이 각각 분리된 상태로서는 글로벌 경쟁력이 전혀 없는 상태이다. 따라서 농업에 융·복합의 새로운 패러다임이 필요하게 된 것이다. 이것이 농업에서의 6차산업 융·복합의 미래이다.

6차산업이 융·복합공유경제의 대안으로 주목받는 이유는 6차산업 융·복합이 내포하고 있는 부가가치 창출과정에 있다. 즉 6차산업화는 생산에서 가공·판매 등의 영역을 통합하고, 관광이나 도·농 교류·치유복지 등도 비즈니스화 하여 지역과 농어산촌 등에서 일자리와 부가가치를 창출하여 지역을 재생Regeneration시키는 전략이다.

지난 30여 년, 농업이나 농촌에서 파생하는 식품제조업이나 유통업·외식업·관광 등은 그동안 도시지역의 제조업이나 서비스업의 영역에 포함되어 농업에서 파생하는 부가가치가 농업외부로 유출되어 왔다. 농업외부[15)로 유출되는 일자리와 부가가치를 3농農으로 내부화하는 시도가 6차산업화가 가지는 의도이다(김태곤 외 2인,2013).

이러한 부가가치 창출을 위해서는 1차 산업, 2차 산업, 3차 산업 자체의 모든 요소들을 융·복합 내지는 공유시켜야 한다.

예를 들면, 알밤의 경우, 하下품의 경우 kg당 100원에 판매된다. 하품의 경우는 수요처가 없기 때문에 거의 버려지거나 헐값에 거래된다. 하지만 가공수요가 생기면, 100원에 판매되던 알밤은 500원에 판매할 수 있다. 그래서 하품의 알밤 40kg은 4,000원에서 20,000원의 소득을 창출한다.

실제로 부산물이나 버려지던 자원의 경우 수요처가 생기면 수요-공급의 원리에 따라 가격이 형성되거나 거래가격이 상승되는 경향이 있다. 여기에서 더 나아가 전분을 만들게 되면 하품 40kg로 전분 4kg을 만들 수 있고, 전분은 kg당 20,000원으로 80,000원의 수익이 창출된다. 여

---

15) 농업외부란 현대화 산업화의 미명으로 '농기업화' 또는 '도시지역의 혜택'을 일컫는다.

기에서 좀 더 나아가서 전분 4kg으로 kg당 3,500원 하는 밤묵 48kg을 만들 수 있어 총 168,000원의 매출을 올릴 수 있다.

이렇게 융ㆍ복합, 공유하게 되면 4,000원에 거래되던 등외품 알밤이 전분이 되면, 80,000원의 매출로, 밤묵이 되는 168,000원의 매출로 부가 가치가 상승하게 된다. 이것은 1차적인 융ㆍ복합이고, 만일 알밤을 활용한 체험프로그램을 개발, 운영한다면 여기에 부수입은 더 증가한다. 밤 껍질을 천연염매제로 활용한다면 또 다른 체험 관광상품이 만들어진다.

여기서 더 나아가 지역의 다른 관광자원과 연계하여 밤 투어 프로그램을 만들어진다면 관련 농가소득 증대뿐만 아니라 지역경제 활성화에도 기여하게 되는 것이다.

6차산업 융ㆍ복합은 농업과 비농업 분야의 결합이다. 오히려 6차산업 융ㆍ복합은 농업의 생산성보다 비농업 분야(컨텐츠)의 생산성을 더 중요하게 생각한다. 특히, 비농업 분야 중에서도 '농촌의 재생'은 농촌에 산재해 있는 자연자원, 역사, 문화 등을 "자연치유와 평생학습"의 공간場으로 연결하는 신新공동체 창조경제의 패러다임이다.

2. 정부가 최고 부자 그리고 후원자

필자는 강의 때마다 이 이야기를 빼놓지 않는다.

"우리나라에서 가장 부자는 누구인가? 정부이다. 그다음이 대기업, 재벌이다. 지금은 자기 돈으로 만 사업하는 시대가 아니다. 정부 정책에 대한 과거, 현재, 미래를 분석하는 데서부터 사업의 실마리를 풀어내야 한다."

그렇다. 지금은 정부·정책적인 흐름을 거스르면서 사업을 할 수 없다. 그러나 우리는 정치나 혹은 이데올로기 논쟁에 대해서는 관심이 없다. 오직 경제면에서 생각하는 것이다.

앞에서 말했듯이 지금은 저성장·저금리 시대이다. 아니 제로성장의 시대가 다가오고 있다. 심지어 마이너스 성장시대가 될 수도 있다. 이렇게 사회 전반적으로 성장이 둔화되고 경제구조가 변한 상황에서는 이미 부자인 사람들과 부자가 아닌 사람들은 운명이 정해져 있다.

고성장 시기에는 변수가 많아서 서민들도 부자가 될 수 있는 기회가 많았지만, 저성장 시기에는 그런 변수가 적기 때문에 서민들이 부자가 되는 길이 거의 없다고 보아야 한다. 그렇다면 서민이 정말 부자가 되는

길은 없는 것일까? 혹시 있다면 그것은 어디에 있는가?

이 질문에 대한 답이 '아그리젠토공동체경제'에 있다. 그 길은 스마트농업과 농촌, 그리고 정부의 정책에 있다. 이번 장에서 6차산업 융·복합과 관련한 공동체경제마을의 미래를 이야기하고자 한다.

이런 지식은 매우 중요하다. 서민이 부자가 되고자 한다면, 먼저 6차산업 융·복합과 공동체경제마을에 대해서 공부해야 한다. 이는 곧 요즘 재테크시장에 떠오르고 있는 '대체투자상품'이기도 하다.

이 6차산업 융·복합과 공동체경제마을은 정부가 정책적으로 지원할 수 있는 일이다. 현 정부가 추진하는 공동체공유경제의 가장 중요한 이슈는 일자리창출일 것이다. 일자리를 만들려면 경쟁력 있는 일터를 많이 만들어야 한다.

정부에서는 고용창출을 위하여 다양한 정책들을 펼친다. 이것은 어느 정부에서나 마찬가지이다. 가장 많이 관심을 쏟는 분야는 AI, IT, 바이오에너지 등 일반인들이 접근하기 어려운 영역들이다.

아무리 고부가가치 산업이라고 해도, 게임을 개발하고 한류 콘텐츠를 만들어내는 일은 일반인들[16]의 영역이 아니다. 그래서 처음부터 접근 가능한 시장이 아니므로 여기서는 다루지 않는다. 이런 산업은 젊은 이들의 몫이다. 이미 중장년, 퇴직자 등 인생 2~3모작에 접어든 사람들이 할 일은 따로 있다. 일반인이 할 수 있는 분야는 '6차산업 융·복합'이다. 6차산업 융·복합 분야는 중장년층과 노년층에서 할 수 있는 최고의 일자리창출 분야이다.

이미 앞에서 언급했듯이 창업 영역에서 일반인들이 쉽게 뛰어드는 것이 생계형 창업 혹은 소상공업 창업이다. 이런 창업은 쉽게 할 수 있지만, 성공 가능성이 희박하다. 일반인들이 참여할 수 있는 영역이란 거의 생계형 창업이기 때문이다.

생계형 창업이란 솔직히 답이 없는 영역이면서, 성공확률이 낮다. 그래서 중장년층이 참여할 수 있는 적합한 영역은 접근성과 창업 성공율이 높은 6차산업 융·복합 분야라고 말하는 것이다. 이 분야에 정책적으로 가장 많은 지원을 하고 있기 때문이다. 6차산업 융·복합에 관련된 많은 정책과 법안 들이 바로 그러한 증거이다.

농업은 과거의 농사가 아니다. 지금은 하루 종일 땅을 파고 김매고 농약 치면서 농사짓는 시대가 아니다. 이제 농사는 6차산업 융·복합으로 확대 재생산되어 부자가 되는 사업이며, 국민경제의 한 축을 담당하고

---

16) 여기서 말하는 '일반인들'의 개념은 인생 2모작, 3모작을 준비하는 사람들이다.

있다. 따라서 3농農에 대한 패러다임을 바꾸고 6차산업 융·복합에 적합한 사업에 참여할 때이다.

농업에 대한 생각도 완전히 바꾸어야 하지만, 시골에 내려가서 농사 짓는다는 고정관념도 버려야 한다. 농업은 도시에서도 가능하며, 이미 도시농업으로 수직농장, 텃밭, 옥상, 아파트 지하 공간 등을 활용한 농업이 현실화되어 가고 있다. 이제 땅에서만 농업을 한다는 생각을 버려야 한다.

중장년 및 퇴직자들이 만들어야 할 미래는 6차산업 융·복합과 농촌재생Renaissance 분야이다. 자본력도 없고 기술도 없는 사람이라면 더욱더 그렇다. 6차산업 융·복합은 앞으로 지속적인 투자와 지원을 할 수 밖에 없는 분야이다. 왜냐하면, 여기에서 많은 사업들이 창출될 수 있으며, 6차산업 융·복합에서 경쟁력을 가져야만 국가가 부강해질 수 있기 때문이다.

과거에도 농촌 지역에 정책적으로 많은 지원을 했던 것이 사실이다. 전혀 사업 능력도 없고 경영 능력도 없는 농민들에게 영농조합이나 농업 법인을 설립하도록 다각적인 지원을 했었다. 그러나 사실상 수많은 영농조합들 중에서 극히 일부만 사업적으로 성공하고 나머지는 모두 실패한 것 또한 현실이다. 심지어 이런 정책 지원 제도를 악용하여 시설자금 등으로 돈만 받아내는 전문 브로커들이 개입되어 정부 지원정책의 본질을 왜곡하고 있다.

최근에도 많은 자금이 투입되어 농촌에 중심지 활성화 사업, 기초생활환경 개선사업 등 문화시설 분야가 건설되고 있다. 산골 마을에도 도로를 포장하고, 산책로를 만들고, 꽃을 심고, 잔디를 덮었으며, 놀이공원을 만들고, 체육공원도 만들었다.

폐교를 수리하여 캠프장을 만들고 체험 학습장으로 만들었다. 이렇게 하여 도시인들이 많이 찾을 것이라고 예상했었다. 그러나 결과는 기대에 못 미쳤다. 이런 하드웨어적인 투자를 하는 것이 나쁘다고 할 수는 없지만, 실제로 소프트웨어와 콘텐츠가 빈약하여 사람들이 찾지 않고 방치되는 시설물이 전국적으로 널려있다. 이것은 엄청난 국가적 낭비이고 손실이다. 심지어 이런 시설을 만드는 과정에서도 많은 자금이 줄줄이 새어나갔다.

그래서 한때는 정부가 주는 정책지원금을 '눈 먼 돈' 이라고 생각하는 사람들도 있었다. 그러나 지금은 세상이 변했다. 세상에는 눈 먼 돈도 없지만, 엉터리로 사업계획을 만들어서 지원금을 받는다는 생각 자체가 시대착오적인 발상이다.

정부는 꼭 필요한 사회·공익적인 분야에 충분히 자금을 투입하고 지원을 한다. 그래서 정확한 사업 방향과 계획을 가지고 실제로 성과를 내는 사업을 추진한다면, 얼마든지 정책적인 지원을 받을 수 있다.

대한민국에서는 정부가 최고 부자이고, 후원자이기 때문이다. 따라서 앞으로 해야 할 일은 정책적으로 지원을 하고 있는 분야에서 제대로 된 사업모델을 개발하는 일이다. 이것이 서민들이 부자가 될 수 있는 유일한 길이다. 또한, 국민의 세금을 올바르게 사용하여 국가경제발전에 일익을 주는 선순환 경제 행동이기도 하다.

특히 6차산업 융·복합 중 농촌의 비농업 분야는 무궁무진한 사업 기회들이 있다. 1차 산업, 2차 산업, 3차 산업을 융·복합 내지는 공유시키면 무궁무진한 신新사업들이 만들어진다.

예를 들면, 꽃송이버섯 사업은 단순히 버섯을 재배하는 원예농사가 아니다. 이것을 가공·유통하면 2차 산업이 되고, 이것을 치유농업과 결합하면 3차 산업이 된다. 또한 이것으로 콘텐트와 문화를 접목하여 하나의 마을을 만들면 6차산업 융·복합 산업단지 마을이 되는 것이다.

꽃송이버섯 사업은 우리가 6차산업 융·복합에 적합한 공동체경제마을을 건설하기 위한 하나의 아이템이다. 그래서 정책적 지원이 필요한 6차산업 융·복합부터 시작해야 사업을 수월하게 풀어 낼 수 있다.

3. 농촌 융·복합 사업 법령의 이해

이 법은 2014년 6월 3일 제정되고, 2015년 6월 4일 시행되었다. 이 법은 농촌융복합산업의 육성 및 지원에 관하여 필요한 사항을 정함으로써 농업의 고부가가치화를 위한 기반을 마련하고 농업·농촌의 발전, 농촌경제 활성화를 도모하여 농업인과 농촌주민의 소득증대 및 국민경제의 발전에 이바지함을 목적으로 한다.

이 법은 6차산업 융·복합으로 명명된 농촌 융·복합 산업을 육성하기 위한 기본법이다. 이 법에서 말하는 "농촌 융·복합산업"이란 농업인 또는 농촌 지역에 거주하는 자가 농촌 지역의 농산물·자연·문화 등 유형·무형의 자원을 이용하여 식품 가공 등 제조업, 유통·관광 등 서비스업 및 이와 관련된 재화 또는 용역을 복합적으로 결합하여 제공함으로써 부가가치를 창출하거나 높이는 산업으로서 대통령령으로 정하는 산업을 말한다.

이 법의 기본 이념은 다음과 같다.

1. 농촌 융·복합산업 육성에 의한 농가의 소득증대
2. 농촌 융·복합산업 육성에 의한 농촌경제의 활성화
3. 농촌 지역 내외의 상생협력과 건전한 농촌 융·복합산업 생태계 조성

4. 농업과 다른 산업 간의 융·복합화를 통한 농촌융복합산업의 고도화

5. 농촌 지역의 지역사회 공동체 유지·강화

농림축산식품부는 국회에서 「농촌융복합산업 육성 및 지원에 관한 법률」이 통과(5.2)됨에 따라 기본계획수립 등을 통해 농업을 2, 3차 산업과 연계하는 6차산업화 정책추진을 체계적으로 뒷받침하고, 6차산업 융·복합을 추진하는 농업인 등에 대해 자금지원, 판로확보, 기술개발 등의 지원 근거 마련 및 농촌 지역경제의 6차산업화를 지원하기 위해 농촌 융·복합 산업 지구 제도 도입 등 6차산업화를 위한 종합적인 지원이 가능하게 되었다고 밝혔다.

〈농촌융복합산업 육성 및 지원에 관한 법률〉은 농촌의 자원을 활용한 융·복합 활동을 촉진하고 이를 지원하기 위한 다양한 내용을 담고 있다.

제6조 (기본계획의 수립) 지역 농산물 등 농촌 자원을 활용하여 제조·가공(2차 산업) 및 유통·관광(3차 산업) 서비스를 제공·판매하는 산업을 '농촌융복합산업' 으로 정의하고,

　- 농촌융복합산업 육성 및 지원에 관한 기본계획(농식품부장관, 매 5년) 및 시·도, 시·군·구 시행계획(매년) 수립하도록 하였다.

제8조 (농촌융복합산업 사업자의 인증) 6차산업화를 추진하고자 하는 농업인 등이 사업계획을 작성하여 농림축산식품부장관에게 인증을 신청하면, 농림축산식품부장관은 이를 검토한 후 농촌융복합

산업 사업자로 인증하고

　- 인증사업자는 '농촌융복합산업 지원 전문기관'을 통해 체계적
으로 관리되며, 창업·판로·금융지원 등 사업을 추진하는데 필
요한 각종 지원을 받을 수 있게 된다.

제4장 (농촌융복합산업 지구 지정 및 육성) 지역의 대표 농촌융복합
산업을 특화하여 육성할 필요가 있는 지역을 '농촌융복합산업 지
구'로 지정하고 공동이용시설의 설치운영이나 공동 마케팅 등에
대한 지원을 하도록 하였다.

　- '농촌융복합산업 지구'는 시·도지사의 신청을 받아 농림축산
식품부장관이 지정하며, 지구로 지정받으면 농공단지·관광단지
지정, 지역특화발전특구 지정 등 타법상의 관련 사업에 대한 의제
처리로 종합적인 개발이 가능하게 되었다.

(기타) 농촌융복합산업 사업자의 영업시설에 대해서는 식품위생법상 시
설기준을 완화할 수 있도록 가이드라인을 대통령령에 두고, 지자
체는 가이드라인의 범위 내에서 지역의 특성을 반영한 구체적인
기준을 조례로 제정할 수 있도록 하였다.

　- 또한 농식품부장관이 사업자 등이 참여하는 협의회 등을 통한
의견수렴을 거쳐 관계 행정기관에 적합한 폐기물 처리기준이 마
련될 수 있도록 요청하도록 하였다.

농식품부는 "법률이 제정됨에 따라 이제 농업의 6차산업화가 제도적
기반 위에서 추진할 수 있게 되었다"고 하며, "6차산업화를 추진하는

사업자들에 대한 성장단계별 맞춤형 지원과 농촌융복합산업지구 제도 등을 통해 농업의 부가가치 증대, 지역경제 활성화 및 지역공동체 회복 등에 기여할 수 있도록 노력해 나갈 계획"이라고 밝혔다.

농업의 융·복합 산업 육성 및 지원에 관한 법률은 한마디로 요약하면 6차산업 융·복합 을 추진하기 위한 기본법이다. 6차산업 융·복합은 농업농촌 자원(1차)과 농산물 가공, 외식, 유통, 관광·레저 등 2,3차 산업의 융·복합을 통해 새로운 상품과 시장을 창출하여 부가가치를 높이고 일자리를 창출하는 경제활동을 말한다.

6차산업 융·복합의 필수적인 요소로서
① 농업인 등 농촌 지역주민 주도,
② 지역 부존자원 활용,
③ 창출된 부가가치·일자리가 농업·농촌으로 내부화 등을 들 수 있다.

현재 농촌 지역의 일자리와 농업 관련 일자리는 감소하고 있어서, 6차산업화를 통한 농촌 지역의 일자리 창출 및 경제 활성화는 매우 중요한 일이다.

6차산업 융·복합을 위한 제도적 기반(법 제정)을 마련하였으니, 이제는 6차산업 융·복합 사업자에 대한 지원 인프라 확충에 주력하여야 한다. 이는 단순히 정부 주도적으로 이끄는 방식이어서는 안된다. 정부와 학계 그리고 각 분야의 전문가들을 포함한 사업자들이 상호 협력할 수 있는 환경을 구축하는 것이 필요하다. 가장 바람직한 형태는 6차산업 융·복합 사업자들 중심으로 모든 것들이 연동되어야 한다.

4. 6차산업 융·복합 경영자의 핵심역량
-꽃송이버섯 재배와 유통, 마케팅 등 경험을 바탕으로

여기서는 꽃송이버섯으로 6차산업 융·복합을 추진하는 이야기를 주제로 사업에 대한 다양성과 경영자가 갖추어야 할 소양을 제시할 것이다. 또한, 3농農으로 부자 될 수 있는 길을 6차산업 융·복합에서 찾을 수 있다고 제안하고, 특히 꽃송이버섯 사업을 통해 경영자, 경영의 핵심 역량이 무엇인가를 정리하고자 한다.

또한, 꽃송이버섯은 이러한 일을 하는데 필요한 하나의 소재이며 현실적인 사업 아이템이다. 하지만 꽃송이버섯이 전부가 아니다. 이것은 6차산업 융·복합이라는 커다란 카테고리 안의 작은 한 부분일 뿐이다.

이 장의 목적이 꽃송이버섯이 무엇인지 알리는 것이 아니라, 꽃송이버섯으로 어떻게 6차산업 융·복합을 할 것이며, 어떻게 BM(비지니스 모델)을 구축할 것인지를 알려주는 것이다.

6차산업 융·복합이든 커피숍 운영이든 아니면 벤처기업을 창업하든지 모든 창업가들이 가져야 할 핵심적인 역량이 있다. 적어도 다음과 같은 몇 가지는 반드시 갖추어야 한다고 믿는다.

필자는 이것을 다음과 같은 다섯 가지로 요약하고 있다.

① 지식정보Knowledge, Know-How

② 직업의식Professionalism

③ 기업가 정신Entrepreneurship

④ 협동 정신Cooperation spirit

⑤ 공유경제Co-ownership Economics

지식정보화Knowledge, Know-How

오래전에 성공철학자 나폴레온 힐 박사는 앤드류 카네기의 유지를 받들어 507명의 명단을 받았고, 이들에 대해서 20년 이상을 조사와 연구한 후에 성공철학을 집대성하여 발표하였다.

힐 박사는 성공한 모든 사람들이 가진 17가지 특성들을 소개했다. 그 중에 하나는 '전문 지식'이다. 전문 지식이라는 자신의 분야에 대한 전문가로서의 지식을 말한다.

어떤 새로운 분야에 도전한다면, 가장 먼저 할 일은 지식·정보화 작업Processing이다. 그 분야에 대해서 알아야 할 모든 정보, 지식을 갖추어야 한다. 지식·정보화란 단순히 정보를 모은 것이 아니라, 자신의 것으로 체계화하는 작업을 말한다. 무엇을 하든지 그 분야의 전문가가 되어야 한다. 이것을 필자는 지식정보화 과정이라 부른다.

예를 들면, 이 책을 읽은 사람은 꽃송이버섯에 대해 조금 알게 되었고, 도시농업과 6차산업 융·복합 그리고 공동체경제마을에 대해서도 조금 알게 되었을 것이다. 그러나 이런 단편적인 정보로는 결코 성공할 수 없다. 이것은 단순히 하나의 계기를 제공할 뿐이다. 다른 말로 표현하자면, 단지 하나의 힌트를 주는 정도이다.

필자는 귀농·귀촌 등 경영 컨설팅과 대학에서 강의를 하면서 많은 사람들이 귀농과 귀촌에 실패하는 이유를 알았다. 그 첫 번째 이유는 귀농을 하든 귀촌을 하든, 농업이든 비농업이든 결국은 사업을 해야 하는데, 사업에 대한 지식과 정보화가 되어 있지 않았다는 점이다. 사업을 하려면 먼저 사업에 대한 전문 지식을 갖추어야 한다.

우리는 농업을 하나의 사업으로 인식하고 있다. 또 농업에는 다양한 생산요소들이 존재한다.

농사를 열심히 짓는 것은 하나의 일이지만, 그것을 잘 파는 것도 또 하나의 일이다. 귀농을 했다면 농사만 잘 지어서는 의미가 없다. 잘 파는 능력Marketing도 있어야 한다. 단순히 친환경 농산물을 생산하거나 특수한 작물을 키우는 것만이 농업이 아니다. 그것을 적절하게 유통하고 제값을 받는 것도 농업Management of Agriculture에 속한다.

자신의 자금만으로 사업할 수 있는 사람들은 그리 많지 않다. 결국 농사를 짓든지 장사를 하든지 자금을 융통하는 능력이 있어야 한다. 심지어 사업 계획을 세우고, 인력을 채용하고, 시장을 개발하고 브랜드를 만들고 소득을 창출하는 모든 일을 할 수 있어야 한다. 이것이 사업Business이다. 그래서 이런 사업에 대한 지식과 정보화가 먼저 되어 있어야 한다.

필자와 협회는 이런 지식·정보화 습득을 위해서 '6차산업 경영지도사(퍼실리테이터)' 양성과정을 만들었다. 6차산업 경영지도사(퍼실리테이터) 과정에 대해 궁금한 독자분은 '(사)한국아그리젠토 6차산업 경영컨설팅 협회' 사이트(ka6ca.or.kr)를 참조해 보면 많은 정보를 얻을 수 있다.

직업의식Professionalism

두 번째는 직업의식이다. 6차산업 융·복합으로 성공하려면 철저하게 농업경영인의 직업의식을 가져야 한다. 앞에서 설명했듯이 농업은 모든 산업의 기초가 된다.

도대체 직업의식이 무엇일까? 우리가 흔히 말하는 그 분야에 대한 '프로정신'이다. 3농農에 뛰어들었다면, 6차산업 융·복합으로 뜻을 이루겠다는 직업정신Professionalism이 있어야 한다.

직업의식을 갖고 6차산업 융·복합에 임한다면, 잘사는 마을기업, 부자 되는 6차산업 융·복합 경영인의 길을 만들어 갈 수 있다.

6차산업 융·복합으로 세계적인 대기업을 만든 사례들이 매우 많다. 앞에서 말했듯이 농업과 경영 그리고 다른 것들을 결합시키면 새로운 고부가가치 사업들이 탄생한다.

따라서 자신이 하는 일에 대한 철저한 직업의식을 가지고 있어야 한다. 실제로 귀농하거나 귀촌한 사람들 중에서는 전혀 직업의식이 없이 시작한 사람들이 많다. 정부가 자금을 지원한다니까 시작했던 사람들이 많이 있다. 이들은 결국 실패하여 패가망신 한 채 결국 그 마을마저 떠난 예가 있다.

예를 들면, 우리나라에서는 '사회경제적 기업'이라는 제도를 만들어서, 영세한 기업들을 지원하고 있다. 사회경제적 기업으로 지정되는 5년간(예비기간 포함) 인건비 등이 지원되고 여러 가지 혜택을 받아서 유리하게 사업을 펼칠 수 있다. 그런데 5년의 지원 기간이 끝나면 대부분의 사회적 기업들이 망하고 만다. 그 이유는 무엇일까? 처음부터 철저한 프로정신 즉 직업의식을 갖고 있지 않았기 때문이다.

기업가 정신Entrepreneurship

세 번째로 '기업가 정신' 혹은 '창업가 정신'은 모든 사업가들에게 절대적으로 필요한 것이다. 이 기업가 정신은 새로운 발상을 하고 문제를 해결하는 창의성을 의미한다.

실제로 사업을 하다 보면 여러 가지 문제들에 직면한다. 자금 부족이나 경쟁력 부족 등 어려운 난관에 봉착할 때가 많다. 이럴 때마다 기업가 정신을 가진 CEO는 위기를 돌파한다. 그러나 창의성이 부족한 사람들은 어려움을 만나서 좌절하고 만다.

연구자들에 의하면, 이러한 기업가 정신도 훈련이 가능하다고 말한다. 실제로 대기업가들 중에서는 초기의 수많은 시행착오를 겪으면서 탁월한 기업가 정신을 개발한 경우도 있다.

기업가 정신Entrepreneurship은 새로운 영역에 도전하는 개척정신이다. 옛말에 '누구나 부자 되고 싶지만 아무나 부자 되는 것'은 아니다. 어떤 사람이든지 간에 원하고 싶은 것을 만들어 내기 위해서는 필요한 경쟁과 전략을 만들어 내는 용기도 필요하다. 필자와 협회는 6차산업 경영지도사(퍼실리테이터)양성 과정에서 이런 기업가를 양성하고, 6차산업 융·복합 전략가와 농촌 현장 그리고 6차산업 융·복합에 해당하는 기업과 경영자들을 위한 전문 퍼실리테이터Facilitator 양성에 노력할 것이다.

협동 정신Cooperation spirit

네 번째로 '협동 정신'은 이 시대에 가장 필요한 덕목이다. 이제는 혼자서 사업하는 시대가 아니다. 반드시 뜻을 같이하는 조합을 결성하여 사업을 해야 한다. 성공철학에서는 '매스터마인드 그룹mastermind group'이라는 협동체를 중요하게 이야기한다.[17]

연구에 의하면 모든 위대한 기업가들은 한 사람도 예외 없이 훌륭한 매스터마인드 그룹을 가지고 있다는 것이다.

협동 정신은 단순히 팀 스포츠에서만 필요한 것이 아니라, 모든 일에서 절대적으로 필요한 것이다. 특별히 서민들이 창업을 하는 경우에 혼자서 사업하는 것은 대단히 위험한 일이다. 적어도 그 분야의 전문가를 포함하여 협동조합을 구성하는 것이 필요하다. 단순히 법적인 협동조합이 아니라 실제적으로 사업을 지원할 수 있고 같이 일을 해 나갈 수 있는 여러 사람들이 협력하는 것이 필요한 것이다.

협동 정신에 관한 명언으로, "빨리 가려면 혼자 가고 멀리 가려면 함께 가라"는 말이 있다. 사업은 멀리 가는 일이다. 따라서 반드시 훌륭한 팀을 구축하여 출발해야 한다.

공동체경제마을을 구축하는 것은 협동 정신의 힘을 통해서 상호 시너지효과를 내기 위해서이다.

공유경제Co-ownership Economics

다섯 번째, '공유경제'는 이 시대의 경제문제를 해결하는 중요한 해법이다. 공유한다는 말은 자원과 힘을 최대한 선용한다는 뜻이고 열매를 골고루 나눈다는 뜻이다.

공유경제는 영세한 사업가들 특히 자영업자들이 가장 필요로 하는 것이다. 하지만 현실에서는 골목의 수많은 가게들이 서로 공유하지 않는

---

17) 이 매스터마인드 그룹에 대해서는 나폴레온 힐 박사의 책을 읽으면 알 수 있다.

다. 처음부터 그러한 문화를 만들지 못했기 때문이다.

우리가 공동체경제마을을 처음부터 새로 만드는 이유는 이러한 공유경제를 실천하기 위해서이다. 이미 만들어진 마을에서는 사람들을 설득하여 공유경제를 추구하기 어렵기 때문이다.

이 다섯 가지는 모든 창업가들에게 필수적이고 중요한 핵심역량이다. 다섯 가지 핵심역량을 키우기 위해 우리는 '아그리젠토협동조합교육'을 하고 있다.

5. 도시재생과 공동체경제마을

오늘날 도시란 많은 사람들이 모여 사는 현대사회의 핵심 공간이다. 전 세계적으로 볼 때 오늘날 모든 산업과 문명, 문화는 모두 도시에 집결되어 있다. 아쉽게도 첨단 기술과 첨단 시설로 가득 채워진 현대의 도시는 겉보기에만 화려할 뿐 인간적인 삶의 향기가 거의 없다. 아니, 오히려 삭막하다고 해야 할 것이다.

유명한 선진국의 대도시라고 해도 완벽하게 이상적인 곳은 하나도 없다. 거대한 빌딩과 쇼핑몰 그리고 테마파크까지 없는 것이 없는 최첨단 시설을 갖춘 화려한 도시에는 빛과 그림자가 공존한다.

서구의 대도시에서 흔히 볼 수 있는 것 중 하나는 도시 슬럼화 현상이다. 어떤 이유로 도시의 상권이나 경제권이 이동하게 되면서 그 지역의 낙후된 빈민가로 전락하는 것이다. 그래서 뉴욕 같은 세계적인 대도시에도 빈민가가 있고, 파리에도 있고, 런던에도 있고, 동경에도 있고, 심지어 서울에도 있다. 이것은 자본주의 경제 시스템이 만들어 놓은 빈익빈 부익부의 양극화되는 사회 구조 때문에 자연스럽게 만들어지는 현상이다.

자본주의 세상에서는 어디서나 부자가 있고 빈자가 있게 마련이다. 따라서 하나의 도시에도 부자들이 있고 빈자들이 있게 되며, 이 둘은 극단적으로 다른 라이프스타일로 살아간다. 당연히 사는 곳도 구분될 수밖에 없다. 마치 물과 기름처럼 전혀 섞이지 못한다. 시간이 흐를수록 도시의 양극화 현상은 심해진다.

모든 도시는 여러 가지 이유로 계속 변화한다. 때에 따라서는 하나의 지역을 완전하게 재개발하는 경우도 생긴다. 그래서 우리나라의 경우에도 한동안 '재개발'이라는 말이 유행한 적이 있었다. 그러나 기존의 '재개발'은 불도저식 밀어붙이기 전략으로 일관했다. 단순히 저층의 낡은 아파트나 주택들을 헐어내고 고층 아파트로 재건축하는 것이었다. 이렇게 함으로써 집값이 상승하여 주민들에게 경제적 이득이 생긴다고 설득하였다. 그러나 내면을 들여다보면 이런 도시 개발은 결국 부자들의 놀음일 뿐이다.

대한민국에서는 한동안 도시 개발로 대형 건설사들이 엄청난 수익 창출을 했었다.

수십 년간 도시의 마을은 모두 똑같은 모양으로 바뀌고 있었다. 과거에는 마을마다 다른 정취가 있었지만, 오늘날 도시의 마을은 전혀 특색이 없다. 그저 고층 아파트 숲이 전부이다. 적절한 비유인지는 몰라도, 강남의 거리에서 흔히 볼 수 있는 젊은 여성들 중에서는 어디서 본 듯한 비슷비슷한 미인들이 많다. 소문에 의하면 이들이 모두 같은 성형외과의 동기들이라고 한다. 대한민국의 도시 마을이 거의 비슷비슷한 이유도 이와 유사한 것 같다. 같은 건설사들이 지은 아파트들이기 때문이다. 고층 아파트가 계속 늘어났고, 신규 아파트도 계속 짓다 보니, 대한민국의 도시는 아파트 천국이 되었다.

과거에는 부동산 가격 상승으로 이러한 '재개발'이 의미를 지녔지만, 지금은 그렇지 못하다. 저성장국면에 들어선 지금에는 아파트 가격이 두 배가 되는 그런 일은 없을 것이다. 따라서 단순히 부동산 가치 상승에 포커스를 맞추었던 하드웨어 중심의 재개발은 큰 성과를 거두기 어려울 것이다.

이 '도시재개발'이라는 단어는 최근에 '도시재생'으로 바뀌었다. 도시를 재생시킨다는 의미에서 이 단어는 많은 뜻을 지니고 있다고 해석할 수 있다.

필자가 생각하는 도시재생은 실제로 그 지역에 살고 있는 주민들이 보다 잘사는 라이프스타일을 갖게 하는 것이다. 도시재생이라고 해서 항상 낡은 건물을 때려 부수고 고층 빌딩이나 아파트를 짓는 것이 해결책이 아닌 것 같다.

마을마다 고유의 빛깔이 있어야 하는데, 현대의 도시 마을은 그런 빛도 향기도 전혀 없는 사이보그의 세상처럼 보인다.

우리는 거대한 도시에 속해 살고 있지만, 조금 더 들어가 보면 작은 지역사회 즉 도시의 마을 안에서 살고 있다. 그러나 도시의 마을은 시골과 다르게 주민들 간의 인간적인 교류나 공동의 일거리가 거의 없다. 아니 전혀 없다고 해야 할 것이다. 도시에서 이웃집과 교류하지 않는 현상은 전혀 이상한 일이 아니다. 이것이 개인주의와 소가족 중심으로 발전된 서구 사회의 단편이기 때문이다.

같은 아파트에서 이웃집의 독거노인이 집안에서 사망했지만, 수개월 동안 아무도 몰랐다는 기사는 특별한 사연이 아니다. 이런 일은 비일비재하다.

심지어 여러 가지 갈등요인 때문에 이웃 주민들과 전쟁을 치르면서 살아가는 것은 일상적이다. 주차문제, 층간소음 문제, 일조권 문제 등등 서로의 상충되는 권리와 이해관계로 인하여 늘 충돌한다. 또한, 날강도와 좀도둑들로 둘러싸여 살고 있는 도시인들은 자신의 집을 철옹성으로 만들어 놓는다. 이중, 삼중의 보안 시스템으로 차단하고 사는 것이 현대 도시인들의 모습이다. 이것이 잘못이라고 지적하는 것이 아니다. 이러한 도시의 생활환경에서 살고 있는 현대인들은 공동체 마을이라는 개념이 희박할 수밖에 없다.

도시의 마을은 전형적인 시골 마을과는 비교할 수 없을 정도로 많은 사람들이 살고 있다. 작은 시골 마을은 많아야 수백 가구가 모여 사는 정도이고, 마을 주민이 수백 명에서 수천 명을 넘지 않는다. 그래서 같이하는 일도 많고 왕래가 빈번하기 때문에 마을 사람들이 누가 누구인지 서로 잘 안다.

도시의 작은 동네라도 수만 명이 거주한다. 그리고 각자의 삶이 바쁘고 하는 일도 다르고 직장도 다르다. 옆집에서 살아도 늘 바빠서 서로 얼굴 볼 일도 거의 없다. 이러한 도시 마을의 라이프 스타일로 인해서 도시 마을이라는 구심점이 형성되는 것은 쉽지 않을 것이라고 생각한다.

도시 마을에 대한 전문가들의 연구와 대안 모델이 많이 제시되고 있는데 여기서 그것을 다룰 생각은 없다. 우리가 생각하는 도시재생은 우선적으로 도시의 빈민층이 사는 마을이다. 대도시에는 이런 서민 마을이 즐비하다. 이런 마을에서 주거환경도 개선하는 것은 바람직하다. 정책적으로 주거환경을 개선하기 위해서 낡은 주택을 헐어내고 고층 아파트를 짓는 것도 나쁘진 않다. 또한, 공원을 조성하고 운동기구를 설치하여 문화적인 혜택을 누릴 수 있도록 하는 것도 나쁘진 않다.

그러나 이러한 도시개발이 그 마을에 내려온 수백 년의 역사와 문화를 완전히 제거하는 일이 되는 것은 참으로 어리석은 일이라고 생각한다. 그리고 이는 참으로 아까운 사회적 자원들을 아무런 생각 없이 파괴하는 일이라고 생각한다. 마을에 있었던 수백 년 된 건물이나 혹은 역사적 현장들은 그 자체로 하나의 문화상품이고 수많은 부가가치를 창출하는 스토리텔링이 된다.

대한민국은 지난 100년 동안에 가장 많은 사회적 공유자산들을 잃어버렸다. 그것이 무엇인지도 모른 채 마구잡이고 개발했다. 결국 가장 경제성이 있는 사회적 공유자산인 마을에 남아있던 수천 년간의 역사와 문화적 유산들이 거의 다 소실되고 말았다. 안타깝지만 이미 사라진 것들은 다시 찾을 수 없다. 다만 아직까지 남아 있는 것들마저 도시개발이라는 미명으로 모두 사라지지 않았으면 한다.

결국, 도시재생이 지나치게 하드웨어에 치중하는 것은 바람직하지 않다. 이제 건물을 부수고 새로 짓는 일보다는 마을 주민들이 참여하는 일터와 일자리 개발에 치중하는 것이 더 현실적이라 본다.

서민들의 마을에서 가장 필요한 것은, 멋진 운동기구가 설치된 공원이 아니다. 마을 주민들이 참여할 수 있는 일터와 일자리가 더 많아지는 것이다. 이것이 가장 중요한 일임에도 불구하고 여기에는 아직까지 많은 정책적인 배려가 부족한 상태이다.

이유는 분명하다. 이런 소트트웨어적인 부분은 비용도 많이 들고 시간도 오래 걸리는 일이기 때문에 손대지 않는 것이다. 당장에 눈에 보이는 성과가 없기 때문에 이런 일을 하지 않는 것이다.

눈에 보이는 건물을 짓는 것은 성과를 보여줄 수 있지만, 보이지 않는 일자리를 만들어내는 것은 당장에 성과를 보여주지 못한다. 그래서 이런 일은 실제로 잘 진행되지 않는다.

우리가 생각하는 도시재생은 도시 서민들이 좀 더 경제적인 안정을 가질 수 있도록 도시 안에서 새로운 일터와 일자리를 만들어내는 것이다. 그래서 생각한 것이 바로 '도시재생을 위한 공동체 경제마을'이다. 물론 여기서 마을이라고 하는 것은 최소 단위의 마을이다. 사실 마을이라고 하기에는 너무 적은 규모이다. 즉 20~100가구 정도가 하나의 마을을 구성하는 것을 말한다. 이것이 공동체경제마을의 행정 단위이다.

이 정도의 가구 수는 마을이 추진하는 사업의 규모에 맞추어 놓은 것이다. 즉 마을의 다양한 사업을 통해서 각 가구에 배당할 수익률을 최대한 높이려면 경영적인 측면에서 최대 인원을 고려한 것이다.

쉽게 생각해서 하나의 기업이 공동체적인 경영을 하는데 필요한 인원은 약 20~100명이 적절하다고 생각한다. 경제적인 측면에서 보면, 인원이 너무 많아도 문제이고 너무 적어도 문제가 된다.

50가구 정도의 마을이라면 도시에서는 아파트 한 동의 규모에 불과하다. 하지만 이 마을에는 사업장과 학교 그리고 병원, 은행 등의 여러 가지 생활 편의 시설과 문화시설들이 들어 있어야 한다. 따라서 공간적으로는 최소 수천 평의 땅이 필요할 것이다.

필자가 구상하고 있는 공동체경제마을은 대량 5만 평~10만 평 사이의 산림, 임야를 포함한 대도시 주변의 시골 마을이다. 이런 규모는 대도시 부근의 농·산·어촌 지역에서 얼마든지 가능한 것이다.[18]

도시재생과 연결한 공동체경제마을은 약간의 경제적 측면에 치중한 모델이다. 이유는 도시의 주거와 생활 여건에 맞추어 일터와 일자리를 중심으로 하나의 마을을 형성하는 것이 적합하기 때문이다.[19]

즉 도시 내에서는 처음부터 완벽하게 새로운 마을을 건설할 수 없기 때문에 기존 마을에서 하나의 일터를 중심으로 공동체경제마을을 만드는 방법을 적용시킬 것이다.

도시재생 공동체경제마을의 중요한 소득사업은 도시농업 수직농장이다. 예를 들면, 필자가 기획한 첫 번째 도시재생 공동체경제마을은 꽃송이버섯 사업을 중심으로 결성하는 마을이다.

---

18) 오늘날 도시 중심 경제권에서 2시간 이내의 거리에 있는 것이 좋다. 공동체경제마을은 중심 도시에서 반경 2시간 이내에 건설할 계획이다.
19) 이것은 공동체경제마을의 ver. 1.0이다. 즉 일터와 일자리 중심으로 건설하는 대안마을이다. 공동경제마을 ver. 2.0은 도시외각에 일정규모의 면적에 건설하는 융·복합형 정주마을이다. ver. 3.0부터는 문화와 치유 그리고 학습 기능을 갖춘 6차산업 융·복합 단지 공동체 융·복합경제마을이 건설된다.

6. 꽃송이버섯, 공동체경제마을 만들기
-꽃송이버섯 공동체경제마을을 어떻게 만들 것인가?

앞에서 여러 번 언급한 것처럼 대안마을 즉 공동체경제마을의 핵심은 경제성이다. 마을 주민들에게 확실한 '돈과 비즈니스'가 결합된 사업을 가지고 시작하는 것이 핵심이다.

꽃송이버섯은 도시에서 수직농장으로 스마트농업을 할 수 있는 아이템이다. 도시에서는 처음부터 마을 단위로 시작하는 것이 어렵기 때문에 먼저 가족 단위의 생계형 창업 모델부터 시작한다는 점을 이미 말했다. 이러한 소규모 꽃송이버섯 도시농업 농장들이 하나둘씩 늘어나면, 이들을 연합하여 하나의 마을을 결성하는 일은 어렵지 않은 일이다.

꽃송이버섯 사업단은 이를 위하여 도시근교에 충분한 공간을 확보하여 꽃송이버섯 창조경제마을을 설립할 계획을 가지고 있다. 즉 꽃송이버섯을 마을의 주력 사업으로 선택하고 이에 관련된 다양한 부가 사업들을 펼칠 수 있는 실제 마을을 건설하는 것이다.

이 꽃송이버섯 공동체경제마을에 입주할 사람들은 꽃송이버섯 조합의 조합들이다. 전국적으로 조직하는 꽃송이버섯 사업단의 조합원들 중에서 '꽃송이버섯 공동체경제마을'에 입주할 주민들을 선별하여 각 지역에 특화된 공동체경제마을을 건설하는 것이다.

이 마을을 만드는데 필요한 자금은 모두 정책적으로 지원받을 수 있도록 이미 단계적으로 준비하고 있다. '사단법인 한국 아그리젠토 6차산업 경영컨설팅협회'가 이런 일을 위한 기구이다.

우리가 꽃송이버섯 공동체경제마을을 건설하기 위하여 지난 5년간 기초를 마련했다. 콘텐츠와 소프트웨어를 충분히 만들어 놓은 상태에서 마을을 건설하는 것이 순서이기 때문에, 먼저 마을부터 건설하지 않는 것이다.

꽃송이버섯 공동체경제마을은 도시에서 '협동과 공유'의 정신을 가지고 실제적으로 꽃송이버섯 사업을 하면서 경험을 쌓은 사람들이 입주하는 것이 필요하다. 그래서 꽃송이버섯 사업단에서는 궁극적으로 조합원들이 모두 공동체경제마을의 주민이 되어서 부자로 살 수 있도록 '공동체경제마을' 프로젝트를 추진하고 있다.

공동체경제마을은 도시의 서민들이 농업으로 부자로 사는 대안마을이다. 꽃송이버섯 사업단의 조합원들을 위하여 공동체경제마을을 준비하고 있다. 이 공동체경제마을에 입주하기 위해서는 공부해야 한다. '6차산업 융·복합으로 부자가 된다.'는 것을 알아야 한다.

이제 그 공부를 해보자. 이 책을 편집하는 동안에, 뉴스에 나온 귀농귀촌 관련 기사를 보았다. [참고자료]로 여기에 내용을 인용한다.

> 정부가 앞으로 10년간 700만 명에 달하는 베이비부머(1955~1963년생) 은퇴자들의 주거복지를 위해 대규모 단독주택 귀농·귀촌 마을을 올해부터 조성한다.

단독주택의 1년 난방비는 25만 원(월 2만 원 안팎) 수준으로 주거비가 저렴하다. 또 개인 텃밭과 정원 등을 갖춰 제2의 경제생활을 할 수 있도록 한 게 특징이다.

21일 관련 부처에 따르면 기획재정부와 국토교통부는 이 같은 내용의 '베이비부머 은퇴자들을 위한 단지형 귀농·귀촌 주택' 대책을 추진한다.

정부 고위관계자는 "베이비부머 은퇴자들에게 실질적인 도움이 될 주거복지 정책이 필요하다"며 "통계 조사를 보면 은퇴자들 중 상당수는 귀농을 생각하고 있는 것으로 나오는데 주거비가 적게 드는 단독주택을 공급하고, 귀농·귀촌 인구를 늘려 농어촌 경제활력도 높일 것"이라고 말했다.

정부는 지방자치단체와 협의를 통해 단독주택 터를 확보하고, 단독주택 20~30가구가 모여있는 마을을 만들 방침이다. 올 하반기 시범사업으로 100억 원을 투입해 20가구(가구당 120㎡) 정도를 짓는다. 귀농·귀촌 수요가 많은 농어촌이 대상이다.

현재 경북, 전북 등의 일부 지자체가 정부와 협의 중이다. 분양과 임대를 병행할 계획이며, 입주 비용은 지자체·건설사 등과 협의 후 결정된다. 업계에선 수도권 분양가와 임대료의 50~60% 수준으로 내다보고 있다.

단독주택은 단열 성능이 높은 패시브하우스(passive house, 첨단 단열공법을 이용해 에너지 낭비를 최소화한 건축물) 공법으로 지어진다. 난방비는 한달에 2만 원 안팎으로 연간 25만 원 정도다.

또 개별 정원·텃밭, 별채 등 개인 공간을 비롯해 마을 회관 등 수요자가 선호하는 공동시설도 갖춰진다. 지자체와 연계한 일자리 등 정착

프로그램과 농사기술 인큐베이팅 시설도 들어선다.

통계청 자료에 따르면 현재 베이비부머 세대는 약 695만 명으로, 이들 중 상당 수는 은퇴 후 주거비 부담으로 귀농을 선호하고 있다. 실제 도시 생활의 경제적 부담으로 귀농 가구수는 2010년 4000가구에서 2011년 1만1000가구, 2012년 2만7000가구, 2013년 3만2000가구, 2014년 4만5000가구 등으로 4년새 10배 이상 늘었다는 게 정부의 분석이다.

김지섭 KDI 연구위원은 "베이비부머 은퇴자를 비롯해 우리나라 고령층은 가계부채가 많은 편"이라며 "주거비 절감 측면에선 주택연금이나 역모기지를 활용할 수 있도록 도와주는 대책도 필요하다"고 말했다.

귀농을 꿈꾸는 은퇴자들이 많은 게 사실이지만, 개인이 직접 주택·농지 구입을 하는 게 힘들고 생활여건이 불편해 안정적인 정착이 어려운 게 현실이다. 정부 관계자는 "귀농인들이 선호하는 단독주택의 경우 건축 품질에 따라 난방비와 수선비 등 유지관리비 부담이 크다"며 "귀농 단독주택은 난방비 부담을 줄이고, 편의시설을 늘려 입주자들이 선호하는 주택으로 지을 것"이라고 말했다.

정부는 우선 LH(한국토지주택공사) 주도로 이번 사업을 시작하되, 민간 금융을 끌어들여 사업을 확장할 계획이다. LH를 중심으로 리츠(Reits, 부동산투자펀드) 회사 등을 설립하고 민간자금과 건설기술을 이용할 방침이다.

LH는 장기적으로 지자체가 민간 기업과 함께 사업을 추진할 수 있도록 도울 계획이다. LH관계자는 "LH의 출자를 통해 사업 안정성과 경제성을 높일 계획"이라며 "사업 초기 단계라 LH가 나섰지만, 앞으론 사업모델을 구상해주면 지자체와 민간 주도로 진행토록 할 것"이라고 말했다.

[출처: 머니투데이 2016. 02. 22.]

7. 농업의 재발견
−6차산업 융·복합의 핵심

농업이란 무엇인가? 영어로 agriculture라는 말은 라틴어 agricultura에서 왔다. 'agri' 와 'culture' 에서 agri는 '땅' 을 의미하다. 'cultivation' 은 '경작, 육성' 등을 의미한다. 이 culture라는 단어는 우리가 '문화' 라고 번역한다. 사실 인류의 문화는 곧 농업에서 왔다는 의미가 된다.

그렇다면 농업은 무엇인가? 질문이 너무 심오한가? 이 책은 학술서적이 아니다. 사업적 이야기를 하고 있는 책이다. 그래서 상식적인 측면에서 농업에 대해서 생각해보자.

위키피디아를 보면 농업을 이렇게 설명하고 있다.

"농업農業은 인간에게 유익한 식물(곡물, 채소, 과일, 화훼 등)의 재배와 생산 그리고 가축들의 생산 및 품질 관리에 관계되는 온갖 활동과 연구를 일컫는다."

우리 조상들은 '농자천하지대본야農者天下之大本也' 라고 하여 농업을 인간 생활의 기초, 초석이라고 생각했다. 그러나 현대사회에 들어와서는 농업이 "천하지대본" 이 아니라 가장 천한 일로 취급되기 시작했다. 그래서 할 일 없으면 농사나 지으라는 말을 하곤 한다.

현대의 기계, 물질문명의 발달 그리고 20세기에 들어서 세계적인 인구의 폭발적 증가는 농업의 생산 면에서 근본적인 변화와 혁신을 가져왔다. 그러나 농업과 관련된 여러 식생활 분야에 적지 않은 문제점들이 대두되고 있다. 농업과 관련된 분야로는 생물학, 유전학, 화학, 지리학, 지질학, 기상학, 정치학, 경제학, 식품영양학 등을 들 수 있다. 사실 농업과 관련되지 않는 분야는 거의 없을 것이다.

키케로의 명언 중에 흥미 있는 내용이 있어서 옮겨본다.

"확실한 소득이 보장되는 직업 가운데 가장 좋은 직업이 바로 농사다. 농사보다 더 생산적이면서 즐겁고 자유인에게 적합한 일은 없다."

키케로의 말은 그가 살았던 그 시대적 상황에 맞는 이야기지만, 현대적으로 재해석해 본다면 21세기에도 적합한 말이 될 수 있다.

농업은 확실히 생산적이고 자유인에게 적합한 일이다. 또한, 농업이 최고의 직업이 될 수 있다. 물론 농업이 확실한 소득을 보장하는 최고의 직업이 되려면, 확실히 지금까지의 농업에 대한 편견을 머릿속에서 완전히 삭제해야 할 것이다. 그리고 농업이 최고의 산업이라는 새로운 데이터를 입력해야 할 것이다.

미국, 캐나다, 일본, 독일, 프랑스, 네덜란드, 덴마크, 스웨덴 등 이런 나라의 공통점은 무엇인가? 물론 선진국이다. 한 마디로 잘사는 나라들이다. 이런 선진국들은 모두 농업 강국이라는 점이다.

이제 사실대로 말해보자. 농업이 강한 국가는 선진국이다. 그렇다. 바로 농업이 오늘날 경제적 선진국의 중요한 요소라는 점이다. 그렇다면 현재 한국의 농업은 어느 수준에 속할까? 우리는 이 분야의 전문가는 아니지만, 농업이 선진국이 아니라는 생각이 든다.

전통적으로 농업 국가에서 공업 국가로 탈바꿈한 것은 맞지만, 여전히 농토와 농민이 차지하는 비중이 높은 나라이다. 그러나 식량 자급률 등을 보면 농업 선진국으로 보기에는 부족한 부분이 많이 있다. 물론 식량 자급률로 모든 것을 평가할 수 없다. 일본은 식량 자급률이 매우 낮지만, 필수 식량 대부분은 일본 국내에서 자급할 수 있다. 반면 북한은 식량 자급률이 65%로 매우 높지만, 식량 자체가 부족하여 문제가 있는 것이다.

우리나라의 경우에 식량 자급률이 낮은 국가이면서, 쌀을 제외한 필수 식량 대부분을 수입한다는 데 문제가 있는 것이다. 예를 들어 밀은 겨우 1.7%만 자급되고 나머지는 전량을 미국, 캐나다, 호주 등에서 수입하고 있는 것이 문제이다.

참고로 자국의 식량자급률이 100%인 나라는 그리 많지 않은데, 호주, 프랑스, 아르헨티나, 브라질, 미국, 캐나다, 터키 정도이다. 원래는 자급하였지만 농업정책 변화로 식량 수입국이 된 이집트, 필리핀, 멕시코 등이 있다. 원래 식량 자급이 가능한 환경을 가진 나라이지만 정책변화나 인구 급증으로 식량을 수입하는 국가들도 매우 많다.

우리나라의 경우에 식량난으로 걱정할 수준은 아니지만, 아프리카나 아시아의 저소득 국가에서는 선진국의 식량 수출이 중단되면 심각한 식량난을 겪을 수 있다.

오늘날 기아로 굶어 죽는 인류가 2초당 1명이라는 것은 참으로 슬픈 일이다. 1년에 6천만 명이 굶어서 죽는다. 가난한 이들이 겪고 있는 식량권의 박탈은 식량부족 때문이 아니다. 세계 인구 8명 중 1명이 굶주리고 있고 세계 어린이 4명 중 1명이 영양실조로 발육 부진을 겪고 있지만, 전 세계를 두고 봤을 때 식량은 오히려 풍족하다.

세계 식량 생산량은 지난 40년보다 두 배 이상 증가했고 단순히 곡물 생산량만 따지더라도 세계 인구가 충분히 먹고도 남을 식량이 생산되고 있다. 유엔 식량농업기구FAO에 따르면 전 세계 농업생산량은 전 세계 모든 사람들이 매일 최소 2,700칼로리를 섭취할 수 있다고 한다. 따라서 기아문제는 식량 부족의 문제가 아니라, 인류가 '협동과 공유, 나눔'의 가치를 상실해서 발생하는 문제이고 기본적으로 글로벌 자본주의와 다국적 기업들의 탐욕이 빚어낸 결과물이다.

우리나라는 농업기술 면에서 세계적인 수준에 이른 부분도 많다. 그러나 농업경영이나 농업 마케팅 측면에서는 상대적으로 낙후되어 있다. 그 결과는 농업의 전반적인 경쟁력이 약화되어가고 있는 원인이기도 하다.

지금 대한민국은 사회적 공유경제를 부르짖고 있다. 그리고 사회적 공유경제의 기반에 6차산업 융·복합이 있다. 6차산업 융·복합이란, 1차 산업인 농업을 바탕으로 2차 산업, 3차 산업을 융·복합적으로 통합하는 산업이란 말이다. 즉 농업과 농촌 그리고 농민을 기반으로 하는 통합적 산업을 말한다.

이제 농업은 6차산업 융·복합의 관점에서 생각해야 한다. 농업에 대한 기존 관념을 확실히 폐기해야 한다. 이제는 농업이 땅에서 농사를 짓는 단순 노동이라는 생각을 버려야 한다. 농업은 최고의 고부가가치 산업이고 미래지향적인 분야이다. 어떻게 하면 농업이 고부가가치 산업으로 거듭날 수 있을까? 이론적으로 보면 아주 간단하다. 농업을 경영과 경제의 관점에서 생각하면 된다.

농업경영 MOA (Management of Agriculture)

농업은 더 이상 땅을 일구는 농사가 아니다. 농업은 사업이다. 그래서 경영의 관점에서 농업을 생각해야 한다. 당연한 이야기지만 경제성이 결여된 농업은 살아남지 못한다. 그러므로 우리는 농업에 대한 인식 자체를 바꾸어야 한다.

지금은 농업경영이 필요한 시대이다

경영의 차원에서 본다면, 농업에 대한 지식화가 선행되어야 한다. 흔히 '과학영농'을 말하지만, 이것이 틀렸다는 것이 아니다. 농업이 기술만으로 해결되지 않는 부분들이 너무 많다.

고품질의 농산물을 재배하는 것도 매우 중요하다. 앞에서 설명했듯이 이제는 농업이 첨단기술과 결합하여 스마트 농업으로 진화했다. 그러나 농업의 미래는 결국 생산한 것을 유통하고 새로운 부가가치를 창출하는 마케팅에 달려있다. 이것은 경영의 문제이다. 따라서 단순히 농사짓는 일이 아니라, 사업적으로 인식해야 한다. 이제부터 농업을 6차산업 융·복합 관점으로 봐야 한다.

6차산업 융·복합이라는 개념은 생산, 가공, 유통, 서비스의 모든 측면에서 농업을 통합적이고 융합적으로 인식해야 한다는 의미이다. 따라서 농산물을 재배할 때 단순히 생산성을 높인다는 생각으로는 미래가 없는 것이다. 지금은 농업을 경영의 시각으로 모든 것들을 재정립해야 한다. 당연한 말이지만 그래서 농업은 문화와 관광과 결합하여 새로운 부가가치를 창조해야 한다.

따라서 농지를 개량하여 소출을 높이려는 낡은 전략보다는 새로운 문화·관광 요소를 개발하는 발상의 전환이 더욱 더 필요하다.

예를 들어서, 창조적 발상으로 위기에 빠진 마을을 부자 마을로 만들어 낸 일본의 이나카다테 마을(1장 공동체경제마을 참조)의 경우를 생각해 보자.

이나카다테는 일본의 아오모리현에 있는 인구 8,700명의 작은 시골 마을이다. 이 마을은 전통적으로 쌀 농사를 짓고 살았다. 그러나 이 마을은 고령화와 인구 감소로 고통받기 시작했다. 일본인들의 식습관이 서구화되면서 점차 쌀 소비량이 줄어들어서 이 마을의 쌀 판매량도 급감했고 마을은 위기에 빠졌다.

결국, 마을을 살리기 위해서 마을 주민들이 창조적인 구상을 하게 되었다. 마을재건회를 결성하고 100% 주민들이 참여하여 공동으로 창조적인 프로젝트를 진행했다.

1993년부터 쌀 판매를 목적으로 '논-아트'라 할 수 있는 'Rice-code' 캠페인을 시작했던 것이다. 마을재건회에서 올해의 테마를 결정하면, 주민 중에서 미술 선생이 스케치를 하고, 주민 중에서 도면을 설계할 수 있는 사람이 CAD 도면을 제작한 밑그림을 가지고 1,200명 마을 주민들

이 벼를 심었다.

자색, 황색, 백색, 주황색, 적색, 녹색의 다양한 색상의 쌀을 심어서 논에 거대한 그림을 그렸다.

일본인들은 QR코드를 일상적으로 사용하고 있었기 때문에, 그것을 활용해 보기로 한 것이다. 그래서 논의 그림을 QR코드처럼 인식해 판매 사이트로 연결되게 만들었다.

이 마을을 방문하는 사람들이 논의 그림을 사진 찍으면 그것은 QR코드로 인식되어 자동적으로 판매 사이트로 연결되었다. 포스트와 페이스북 사진으로도 쌀을 구매할 수 있게 했다.

이 프로젝트는 오프라인과 온라인을 통해서 널리 소개되었고, 그 결과 방문객이 마을 인구의 30배로 늘어났다. 당연히 쌀의 판매량은 치솟았다. 다시 마을은 활기를 되찾게 되었다.

그러자 정부에서는 관광객을 위하여 특별히 기차역도 신설했다. [20]

이제 이 마을에는 매년 15만 명이 찾는 명소가 되었다. 마을에서는 농악 공연을 하고 관광객들은 추수에 참여하기도 하였다.

초기에 기업체들이 회사를 홍보할 수 있는 상업적 광고물을 제작하자는 제안을 했으나, 마을 주민들은 이를 거절하고 기부금으로 운영하였다. 처음에 마을진흥기금과 국가 기관에서 약 2천만 원을 지원받아서 시작했으며, 몇 년 후에는 방문객들의 자발적인 기금으로 7천만 원을 모금하였고 이 돈으로 논-아트를 계속 진행했다. 2008년부터는 완전히 비상업적으로 운영하기로 결정하였다. [21]

---

20) 이 대목이 매우 중요하다. 우리 주변에서는 정부나 지자체의 지원부터 받아서 무엇인가를 하려는 생각부터 하는데, 마을 자체가 스스로 해결책을 강구하는 것이 순서이다.
21) 상업화하지 않은 것이 매우 현명한 선택이었다. 비상업화가 오히려 더 많은 관광객을 유치하는 결과를 만들기 때문이다.

이 이야기에서 우리는 한 가지를 배울 수 있다. 쌀은 반드시 먹기 위해서 생산해야 하는 것이 아니라는 점이다. 일본 이나카다테 마을의 사례에서 알 수 있듯이 농업이라고 해서 항상 1차 산업 즉 생산에만 집착해서는 안 된다.

농업과 결합하면 새로운 산업이 창조된다

경영의 시각에서 본다면, 농업은 무한한 가능성을 지닌 바탕 즉 토대인 것이다. 여기에 무엇을 결합시키면 새로운 산업과 사업이 탄생한다고 필자는 제안한다. 어떤 의미로 농업은 모든 창조의 모태가 되는 것이다. 몇 가지 예를 들어보자.

농업 + 바이오 기술 = 신약 개발

오늘날 하나의 신약이 엄청난 부가가치를 창조한다는 것은 널리 알려진 사실이다. 실제로 많은 신약 물질들은 초본식물이나 나무, 열매, 꽃등에서 만들어진 것이다. 식물에서 천연 신약 물질을 개발하는 일은 엄청난 고부가가치 사업이다. 그래서 전 세계 최고의 제약회사와 연구소는 모두 식물에서 신약을 찾는 일에 혈안이 되어 있다.

인류가 발명한 최고의 명약으로 불리는 아스피린은 버드나무 껍질에서 추출한 성분에서 만들어진 것이다. 말라리아 치료제인 키네는 인도네시아 등지에서 재배되는 키나나무의 껍질에서 만들어진 것이다. 강력한 진통제로 쓰이는 모르핀은 양귀비에서 추출하고, 천식 환자의 치료

제로 쓰이는 테오필린은 차나무에서 추출한 것이다.

실제로 현재 인류가 사용하고 있는 모든 의약품의 약 50%는 식물로부터 개발된 것이라고 한다. 우리 주변에 흔히 볼 수 있는 평범한 식물이 바이오 기술과 만나서 세계적인 신약으로 태어날 수도 있는 것이다. 따라서 농업에 바이오 기술을 접목하면 최고의 부가가치를 창출할 수 있다.

농업 + 부동산(건물) = 도시농업 수직농장

과거의 농업은 땅에서만 가능하다고 생각했지만, 지금은 농업은 땅 위에서만 하는 것이 아니다. 이미 수경재배는 일상적인 농업이 되었다. 이미 선진국의 도시에서는 거대한 건물들 내에서 농업을 하고 있다. 스마트팜, 식물공장, 수직농장이 미래 농업의 한 단면이다.

도시 속에 훌륭한 농장을 만들어 놓음으로써 많은 사람들이 즐겨 찾는 명소가 될 수 있고, 다양한 문화시설과 결합하여 지역의 상권을 발전시킬 수 있다. 이러한 수직농장 혹은 식물공장은 새로운 부동산의 시장 가치를 창조할 수 있다.

8. 도시에서 농업 한다

이 장에서는 도시농업과 꽃송이버섯 사업을 사례로 도시농업을 구체화 해보자.

도대체 도시농업이란 무엇인가?

서울시 농업기술센터 자료를 참조하면 도시농업을 다음과 같이 정의하고 있다.

넓은 의미로는 도시나 도시 근교에서 원예, 곡식, 가축, 어류 등을 생산하는 농업 활동으로 정의할 수 있으며, 좁은 의미로는 도시민이 도시의 자투리땅, 뒤뜰, 옥상, 베란다 등 다양한 공간을 이용해 식물을 재배하고 동물을 기르는 과정과 생산물을 활용하는 농업 활동을 말한다. 이를 통해 먹을거리를 직접 생산하고 생활환경의 질적 향상을 도모할 수 있다. 쉽게 말해서 가정에서 화분에 화초를 재배하거나 하는 모든 활동이 도시농업에 해당한다.

그렇다면 도시농업에서 어떤 것들을 기대할까?

도시농업으로 얻게 되는 세대별 효과		
아동	청소년	어르신
· 학습능력 향상 · 대인관계 향상 · 창의력, 인지능력 향상 · 어휘력 증가 · 정서불안 감소 · 자연체험으로 오감발달	· 자연서 삶의 지혜 터득 · 자아 정체감 확립 · 생명에 대한 본질적인 이해 · 심리적 안정감, 학업성취도 향상 · 효율적인 시간관리, 집중력 향상 · 열매 맺는 삶에 대한 관찰로 자신의 삶을 추론	· 관절 및 가벼운 운동 효과 · 효율적인 시간관리 · 이웃간 활발한 교류 · 고령화 사회의 노인문제 감소, 사회적 지위 향상 · 일거리 창출, 자신감 증진 · 세대간 교류 활성화로 불안 감소

도시농업으로 얻게 되는 건강과 경제 효과		
스트레스 감소	여가활동의 기회 창출	경제적 이익
· 정신적 스트레스와 피로감소 · 폭력에 대한 정서적 · 심리적 충동 감소 · 이웃 간에 친밀감 증가 · 자신감 회복으로 스트레스 감소 · 사회적 소외감 극복으로 스트레스 감소	· 효율적인 시간관리로 숙면 가능 · 운동 및 자연산책 효과 · 가족, 친구, 이웃 간에 교류 촉진 · 건강에 관한 정보 교류와 관심사로 지속적인 건강 유지 기능	· 건강한 식단을 통한 건강관리로 의료비 지출을 낮춤 · 식품비 절약 · 영양가 높고 안전한 식품 공급 · 쾌적하고 안락한 환경 조성

농업기술센터에서 정의한 도시농업에서 '경제적 이득' 항목을 다시 살펴보자.

· 건강한 식단을 통한 건강관리로 의료비 지출을 낮춤
· 식품비 절약
· 영양가 높고 안전한 식품 공급
· 쾌적하고 안락한 환경조성

의료비를 줄이고 식품비를 절약하고 좋은 식품을 공급하며 쾌적한 환경을 조성하는 것은 확실히 경제적 가치가 있다.

그런데 우리는 도시농업으로 위와 같은 이득을 얻는 것은 부수적인 효과로 생각한다. 우리가 생각하는 도시농업은 기존의 도시농업보다는 한 단계 진보된 형태이다. 즉 일터와 일자리를 제공하고 사업적인 소득 창출을 할 수 있는 도시농업이 필요하다는 것이 우리의 생각이다.

도시농업으로 실질적인 사업소득을 창출하는 일이 가능할 것인가? 이에 대해서 이야기하기 위해서는 먼저 농업에 대한 새로운 패러다임 연구가 필요하다.

희망마을 수직농장

우리나라에 도시 주민들을 위하여 시범적으로 만들어진 수직농장이 있다. 부산시 동구 수정5동에 위치한 희망마을 수직농장이 그 중에 하나이다. 이 희망마을 수직농장에 관한 신문 기사를 인용한다.

〈부산시 동구 수정5동 수직농장 희망마을 건물. 이곳에선 20여 명의 주민이 쌈 채소를 길러 판매한다.〉

저소득 주민의 일터

21일 개소식을 하는 부산시 동구 수정5동 산복도로 주변에 들어서는 '수직농장 희망마을' 모습이다. 수직농장 희망마을은 지상 3층, 전체 면적 333.7㎡(약 100평)에 판매장·공동작업장·체험학습관·휴식공간 등을 갖췄다.

이 수직농장에서는 상추·배추·청겨자·치커리·쑥갓·청경채·케일 등 쌈 채소들이 자란다. 쌈 채소들은 수정5동 주민협의회(회장 김제덕) 소속 주민 20여 명이 재배한다. 기술은 ㈜에스피그린이 제공한다.

수직농장이 들어선 곳은 저소득층이 사는 마을이다. 부산시 동구가 주민소득을 위해 행정안전부로부터 사업비 10억 원을 지원받아 처음으로 설치하는 것이다.

수직농장에서는 LED 조명 덕분에 24시간 채소들이 자란다. 노지보다 채소 성장률이 5~6배 빠르다. 동구는 올해 말까지 주민협의회와 같이 공동으로 시범 운영하면서 재배기술, 판로 개척, 홍보 등 경영방법을 지도한 뒤 내년부터 사회적 협동조합으로 운영할 계획이다. 처음에는 쌈 채소만 생산하다가 콩나물·인삼·한약재 등 비싼 농산물을 생산할 계획이다. 구청은 매달 3000여 만 원어치의 채소를 판매할 것으로 예상하고 있다. 인건비와 관리비를 제외한 수익금은 주민복지 사업비로 사용하게 된다.

서철수 동구 도시재생 담당은 "저소득층 주민들이 수직농장에서 일하면서 소득을 올릴 수 있도록 꼭 성공시키겠다."고 말했다.

하지만 희망마을이 제대로 운영되지 않는 곳도 많다. 부산시 사상구는 올 초 국비와 시비 5억 원을 들여 '주례 희망마을'을 조성

부산시 지정 희망마을 10곳 (자료: 부산시)					
위치	마을명	연면적	위치	마을명	연면적
영도구 동상동	동상 동네마당	149㎡	동구 수정5동	수직농장 희망마을	333㎡
사상구 주례2동	주례 희망마을	138㎡	동래구 온천동	온고지신 희망마을	352㎡
수영구 광안4동	광안동 희망마을	526㎡	사하구 괴정동	마하골길벗희망마을	33㎡
북구 구포동	사랑골 희망마을	360㎡	영도구 동상동	미정	430㎡
해운대구 반송동	반송행복나눔센터	429㎡	강서구 대저1동	미정	525㎡

했다. 2층 주택을 리모델링해 1층에는 공동작업장을 넣고, 2층은 주민 사랑방으로 운영하기로 했다. 하지만 공동작업장은 넉 달도 못 돼 문을 닫았다. 주민들의 월급이 30만 원에 그쳐 참여 인원이 준 데다 일거리마저 끊겼기 때문이다.

부산시는 2009년부터 저소득층 밀집 지역에 소득과 복지를 위한 희망마을 만들기 사업을 추진해 왔다. 총 10곳의 희망마을을 지정 해 지금까지 8곳이 들어섰으나 제대로 운영되는 곳은 드물다. 이름 은 다양했지만, 사업 내용이 비슷한 데다 주민들은 자치단체의 지 원만 바라는 곳이 많았기 때문이다. 사회적기업연구원 하태영 연구 원은 "행정 지원보다 주민의 자립 의지를 높이고 전문가들이 지원 해 지속가능한 모델을 만들어 가는 게 중요하다"고 말했다.

[출처: 중앙일보 2012.09.21] 〈농부 20명이 출근하죠, 여기는 희망마을〉

스마트 농업Smart Farm

앞에서 설명한 내용이지만 다른 사례를 통해 다시 한 번 정리해보자. 스마트 농업이란 한 마디로 첨단기술을 농업에 도입하여 농업의 경쟁력을 높이는 전략이다. 이 분야에서도 일본이나 유럽 국가들이 매우 앞서 있다. 선진국의 사례를 살펴보자. 일본은 스마트 농업이 매우 앞선 국가이다. 일본에 관한 자료를 잠시 살펴보자.

일본의 농림수산성은 〈스마트 농업의 장래 상〉에서 스마트 농업을 로봇 및 ICT 기술을 활용해 고품질 작물을 효율적으로 생산하는 새로운 농업으로 정의하고, 다음과 같이 5대 분야를 지정했다.

- (대규모 생산 실현) GPS 자동 주행 시스템 등을 도입해 농기계의 야간주행, 자동주행 등을 가능하게 함으로써 대규모 생산 실현.
- (데이터에 기반을 둔 정밀 농업) 센서기술 및 과거 데이터를 활용해 토양 상황 등을 상세하게 분석하고, 상황별 맞춤형 대응을 함으로써 고품질 농산물을 효율적으로 생산.
- (힘들고 위험한 작업에서 해방) 농업 지원 로봇, 제초 로봇, 지하수 및 논밭 표면 수위 관리 원격 제어 시스템을 활용해 농작업의 경노동화 및 자동화 실현
- (누구나 쉽게 종사할 수 있는 농업) 경험이 풍부한 농가의 기술을 데이터화 하고, 농업기계 지원 장치를 도입함으로써 여성 및 청년 등의 농업 참여 지원
- (소비자에게 안심과 신뢰 제공) 식품 정보의 클라우드 시스템 등 도입으로 생산 관련 상세 정보를 소비자에게 직접 제공

야노 경제연구소에 따르면 2013년 일본 스마트 농업 시장은 66억 1400만 엔에서 2020년 308억4900만 엔으로 2013년 대비 3.6배 정도 확대될 전망.

일본은 고령화 사회에 대비함과 동시에 농업의 국제경쟁력 강화를 도모하기 위해 스마트 농업을 적극 추진하고 있음.

- 농림수산부에 따르면 2014년 기준 농업 종사자는 168만 명인데, 이중 65세 이상이 약 60%에 달하고 있음.
- 스마트 농업을 통해 농산물의 생산에서부터 판매까지 첨단기술을 활용해 농작물의 품질 향상 및 생산비용을 절감하고 식품의 안전성도 확보할 수 있음.
- 아베 정부는 농업 경쟁력 향상을 통해 농림수산물 및 축산물의 수출액을 현재 약 4500억 엔에서 2020년에는 1조 엔으로 확대할 계획.

[출처: globalwindow.org]

〈돔형 식물공장의 외관〉

〈돔형 식물공장의 내부〉

〈요코하마 소재 돔형 식물공장 −자료원: 총무성〉

네덜란드 역시 농업 강국이다. 당연히 스마트농업을 도입하고 있다. 아래 사이언스타임즈The science times에서 인용한 네덜란드 사례를 살펴보자.

스마트 농업으로 50% 비용절감

네덜란드 농업인들에게 있어 ICT는 없어서는 안 될 중요한 기술이다. 농업 각 단계마다 ICT 기술이 접목된 스마트 농업으로 양질의 작물을 대량 생산해나가고 있다.

지난주 '창조경제 글로벌 포럼'에 참석한 네덜란드 와닝겐 대학 프리츠 에버트Frits K. van Evert 교수는 네덜란드에서 지금 첨단 기술이 접목된 감자와 사탕수수 농사가 진행되고 있다고 말했다.

씨앗을 심기 전에 가장 필요한 일은 날씨, 토양 등 사전정보를 획득하는 일이다. 이 일을 ICT가 접목된 측정 기계들이 담당하고 있다. 기계로부터 도출된 데이터를 분석한 다음 양질의 토양을 조성하고, 가장 적절한 날씨에 씨앗을 파종하는 식이다.

씨앗이 발아된 후에는 센서가 중요한 역할을 한다. 감자와 사탕수수 잎을 분석하면 그 안에 질소와 산소가 어느 정도 분포돼 있는지, 영양상태가 어떤지 등을 상세히 파악할 수 있다. 이 센서는 농기계, 트랙터 등 농부들이 움직이는 반경 곳곳에 부착돼 있다.

농부들은 이 센서를 활용해 감자 잎 분석 데이터를 보고 적절한 양의 살충제와 물, 비료를 투입하게 된다. 경험에 의존해오던 농법이 과학기술에 의한 스마트 농법으로 전환되고 있는 중이다.

최근 들어서는 농업현장에 로봇이 투입되고 있다. ICT로 연결된 정보망을 로봇에 연결해 마치 사람처럼 농사를 짓는다. 특히 추수 기술을 접목한 로봇들이 다수 활용되고 있는데 이들 로봇들은 사람보다 더 정확히 알찬 열매, 알곡들을 수확하고 있다.

에버트 교수는 이 같은 스마트 농업을 통해 비용을 대폭 절감하고 있다고 말했다. 과거 헥타르(1만 제곱미터)당 제초제 비용 200유로(한화 약 297,800원)를 사용했지만, 스마트 기술 적용 후 이 비용을 절반 수준으로 절감했다는 것이다.

네덜란드에서는 지금 스마트농업 기술을 정부, 기업 등과 연결하는 작업을 하고 있다고 말했다. 이를 위해 'SKOS'라는 지식공유 플랫폼으로 농업에 필요한 정보를 제공하는 검색 엔진을 서비스 중이라고 밝혔다. 〈미래부 '창조경제 글로벌 포럼 2014' 내용〉

[출처: The science times , February 11, 2016]

9. 꽃송이버섯과 도시농업의 만남

앞에서는 간단하게 농업에 대한 새로운 관점과 도시농업, 수직농장, 식물공장, 그리고 스마트 농업 등을 살펴보았다. 이번 장에서는 필자와 전문교수들이 함께 꽃송이버섯을 사업화시킨 사례를 통해서 도시농업의 가능성을 설명하고자 한다. 이러한 정보와 지식을 검토한 이유는 꽃송이버섯 사업과 비즈니스 모델이 도시농업 혹은 6차산업 융·복합에 어떻게 접목하는가를 말하기 위해서이다.

전 장에서 소개한 것처럼 꽃송이버섯은 미래산업으로 유망한 농산물이다. 이미 인공재배 기술이 완성되어 대량생산이 가능한 시점에 와 있다. 또한, 많은 지자체가 꽃송이버섯 재배에 뛰어들고 있고, 전국의 수많은 재배농가들이 생산을 서두르고 있다. 그러나 이러한 꽃송이버섯 농장을 시작하는 일은 누구나 쉽게 할 수 있는 일이 아니다. 예를 들면 이미 버섯 농장을 운영하고 있는 사람들조차도 판로 때문에 꽃송이 버섯재배를 쉽게 시작하지 못하고 있다. 그래서 전혀 경험이 없는 초심자들이 뛰어들기에는 위험 부담이 너무 크다.

그렇다면 방법은 없는가? 지금까지의 농업에 대한 생각으로는 전혀 엄두가 나지 않을 것이다. 농업이란 시골 즉 농촌에 가서 해야 한다는 생각을 하고 있다면, 아무리 꽃송이버섯이 좋다고 해도 시작 자체를 하지 못할 수 있다. 그러나 아주 좋은 방법이 있다. 지금까지 설명한 몇 가지 정보를 조합하면 새로운 농업의 길이 있다. 바로 도시농업으로 꽃송이버섯을 재배할 수 있기 때문이다.

이 〈꽃송이버섯과 도시농업의 만남〉의 목적은 도시농업으로 꽃송이버섯을 재배하고 유통하는 사업을 소개하기 위해서이다. 그러나 이미 앞에서 기술한 것처럼, 단순히 기존의 도시농업 방식으로 꽃송이버섯 사업을 성공할 수 있을지 장담하기 어렵다. 기존의 도시농업이 선택한 작물 아이템은 사업이라고 말할 수 없다. 따라서 이 순간부터 기존의 도시농업은 잊어버려야 한다. 취미나 학습목적이나 혹은 채소들을 직접 키워 먹는 수준의 도시 농업으로는 경쟁력이 없다.

지금부터 말하려는 도시농업은 수익사업으로서의 도시농업이다. 우리가 말하려는 도시농업은 이미 선진국에서 실시하고 있는 스마트 농업을 바탕으로 한다는 뜻이다. 말하자면 경쟁력이 있는 '스마트 도시농업'을 이야기하는 것이다.

우선 꽃송이버섯이 스마트 도시농업에 적합한 이유를 몇 가지 정리해 본다.

- 꽃송이버섯은 작은 공간, 도시의 건물 내에서도 쉽게 재배할 수 있다.
- 꽃송이버섯의 재배 시설은 간단하고 비용도 적게 든다.
- 꽃송이버섯 재배는 남녀노소, 노약자, 장애인들도 가능하다.
- 꽃송이버섯은 판로 개척이 용이하다.
- 꽃송이버섯은 지속적인 소비가 가능하다.

이는 스마트 농업이 지향하는 도시 내의 농업인 수직농장을 추진하고 있는 배경이기도 하다.

우리가 공급하는 고품질의 톱밥배지의 경우에는 웬만한 시설에서도 쉽게 꽃송이버섯을 재배할 수 있다. 즉 간단한 하우스나 건물 내의 공간 등을 활용하여 특별한 시설을 하지 않고도 쉽게 재배할 수 있다는 뜻이다. 그러나 이러한 간이 시설에서 재배하는 경우에 일정한 품질의 꽃송이버섯을 양산할 수는 없다. 그래서 표준화된 시설을 권장한다. 시설에 대해서는 뒤에서 다시 설명한다.

양질의 꽃송이버섯을 재배하기 위하여 대규모의 버섯농장을 건설하는 것이 바람직하겠지만, 이는 엄청난 자본 투입이 필요하므로 일반인들이 쉽게 접근할 수 없다. 그래서 전문가들이 연구한 최적의 방법은 소형 수직농장을 건설하여 가족형 또는 소수의 주민이 운영할 수 있는 스마트 농업을 제시하는 것이다.

즉, 최소규모의 자동화된 수직농장을 설립함으로써, 초기 투자부담을 줄이면서도 경쟁력을 갖춘 새로운 도시 농업 수직농장 모델을 제시하는 것이다.

이것이 우리가 제시하는 '꽃송이버섯 재배를 위한 소형 수직농장' 이다.

〈꽃송이버섯 음료,
제공: 한스아그리젠토〉

10. 꽃송이버섯, 스마트 수직농장

농업은 지금 같은 저 성장 시기에 맞는 대체투자방식의 재테크다. 또한, 저금리시대에 적합한 부자가 될 수 있는 로드맵이기도 하다.

도시에서도 수직농장을 만들고 스마트 농업을 할 수 있다. 그러나 상식적으로 이러한 시설을 하는데 큰돈이 들어간다. 아무나 쉽게 시작할 수 없다. 어떻게 하면 도시의 서민들이 안정된 소득을 보장받는 도시농업을 할 수 있을까?'

우리는 다음과 같이 몇 가지 단어를 융합시켜 보았다.

꽃송이버섯 + 스마트 농업 + 수직농장 + 도시 서민
= 꽃송이버섯 소형 스마트 수직농장

그래서 얻은 결론이 최소 비용으로 건설할 수 있는 '소형 스마트 수직농장'이다. 물론 이러한 시설을 만드는 데 약간의 비용이 투입되어야 한다. 이러한 자금을 조성하는 길은 다양하다. 이에 대해서는 6차산업 경영지도사 · 퍼실리테이터 등 아그리젠토 협동조합 교육에서 자세하게 설명한다.

이 프로젝트는 필자가 홍익미래경영연구원과 함께 주도하고 있다. 현재 기획된 도시농업 수직농장은 30평형, 50평형 그리고 100평형 모델이다.

표준설비는 최소의 비용을 투입하면서도 표준화된 꽃송이버섯을 생산하기 위한 최적의 설비와 운영 시스템이다. 우리가 최소비용으로 소규모 수직농장을 만들려는 이유는 도시의 서민들이 이 사업에 쉽게 참여할 수 있도록 하려는 것이다.

현재 30평 수직농장 시설비는 약 5천만 원가량 들어간다. 이 규모에는 1만 배지를 수용하는 규모이다. 배지 구입 및 운영비용까지 포함하면 약 1억 원의 사업비가 들어간다. 이 정도의 비용은 도시에서 작은 커피숍을 내는데 들어가는 사업비 정도가 된다. 그러나 수익률은 투자 대비 연 100% 이상이 가능하다. 이것은 상당히 높은 수익률이다. 물론 이런 수익을 보장하기 위해서는 전문가들과 협업이 절대적으로 필요하다.

일반적으로 소규모 커피숍을 개업하여 정상적인 수익을 낸다고 할 때, 월 수백만 원의 순이익을 올리는 것이 결코 쉽지 않다. 우리는 실제로 커피 프랜차이즈 사업 컨설팅을 해 본 경험이 있어서, 실제 수익률에 대해서 잘 알고 있다.

그렇다면 꽃송이버섯 30평 수직농장의 경우는 어떨까? 우리가 예상하는 순이익은 월 500만~2000만 원가량이다. 전량 납품을 하게 되면 약 500만 원 정도의 순이익이 가능할 것이고, 전량 직접 마케팅을 하게 되면 최대 2000만 원까지도 가능할 것이다.

사실 투자 대비 연 100% 이상의 고수익을 올린다면 좀처럼 믿기 어려울 수 있다. 물론 이런 수익이 가능하기 위해서는 특별한 전략이 필요하다.

필자가 만드는 꽃송이버섯 수직농장은 초심자라도 쉽게 운영할 수 있을 뿐만 아니라, 품질 및 생산 일정 등을 정확히 통제할 수 있는 자동화된 시스템이다. 이것이 진정한 스마트 농업의 본령本領이다.

꽃송이버섯은 도시의 수직농장에서 할 수 있는 스마트농업으로 적격인 농산물 중 하나이다. 그래서 필자는 전문교수진들과 함께 꽃송이버섯으로 도시농업과 도시재생을 시도하고 있다. 이미 이 분야의 최고 전문가들이 수년간 준비하고 실험하여 가능성을 확인한 상태이다. 따라서 경영 측면에서 충분히 성공할 수 있는 사업이다.

4장

협동과 공유의 시대

1. 공유경제와 사회적 협동조합

　오늘날 우리 사회가 직면하고 있는 여러 가지 문제들은 이미 오래전부터 예견되었던 문제들이다. 예를 들어서 고령화 문제나 고용시장의 문제, 빈부격차의 문제 등은 누구나 다 쉽게 예견할 수 있다. 이런 사회적 문제들은 비록 우리가 알고 있다고 해도 누구 하나 쉽게 접근해서 그 해답을 찾을 수 는 없다. 사실 이러한 문제는 지구촌 대부분의 국가들이 직면하고 있는 전 세계적인 난제들이다.

　지금 우리는 왜 이러한 문제들이 일어났고, 어떻게 해결해야 하는지 생각해 보아야 할 때이다.

　이제 세상이 확실하게 변하고 있다. 과거 우리는 고성장 사회에서 살았다. 그러나 지금 우리는 확실한 저성장 사회에서 살고 있다. 이런 변화를 이해하지 못하면 우리의 삶은 매우 힘들 수밖에 없을 것이다.

　고성장의 시기에는 모든 산업이 똑같이 성장한다. 그래서 이때는 부동산이나 주식도 상승한다. 이런 시기에는 서민들도 주식을 통해 수익을 올릴 수 있었고, 아파트를 구입하여 2배로 차익을 얻을 수 있었다. 고성장의 시기에는 소유권 문화가 지배적이다. 집도 사고 주식도 산다. 그래서 나의 소유물을 갖는 것이 최고 가치 있는 일이었다.

그러나 지금처럼 저성장 국면에 접어들면 모든 것들이 반대로 진행된다. 이 말은 고성장기에 가능했던 모든 일들이 저성장기에는 가능하지 않다는 뜻이다.

저성장기는 사용권 문화의 시대이다. 따라서 사회의 모든 것들이 바뀐다. 저성장 시대에는 서민이 주식이나 부동산으로 부자 되는 기회를 잡기 어렵다. 아니 거의 불가능하다. 이제는 어떤 것을 소유함으로써 부자가 되는 시대가 아니다.

이미 우리 사회에서도 렌탈 문화가 자리 잡고 있다. 단순히 정수기만 렌탈하는 것이 아니다. 자동차와 집 그리고 사무실을 렌탈하는 것은 물론이고, 심지어 옷과 가방, 구두 같은 생필품들도 렌탈한다. 모든 것들을 렌탈한다는 것은 우리 사회가 이미 사용권 문화로 전환되었음을 의미하는 것이다.

대부분의 선진국은 이미 사용권 문화로 라이프스타일이 바뀌어 가고 있다. 이런 시대에는 사업 방식도 완전히 바뀌어야 한다. 사용권 문화에서 가장 필요한 것은 '협동과 연대', 나눔과 공유의 가치관이다. 그래서 지금은 협동과 공유의 시대라고 말한다. 이런 사용권 문화 시대의 대표적인 기업 방식이 협동조합이다.

우리나라의 협동조합은 역사가 오래되었지만, 정상적인 협동조합이라고 볼 수 없다. 원래 협동조합은 자발적으로 결성된 민간의 사업 방식이다. 그러나 우리나라에서는 정부가 협동조합을 운영해왔다. 대표적인 것이 농협이다. 협동조합의 규모면에서 보면 대한민국의 농협은 세계 10위권에 들어간다. 그러나 내용면에서는 전혀 협동조합 원칙에 입각하여 운영되지 않는다.

물론 '한살림' 같은 생활협동조합 즉 생협은 꽤 오래전에 만들어졌고 지금까지 성공적으로 운영하고 있다. 그러나 이러한 생협은 일본식의 협동조합이다. 주로 소비자와 생산자를 결합하여 직거래 서비스에 치중하는 협동조합이다. 그러나 우리가 말하는 협동조합은 금융, 통신, 전기, 농업, 유통, 교육, 사회적 공익 사업 등 모든 분야의 사업을 하고 있는 유럽형 협동조합이다.

2012년 UN이 협동조합의 해를 선포한 이후에 우리나라에도 협동조합 기본법이 제정되었고, 드디어 협동조합의 시대가 시작되었다. 이로써 유럽형 협동조합 모델이 한국에서도 시작된 것이다. 물론 아직까지 금융과 보험업은 협동조합으로 할 수 없도록 제도적으로 제한받고 있다.

2017년 현재 대한민국의 협동조합은 아직 걸음마 단계라고 해야 할 것이다. 그러나 협동조합은 이제부터 시작이고 계속 발전할 것이다. 그 이유는 오늘날 사회적 문제를 해결하는 데 협동조합이 필요하기 때문이다. 협동조합은 일자리 창출에 유리하고, 지역민들이 뭉쳐서 사업하는 데 가장 좋다.

'공동체경제마을' 을 협동조합으로 조직하고 운영하는 것은 전적으로 조합원들이 주인이 되는 그런 기업을 만들기 위해서이다. 이것이 진정한 '부의 공유' 를 위한 첫걸음이다.

잘 알다시피 오늘날 대기업들은 심각하게 변질되어 가고 있다. 최근에 언론에 노출된 상황만 가지고 이야기하더라도 이들의 '갑질' 은 도를 넘어서고 있다. 땅콩 회항 스캔들이나 어느 간장 공장의 회장이 운전기사를 폭행한 이야기, 오래 전에 일어났던 일이지만 모 재벌 총수가 아들을 위해서 야구방망이로 사람을 때리면서 맷값을 쳐준 일, 하청업체 사장을 죽음으로 몰고 갈 정도로 납품 단가를 후려치는 일 등 일일이 열거할 수 없을 정도로 많은 '갑질'에 대해서 우리는 잘 알고 있다.

근본적으로 자본주의 체제에서 돈이 전부인 세상이 되었기에 이러한 갑질을 차단하기는 힘들다. 하지만 힘이 약한 사람들이라도 협동하고 연합하여 조직화한다면 충분히 강한 파워power를 만들어 낼 수 있다. 그리고 충분히 사업적으로 경쟁력을 갖출 수 있다.

협동과 공유의 정신을 가지고 공유기업을 만들면 충분히 가능하다. 잠시 세계적으로 성공한 공유기업의 사례를 이야기해보자.

2. 협동조합의 성공사례

선진국에서 협동조합으로 성공한 사례는 너무 많다. 그중에 유명한
몇 개의 협동조합에 대해서 간단히 소개한다.

총 매출: 147억 5500만 유로 (약 22조 원),
종업원 수: 8만 4000여 명
협동조합 수: 120개
주요사업 영역: 산업(제조업), 금융, 유통, 지식
생산 공장: 80개
해외지사: 9곳
스페인 재계 순위: 10위

〈몬드라곤협동조합복합체, 2010년 기준〉

몬드라곤은 협동조합으로 대기업화된 사례 중 하나이다.

우리가 몬드라곤에 주목하는 이유는 협동조합도 이렇게 대규모로 성장할 수 있고, 대기업에 맞먹는 힘을 가질 수 있다는 점 때문이다. 이미 몬드라곤 복합체는 우리나라의 삼성이나 엘지 같은 기업집단과 같은 힘을 지니고 있다. 물론 순수한 협동조합 운동가들의 눈에는 몬드라곤은 이미 협동조합이 아니다.[22]

몬드라곤은 이미 조합원이 아닌 일반 직원들을 채용하고 일반 기업과 비슷한 지배구조를 만들고 있어서 우려하는 사람들도 있다. 그러나 우리의 관점에서 보면, 몬드라곤이 삼성전자보다 더 낫다. 이유인즉 더 많은 사람들이 부를 공유할 수 있는 협동조합 방식이 유지되고 있기 때문이다.

스페인에서 지난 1976~1983년까지 몬드라곤이 4200개의 일자리를 창출하는 동안에 바스크 지방에서는 15만 개의 일자리가 사라졌다. 그런데 바스크 지역의 제조업 인구의 3%만 차지하는 몬드라곤이 1981년에는 바스크 지방 전체 투자의 77%를 차지했다고 한다. 이것이 시사하는 바가 무엇인가? 협동과 공유의 정신이다. 오늘날 대기업이 절대 하지 않는 일이다.

몬드라곤이 오늘날처럼 성장할 수 있었던 배경에는 '정신적 문화'의 힘이 절대적이었다. 1941년 호세마리아 아리스멘디아리에타라는 성직자가 바스크 지역에 왔다.

그는 사회문제를 해결하는 데 관심이 높았다.[23] 그래서 그는 교육을

---

22) 우리는 협동조합 이론가가 아니다. 우리는 협동조합 기업의 장점과 강점을 살리고자 한다.
23) 초기에 그는 빨갱이 신부로 낙인이 찍혔다.

〈돈 호세 마리아 신부: '이익보다 사람이 먼저다'는 철학으로 협동과 공유의 문화를 만들어내다.〉

위한 학교 설립에 심혈을 기울였다. 결국 1943년 기술전문학교을 열어서 20명의 학생을 가르치기 시작했다. 기술전문학교 1기 졸업생 중 11명은 대학에서 학업을 계속했고, 이들은 훗날 협동조합 창업의 주역들이 된다.

1956년 ULGOR(창업자 다섯 명의 이름을 한 자씩 따서 지은 것.)가 몬드라곤에 설립되었다(구성원 23명). 초기에 사람들은 자신들의 조직이 지녀야 할 형태를 제대로 알지 못하면서도 서로서로를 특히 돈 호세 마리아를 신뢰했기 때문에 함께 일할 수 있었다. 그들은 하루 일이 끝나면 자주 아리스멘디와 모임을 갖고 조직이 안고 있는 이론적, 실제적 문제들을 토의해 나갔는데 이러한 과정을 거치면서 울고는 3년이 지나면서 정관과 내규가 마련되었다.

이렇게 몬드라곤의 역사가 시작되었고, 이미 스페인 재계 10위의 대기업으로서 그 존재감을 무시할 수 없게 되었다.

몬드라곤은 여전히 공유기업이고 앞으로도 그럴 것이다.

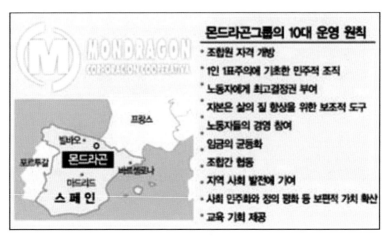

〈몬드라곤그룹의 10대 운영 원칙〉

여기서 우리가 주목할 부분은 이것이다.

몬드라곤이라는 거대한 공유기업 집단이 일반 대기업과 근본적으로 다른 점은 사람에 대한 태도이다.

일반 대기업은 자신들이 생존하기 위해서 직원들을 얼마든지 해고시킬 수 있다. 얼마나 오랫동안 기업체를 위해서 충성을 바쳤는지 그것은 중요하지 않다. 기업의 수익성이 악화되면 가장 먼저 해고의 칼을 들이댄다. 단칼에 직원들을 제거하는 것이다.

하지만 몬드라곤 같은 공유기업에서는 전혀 다르다. 이런 기업에서 기업의 경쟁력이 약화되어 위기를 맞게 되면, 조합원들이 자신들의 급여를 삭감하고 고용형태를 유지하려고 노력한다.

심지어 하나의 협동조합이 파산하게 되면, 전혀 관계없는 다른 조합들이 그들을 수용하려고 노력한다. 이러한 협동과 공유의 정신이 있기 때문에 조합원들의 생계가 보장될 수 있고, 나아가서는 조합원들이 부자로 살 수 있는 것이다. 몬드라곤에서 많은 조합원들이 평생의 직장으로 경제적 안정을 갖고 생활할 수 있게 하고 있다.

이번에는 하나의 도시가 협동조합으로 어떻게 운영되고 있는지 살펴보자. 이탈리아 볼로냐 이야기다.

협동조합의 수도 볼로냐

이탈리아의 볼로냐는 밀라노, 베니스, 피렌체처럼 유명한 관광도시가 아니다. 그러나 유럽연합에서 가장 소득이 높은 5개 지역에 속한다. 경제력이 강한 이유는 조직력이 강한 협동조합과 관련이 있다는 견해가 많다.

볼로냐 인구 37만 중 400개가 넘는 협동조합이 있으며, 볼로냐의 50대 기업 중 15개가 협동조합이다. 협동조합은 국내총생산의 30%, 볼로냐가 속한 에밀리아로마냐주의 총생산액의 3분의 1을 차지한다. 임금은 국가 평균의 2배이며, 실업률은 3.1%에 불과하다.

이탈리아에는 약 7만7천 개의 협동조합이 있다(2003). 70만 명의 직원이 활동하고 이탈리아 전 노동력의 2%. 민간고용의 4%를 차지, 4개의 협동조합 중앙조직이 있는데 레가 코프Lega Coop, 협동조합연합회CCI 협동조합총연합AGCI, 이탈리아협동조합연합UNCI이 있다. 이탈리아 협동조합 전체의 50%가 여기에 속해있다.

볼로냐가 속한 에밀리아로마냐주의 협동조합은 조직력이 강한데, 그

캐나다 퀘벡주   이탈리아 에밀리아볼로냐

이유는 1800년대 후반의 가톨릭운동과 사회주의운동의 영향이 컸기 때
문이다. 볼로냐에는 대기업이 없고 수동적으로 복종하지 않으려는 지역
성이 협동조합 발전과 관련이 있다는 견해도 있다. 다시 말하면, 볼로냐
가 속해 있는 에밀리아로마냐주는 전통적으로 자유 정신이 강하고, 중
앙 중심이 아닌 자치적인 구조가 강하며, 경제구조도 대기업이 없고 중
소기업 중심의 지역경제 형태를 띠고 있다. 에밀리아로마냐주의 440만
인구 중 40만 개의 중소기업이 존재하며, 이는 기업 평균 11명 규모의
소 규모성을 띠고 있다.

　이탈리아 협동조합은 실업자를 받아들이고, 사회서비스를 통해 생활
을 바꾸는 역할을 한다. 특히 협동조합 안에서 어떤 경제적 위기 상황에
서도 심각한 고용불안이 일어나지 않는다고 장담한다.
　한 협동조합에서 실업자가 생기면 다른 협동조합에서 그 실업자를 고
용하는 형식으로 협동조합 안에서 고용불안을 해소할 수가 있다. 실제
로 2008년 금융 불안 당시에도 단 한 사람도 실업자가 발생하지 않았다

는 것이다.

1980년대 후반 경제 상황이 나빠지면서 협동조합에 의존하는 숫자가 늘어나고 1991년 정부는 사회적 협동조합(사회적 연대조합) 형태의 새로운 조합을 인정하는 법률 승인 이때부터 사회적 협동조합이라는 이름을 공식 쓰기 시작했다.

일반 사기업은 이윤 100%에서 27.5%를 세금으로 내지만, 협동조합은 이윤의 70%는 면제되고, 나머지 이윤 30% 가운데 27.5%만 세금으로 낸다. 새로운 조합에 투자하면 이에 대한 면세 혜택을 또 준다. 이탈리아의 경우 협동조합에 관한 법률적인 체계가 잘 잡혀 있어서 협동조합이 정착할 수 있었다.

유럽 전체 도시 중에 잘살기로 다섯 손가락 안에 드는 이탈리아 볼로냐시는 다양한 형태의 수많은 협동조합이 사회적 경제를 주도적으로 발전시키고, 시 정부는 법적 · 제도적으로 이를 지원해준 사례다. 협동조합은 농산물 생산이나 구매, 공장 운영, 의료, 직업교육 등에 뜻을 함께하는 조합원이 공동으로 출자해 만들어지고, 소유 · 운영 · 이익 분배 등 조합 운영의 모든 과정도 민주적으로 이뤄진다. 협동조합 자체가 일종의 사회적 기업으로, 볼로냐시는 지방정부의 경제 영역을 사실상 협동조합에 내줘 민관 협치를 하는 셈이다.

볼로냐시 협동조합의 규모는 놀랍다. 시민 둘 중 하나는 어떤 협동조합에든 가입해 있다. 협동조합 수가 400개에 이른다. 제조업 · 서비스업 · 농업 등 각종 부문에서 활약하는 협동조합은 연간 130만 명에게 일자리를 제공하며, 지역 국내총생산GDP의 40%를 차지한다. 물론 모든 조합은 수익금 일부를 지역 발전을 위해 쓴다.

사회적 공조가 잘 이루어져 협동조합이 성공한 사례로 캐나다 퀘벡의 경우를 들 수 있다.

〈이탈리아 볼로냐 소비자협동조합 COOP〉

〈이탈리아의 협동조합 연합단체 가운데서도 가장 큰 규모를 자랑하는 레가코프 볼로냐지부〉

퀘벡의 협동조합

캐나다는 지방정부·연방정부의 지원을 결합시켰다. 실업률이 10%를 넘는 등 극심한 경기침체에 빠졌던 1980년대 초 퀘벡주에서 이런 운동이 시작되었다.

퀘벡 주정부는 고용을 안정시키기 위해 퀘벡 노동자연맹과 합의해 노동연대기금을 설립했다. 노동자들이 저축의 일부를 출연해 만든 연대기금을 중소기업이 일자리를 늘리는 데 쓰도록 했다.

주정부는 기금에 매칭펀드 형태로 참여하는 한편, 돈을 출연한 노동자의 소득세를 깎아줬고, 연방정부는 이에 따른 세수 감소를 보전해줬다. 또 협동조합을 중심으로 공동체 발전 전략을 고민하던 민간기구인 지역사회경제개발기업Community Economic Development Corporation이 여러 비영리 기업을 만들어 복지 서비스를 시작했다. 이와 더불어 간병, 환경, 재활용, 관광, 주거, 직업훈련, 문화 등 다양한 분야의 사회적 기업이 등장해 퀘벡 주민을 고용했다. 퀘벡주에서 연대기금의 투자를 받은 기업은 1880여 곳, 그 결과 만들어진 일자리는 12만6천여 개에 이른다 (2008년 말 기준).

이렇게 탄생한 사회적 기업들과 그 바탕이 된 각종 사회단체들이 주정부와 원활한 소통을 하기 위해 연대조직인 '샹티에'Chantier를 만들어 1996년 퀘벡 주정부가 재정위기와 실업 문제 해결책을 찾으려고 제안한 '퀘벡의 경제·사회 미래에 관한 대표회담Summit on the Ecomonic and Social Future of Quebec'에 참여했다. 또한, 사회적 경제를 실현하는 데 가장 중요한 노동조합, 기업, 정부의 파트너십을 지원하는 역할도 맡았다.

2001년 주정부 공식 기구로 출범한 '사회적 경제 위원회'는 실무대표기관인 샹티에를 동등한 협상 파트너로 인정했다. 이런 퀘벡의 움직임에 다른 주정부는 물론 연방정부도 주목했다. 2004년 폴 마틴 당시 총리는 "사회적 기업가는 강한 공동체에 필수적"이라며 사회적 경제를 캐나다의 핵심적 사회정책 수단으로 삼겠다고 선언했다. 그 결과 2008년 말 현재 캐나다 전역에서 사회적 경제에서 일자리를 찾은 이는 200만 명(전체 인구 3천만 명)에 이른다.

캐나다의 유명한 협동조합(공유기업) 하나를 소개한다.

캐나다 퀘벡주 몬트리올시엔 서커스를 가르치는 사회적 기업이 1980년대 중반부터 활약하고 있다. 바로 "서커스를 통해 지구와 인간의 지속 가능한 발전의 길을 모색한다"는 목표로 설립된 '라 토후La Tohu'다. 몬트리올 제리 스트리트 이스트에 있는 이 회사 건물엔 세계 최대 서커스 회사인 '태양의 서커스' 본부도 입주해 있다.

몬트리올 북부 서민·빈민층 밀집 지역인 이곳은 원래 석회석 채석장이었다. 캐나다에선 평지를 파내 석회석을 채굴하는데, 이곳의 채굴량은 어마어마해 몬트리올시 현대 건축물의 대부분을 여기서 나온 시멘트로 지었다고 한다. 하지만 석회석은 화수분이 아니었고, 수십 년의 채굴이 끝난 뒤 남은 건 깊이 80m, 넓이 192ha에 이르는 엄청난 규모의 '구멍'이었다.

몬트리올시는 이 구멍을 쓰레기로 메웠다. 시의 쓰레기 매립장으로 사용한 것이다. 일반 쓰레기로 악취가 진동해 주민들이 고통을 겪은 것은 물론, 4,000톤 이상의 독성 화학 쓰레기를 그냥 묻어버려 지하수가 오염될 위기에 놓였다. 스며든 빗물에 독성 화학물질이 섞여들어 지하

〈캐나다 퀘벡주 몬트리올시의 사회적 기업 '라 토후'에서 주변 지역 청소년이
서커스 기술을 배우고 있다.〉

수로 흘러간 것이다. 메탄가스까지 계속 발생해 주민들의 반발이 극에
달해서야 몬트리올시는 매립을 중단했다.

재생이 불가능할 것이라 여겼던 매립지가 서커스 공연장으로 탈바꿈
한 건 이 지역 출신 여성 무용가의 아이디어였다. 버려진 땅을 주민들의
예술성을 발휘할 수 있는 공간으로 활용하자는 제안을 몬트리올시는 거
절하지 않았다. 노동연대기금을 지원받아 설립된 라 토후는 지하에 파
이프를 설치해 오염된 침출수를 오수처리장으로 내보냈다. 메탄가스는
주변 지역 1만여 가구가 전기를 공급받을 수 있는 화력발전의 연료로
활용했다.

그리고 이곳에 서커스 공연장을 지어 1987년 국립 서커스학교도 입
주시켰다. 지역의 서민층 청소년을 대상으로 직업교육을 실시해 서커스
단에서 일할 수 있도록 도왔다. 서커스에 재능이 없는 이는 청소나 설비
분야의 사회적 기업으로 연결시켰다. 지역 주민의 아이디어가 시민사회
와 지방정부의 지원을 받아 환경을 살리고 일자리를 만드는 사회적 기

업이 된 것이다.

오늘날 세계 5대륙의 200개 이상 도시에서 1억 명 넘는 관객들에게 꿈과 희망을 선보이는 '태양의 서커스 Cirque du Soleil.' 그 시초는 1984년 캐나다 퀘백 시의 근교에 있는 베-쌩-뽈이라는 작은 마을의 길거리 극단에서 시작되었다.

〈기 랄리베르테 Guy Laliberte〉

당시 길거리 극단이었던 젊은이들은 '하이힐 클럽The high Heels Club'을 창설했는데, 이것은 예술가의 축제를 위한 조직이자, 베-쌩-뽈 거리를 활기차게 만들었던 일종의 문화적인 이벤트였다. 공연은 마을 사람들에게 흥미를 주고 깊은 인상을 남기며 점차 활기를 띠어 갔다. 그리고 이 연기자들 가운데 한 사람이 '태양의 서커스'의 창설자이자 사장이 된 '기 랄리베르테Guy Laliberte'다.

1억 명이 열광하는 태양의 서커스는 연 매출만 작년 10억 달러를 넘어섰으며 독자적인 그들만의 공연세계를 구축하여 전 세계인들에게 사랑받는 세계 최대의 서커스 공연기업이다. 설립한지 불과 27년 만에 세계 최고의 기업이 되었다. 그렇다면 어떻게 이런 성공을 거둘 수 있게 되었을까?

그것은 젊은 무용가가 몬트리올시에 제안하여 '라 토후' 라는 사회적 기업을 설립했고, 이후에 노동연대기금의 지원을 받을 수 있었기 때문에 가능했던 것이다. 즉 지역 주민의 아이디어와 지방정부, 그리고 시민들의 협동과 공유의 정신이 뒷받침되었기 때문에 가능했던 것이다.

이 태양의 서커스의 성공은 정부와 시민 그리고 협동조합의 협동과 연대가 어떠한 일을 할 수 있는지 보여주는 놀라운 사례이다. 이제 농업 6차산업 융·복합으로 성공한 협동조합의 사례를 살펴보자.

선키스트

선키스트를 모르는 사람들은 없을 것이다. 선키스트는 협동조합이다. 농업으로 성공한 대표적인 협동조합이다.

1907년 오렌지 껍질에 'Sunkist'라는 브랜드를 잉크로 새긴 것은 당시로서는 매우 혁신적인 아이디어였고, 이후 선키스트는 고급 오렌지를 상징하는 대명사가 됐다.

선키스트는 캘리포니아와 애리조나의 생산 농가가 주인이고, 오렌지 생산 농가를 위해 사업을 벌이는 비영리 협동조합이다. 개개의 생산농가들이 힘을 합쳐, 혼자서는 할 수 없는 일을 글로벌 경쟁시장에서 성공하고 있는 선키스트는 117년 역사를 자랑하는 협동조합이다.

선키스트 협동조합은 6000여 조합원이 생산한 감귤을 최대한 비싼 값으로 구입한다. 그것이 존재 목적이다. 통상의 주식회사처럼 싸게 사서 이익을 많이 남기려 하지 않는다. 배당을 요구하는 주주가 없기 때문이

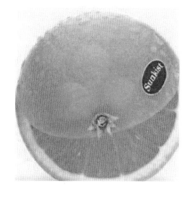

다. 대신 생산 농가는 조합과 맺은 엄격한 공동행동 약정을 지켜야 한다. 그러지 않으면 '퇴출' 당한다.

선키스트 브랜드는 5개 대륙, 45개 이상의 국가에서 600종류 이상의 제품에 쓰인다. 주로 과일과 관련된 식품이나 비타민류이다. 유통 기업들은 선키스트 협동조합으로부터 상표 이용 허락을 받고 제품에 선키스트 이름을 붙이고 있다.

선키스트 쥬스는 일본, 한국, 홍콩, 인도네시아, 말레이시아, 중동 지역, 벨기에, 몰타, 오스트리아 등 여러 나라에서 판매되고 있다. 한국에서는 해태음료가 1982년 4월 상표 사용 및 기술 지원 계약을 맺고 1984년 1월 썬키스트 훼미리 쥬스를 출시했다.

제스프리

제스프리는 키위로 연간 1조 3천억 원의 매출을 올리며 전 세계 키위의 40%를 점유하고 있는 이 업계 1위의 협동조합이다.

제스프리가 키위 제국이 될 수 있었던 건, 뉴질랜드 전 국토의 반 이상이 잘 발달된 목초지인 천혜의 자연환경을 가지고 있기 때문이기도 하지만, 수입 농산물과의 경쟁,

그리고 대규모 유통기업들 사이에서 점점 설 자리를 잃어가던 농민들이 스스로 만든 협동조합의 힘이 있었기 때문이다.

1997년, 수십개의 영세 협동조합을 이루고 있던 농민들이 뭉쳐 제스프리라는 주식회사형 공유기업을 만들었고, 생산 농가가 주인이 되어 대형 유통회사와 수입 농산물에 대항할 수 있는 경쟁력을 갖추었다.

제스프리는 조합형 방식이지만, 농민들이 생산한 키위를 판매하는 대가로 수수료를 받는 주식회사이다. 주식회사이지만 농민들이 함께 사업을 경영하는 조합과 같은 기능을 갖고 있다. 농민들은 키위의 판매가격은 물론 운송비와 마케팅비 등 모든 비용구조를 투명하게 운영하고, 제스프리가 얼마의 이윤을 정당하게 얻는지도 알 수 있다.

제스프리와 같이 조합원들이 경쟁력을 갖추기 위한 주식회사를 운영하는 것은 협동조합의 바람직한 경영 구조라고 볼 수 있다. 이밖에도 수많은 협동조합의 사례를 들 수 있으나 다른 책에서 다루기로 하겠다.

3. 사회적 협동조합

 사회적 협동조합은 우리가 앞으로 공동체경제마을에서 만들려고 하는 협동조합 구조이다. 협동조합의 역사는 오래되었다. 다만 우리나라에서 2012년에 겨우 시작되었을 뿐이다. 이번에는 협동조합의 역사와 사회적 협동조합의 탄생 배경을 잠시 공부해보자.

 1843년 노동조합운동의 동맹파업이 실패로 돌아간 후 실의에 젖어있던 영국 로치데일 지역의 노동자들이 새로운 희망을 찾기 시작했다. 금주운동, 노동조합운동, 차티스트운동을 주장하던 로치데일 지역의 노동자들이 모여 우선은 적정한 가격으로 믿을 수 있는 품질의 일용 생필품을 공동으로 구매하는 낮은 단계의 활동부터 시작하여, 장기적으로 생산과 소비를 통합하는 협동조합 사회를 만들자는 웅장한 비전을 공유하면서 로치데일 협동조합을 만들었다.
 1844년 12월 28명의 조합원이 1년 동안 매주 2펜스씩 겨우겨우 모은 1파운드(40만 원 정도)의 개인별 출자금을 합해 만든 로치데일협동조합은 자본이 부족하여 허름한 토방에서 버터 25kg, 설탕 25kg, 밀가루 6봉지, 곡물가루 1봉지, 양초 24개가 진열된 상품의 전부였던 초라한 가게로 시작했다.

미약하게 시작한 로치데일협동조합은 정확한 물량, 불순물이 들어있지 않는 품질, 정직한 판매, 이용액 배당 등 로치데일의 주민들이 정말 바라왔던 사업방식을 통해 큰 인기를 얻었고, 급속히 확대되었다. 1866년에는 조합원 수는 50배, 자본금은 400배로 늘어났고, 1851년에는 매일 새로운 점포를 열었다. 소비자협동조합의 시작이었다.

그리고 협동조합은 170여 년의 역사 동안 지속적인 발전을 거듭하여, 이제는 세계적으로 10억 명 이상의 조합원이 활동하는 경제의 주역이 되었다. 2012년 UN이 세계 협동조합의 해를 선포함으로써 협동조합은 더 이상 특별한 것이 아니라 일반적인 사업 방식이 된 것이다.

협동조합은 역사적으로 몇 단계의 발전을 거듭해오고 있다.

1895년 런던에서 국제협동조합연맹ICA 1차 대회가 열렸고, 1937년 프랑스 파리 대회에서 7대 원칙이 정해졌다. 이후 1995년 100주년 영국 맨체스트 행사에서 현재의 '협동조합 정체성 선언'이 발표되었다.

현재 국제협동조합연맹은 96개국 267개 회원 단체가 가입하고, 조합원 수는 10억 명에 달하는 UN 산하 최대 비정부기구로서 소비자, 농업, 주택, 신용, 노동자, 어업 등 모든 협동조합을 포괄하고 있다.

1945년 이후 자본주의가 글로벌 금융 자본 중심으로 재편되어감에 따라 협동조합들도 거대한 다국적 기업들의 공격에 살아남아야 했다. 그래서 작은 협동조합들은 합병을 통해 규모의 경제를 추구하기도 하고, 필요한 자본금을 확보하기 위해 자회사를 만들기도 했다. 미국에서는 농산물가공사업을 활성화시키기 위해 조합원이 물량을 내는 만큼 출자금을 매년 조절하고, 조절될 출자금에 비례하여 의결권을 행사하는 협동조합과 주식회사를 반쯤 섞은 듯한 새로운 협동조합이 출현했다.

이를 신세대협동조합이라고 하는데 선키스트가 그 대표적인 형태이다.

일본의 진보적이고 사회와 함께 하려 했던 대학생들은 1970년대 사회로 나와 대거 생활협동조합을 만들었다. 유럽의 소비자협동조합과 달리 일본의 생활협동조합은 좋은 생활필수품을 구매하는 것에 머물지 않고, 5~10가구를 하나의 소조직인 반班으로 묶었다. 생협은 지역사회에서 발생한 환경문제나 생활과 관련된 다양한 문제에 대해서도 의견을 제출하고, 조합원들이 공동행동을 해나갔다. 이런 일본 생협의 모범사례는 이후 전 세계적으로 퍼져나가면서 우리나라에도 한살림 등 몇 개의 생협 운동이 시작되었다.

협동조합은 그 시대에 가장 적합한 사업방식으로 발전을 거듭하면서 현재에 이르고 있다. 따라서 협동조합의 역사는 단순히 이데올로기나 이론으로 만들어진 것이 아니라, 시대적인 경제 사회적 변화에 적합하도록 변화되고 진보하고 있다고 이해해야 한다.

사회적 협동조합의 탄생도 이러한 시대적 변화와 관련이 있다.

1974년 이탈리아 볼로냐에는 독특한 협동조합이 탄생했는데, 그 전까지 협동조합은 사회경제적 약자인 조합원들이 힘을 모아 공동의 이익을 만들어가는 공익共益을 추구했지만, 새로운 협동조합은 사회경제적 약자의 문제점을 해결해 나가는 공익公益을 추구하려는 방향으로 확대되었다. 이것이 사회적 협동조합의 시작이었다.

CADIAI는 최초의 사회경제적 협동조합이라 할 수 있다. 가사원조노동이나 간병노동을 하던 여성들이 모여 불안정한 비정규 노동의 문제를 해결하려고 만든 27명의 여성들로 출발한 CADIAI는 이후 이탈리아에서 사회적 협동조합법이 만들어지고 공적 기관과 계약을 체결하면서 사업영역이 확장되었다.

현재 직원은 1,246명이며 노인, 장애인, 어린이 등을 포함해 한해 27,400여 명에게 돌봄 서비스를 제공하고 있다. 협동조합의 원칙인 지역사회에 대한 기여는 협동조합의 사업 자체로도 가능하다는 모델을 보여주고 있다.

우리는 협동조합의 문화가 궁극적으로는 사회적 협동조합의 방향으로 발전할 것으로 생각하고 있다. 이는 우리나라의 현실에서도 절대적으로 필요하기 때문이다. 따라서 우리는 '아그리젠토 공동체경제마을'을 협동조합으로 만들면서 사회경제적 협동조합 방식으로 운영하는 것이다.

사회적 협동조합은 의료·상부상조금융 등을 조합형태로 구성할 수 있는 법률적 토대가 있기 때문에 자칫 도시지역에 비해 공동체경제마을이 뒤떨어질 수 있는 의료적 문화적 소외를 해결할 수 있는 새로운 대안이 될 수 있을 것이다. 또한, 지역법적인 의미에서 사회경제적 협동조합도 필요하지만, 우리가 말하려는 것은 '지역사회의 공익을 최우선으로 하는 협동조합'을 말함이다.

'아그리젠토 공동체경제마을'은 무엇보다 지역사회에 서민들에게 일터와 일자리를 제공하는 데 기여하려고 한다. 이것이 첫 번째이고 가장 중요한 사업 목적이다.

4. 사회적 협동조합으로 풀어보는 공유사업

희망마을 수직농장 꽃송이버섯 시범사업

앞에서 잠시 소개한 부산 동구 수정동의 희망마을 수직농장은 사회적 경제를 위하여 만들어진 시설물이다. 기본적으로 수경재배를 위해 설비를 갖추고 있는데, 수경재배도 도시농업으로서 적합할 수 있다.

그러나 경영의 관점에서 본다면, 품목 선정은 대단히 중요한 일이다. 어느 정도 소득창출이 가능한 아이템을 선정해야만 사업적으로 승산이 있는 것이다. 일반적으로 수경재배를 통해서 새싹이나 채소류를 생산한다. 그러나 이런 평범한 품목은 단위면적당 소득이 매우 저조하기 때문에 고용창출을 목적으로 만들어진 이러한 도시의 수직농장에서는 적합하지 않을 수 있다.

일반적으로 자동화된 시설에서 대규모 생산으로 수지타산을 맞추어야 한다. 그러나 수정동 희망마을 수직농장의 규모로 볼 때, 대규모 업

〈희망마을 수직농장 꽃송이버섯 사업〉

체와 경쟁하는 사업 아이템은 매우 불리하다. 실제로 그동안 이곳에서 재배했던 일반 새싹이나 새싹인삼 등은 어디서나 쉽게 재배하고 있기 때문에 희소성도 없는 상태이다. 따라서 수익창출에 어려움이 많았다.

꽃송이버섯의 경우에는 기존의 새싹과 비교해서 상당한 경쟁력이 있다. 이미 앞에서 설명한 것처럼 꽃송이버섯은 막강한 항암 버섯으로 존재가치가 매우 높다. 아직까지 대량생산이 되지 않은 상태라서 가격도 상당히 높은 편이다.

꽃송이버섯은 일반 새싹과 비교한다면 단위면적당 생산성이 몇 배 높다. 따라서 희망마을 수직농장에서 꽃송이버섯을 재배하는 것은 매우 적합한 품종 선택이라고 말할 수 있다.

또한, 현재 희망마을 수직농장은 '부산 일자리 창출 사회적 협동조합(조합 이사장 OOO)'에서 운영을 맡고 있기 때문에, 수정동 주민들의 일자리 창출을 위한 비영리사업을 추진하는 주체로서 이상적이라 할 수 있다.

앞에서 말한 것처럼 사회경제적 협동조합은 공익적인 목적으로 설립되는 협동조합이다. 따라서 이러한 사회적 공유사업은 사회경제적 협동조합이 적격이다.

희망마을 수직농장에서는 2016년 상반기부터 꽃송이버섯 재배를 위하여 마을 주민들로 사업단을 구축하고 있다. 현재 이 일은 비영리단체인 '재능기부선호뱅크'의 ○○○ 위원장이 맡고 있다.

김○호 위원장은 "수정동 마을 주민들의 일자리 창출을 위한 꽃송이버섯 사업에 혼신의 노력을 기울이겠다"고 포부를 밝혔다.

이 수정동의 수직농장은 도시 서민들을 위한 '꽃송이버섯 도시농업 스마트 수직농장'의 모델이 될 수 있어서 우리도 여기에 기대하는 바가 매우 크다. 왜냐하면, 이 희망마을 수직농장은 지자체와 지역주민 그리고 협동조합이 어우러져 만들어내는 작품이기 때문이다.

이 농장의 시설물과 운영자금은 지자체에서 부담하고, 꽃송이버섯 농장을 운영하여 마을 주민들에게 일자리를 제공하는 일은 사업단이 맡고 있다. 또한, 이 희망마을 수직농장은 단순히 하나의 농장으로서 끝나는 것이 아니다. 이 수직농장을 기점으로 하여 수정동 마을 전체를 하나의 도시농업 명소로 만들 수 있기 때문이다. 즉 수정동 마을을 전국적인 명

소로 만들 수 있다는 뜻이다.

　수직농장을 중심으로 마을에 꽃송이버섯 거리를 만들고, 꽃송이버섯 축제를 열고, 꽃송이버섯 작품 전시회 등을 열어서 사람들의 이목을 집중시킨다. 이런 일들은 모두 마을 주민들이 참여하여 진행하는 것이다. 또한, 꽃송이버섯 카페와 버섯 전문점을 만들고 주민들의 일터와 일자리 창출을 하면서 관광객을 끌어오는 다양한 사업들을 전개할 수 있다.

　주민들의 참여를 유도하기 위하여 2016년 1월에 수정동에서 마을 주민들을 초대하여 꽃송이버섯과 도시농업에 대해 강연을 했다. 강연은 필자가 맡았다.

앞에서 소개한 일본의 이나카데테의 경우처럼, 이러한 일들을 잘 추진하여 좋은 결과를 낸다면, 장기적으로 볼 때 희망마을 수직농장의 경우도 하나의 좋은 모델이 될 수 있을 것이다.

처음에는 소수의 마을 주민들이 참여하여 소득을 창출하면서 시작하게 되지만, 점차 다양한 수익 사업들을 개발하게 되면 여기가 도시농업의 메카가 될 수 있을 것이다. 실제로 꽃송이버섯의 체험학습 견학 코스로 널리 홍보하여, 이 지역을 새로운 관광 명소를 만들 수 있다고 생각한다.

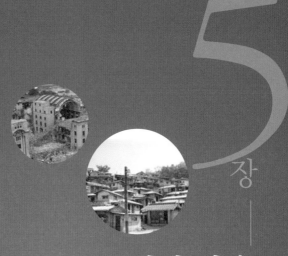

5장—

도시와 마을,
오래된 미래의 유산

1. 도시재생과 재개발의 어두운 그림자

우리 마음속에 있는 마을은 어떤 모습일까? 물론 사람마다 마을에 대한 이미지는 각기 다를 것이다. 그러나 동시대를 사는 사람들은 거의 비슷한 마을 이미지를 가지고 있지 않을까 생각한다.

이번 5장에는 마을이 어떻게 변했는지 살펴보고, 앞으로 어떻게 바뀌어야 할 것인지 생각해 보기로 한다.

2차 대전 이후에 최단기간에 잿더미 속에서 선진국으로 도약하는 유일한 국가는 한국이다. 한강의 기적이라 불리는 놀라운 경제성장은 이미 세계가 다 인정하는 바이다. 우리가 정신없이 개발이니 성장을 외치던 시절에는 잘 몰랐지만, 세월이 지나서 되돌아보니 우리는 국가적·사회적으로 무엇인가를 놓쳤다는 생각이 든다. 그동안 마을이 어떻게 변했는지 보더라도 확실히 무언가를 놓쳤음을 알 수 있다.

우리나라가 개도국에서 선진국으로 도약하는 과정에서 필연적으로 도시개발과 시골개발(?)이 추진될 수밖에 없었다. 새마을운동은 우리 시대의 '마을' 개혁 운동이었다.

물론 이 새마을운동은 긍정적인 평가를 내릴 부분도 많다. 그러나 역시 급진적이고 과격한 변화에는 그만한 부작용이 따르는 법이다. 새마을운동은 과연 '마을' 운동이었을까? 사실은 아니다. 이것은 마을 운동은 아니지만, 마을이라는 단어가 들어가서 그렇게 느끼는 것뿐이다. 새마을운동으로 마을이 새로워진 것이 아니라, 마을이 도시화되고 점차 네모난 상자로 바뀌었던 것뿐이다.

도시개발, 말이 멋지다. 도시가 개발됨으로써 엄청난 변화가 일어났다. 대규모 공업단지와 아파트촌 그리고 대형 상업 건물이 들어선 도시는 그 자체가 고도성장 경제의 동력원이 되었다.

이러한 도시개발은 고도성장 사회의 상징이다. 공장을 짓고 철도를 놓고 고속도로를 건설하고 아파트를 짓고 대형 빌딩을 짓는 동안에 건설업 등 관련 산업들은 폭발적으로 성장했다. 속칭 재벌이라 부르는 기업집단들이 이런 도시개발 기간에 탄생하였고, 엄청난 돈을 긁어모았다. 이것이 진짜 눈먼 돈이었다.

도시개발은 오늘날 자본주의 경제에서 자본가들이 부를 축적하는 중요한 수단이 되었다. 어떤 의미에서는 현대 자본주의 사회를 이끌어가는 원동력이었다고 할 수도 있다.

전 세계의 모든 대도시는 고층 아파트, 고층 빌딩으로 그들의 위세를 보여준다. 거대한 빌딩 숲은 그 자체로 위용이 당당하다. 정말 뭔가 이룩한 듯이 보인다. 이러한 대도시에서는 늘 대자본가들의 힘을 볼 수 있다. 그러나 시간이 지나서 도시가 점점 탁해지게 되면, 이런 하드웨어 중심의 도시개발이 매우 근시안적이었다는 비난을 피할 수 없다. 참으로 도시개발은 대기업 혹은 대자본가들의 입장에서는 엄청난 이익을 창출하는 사업이다. 사업적 관점에서 이만한 돈벌이도 없었다. 그래서 없는 도시도 만들어내는 것이 필요하다.

자본가들은 사막 한가운데에 라스베이거스 같은 거대 도시를 만들기도 한다. 오늘날 아랍의 대도시들은 모래사막 위에 건설된 첨단 도시들이다. 아랍의 대도시들은 현대 시대의 금융자본가의 힘을 여실히 들여다볼 수 있는 곳이다.

도시개발은 우리 마음속에 남아 있던 '마을'을 하나씩 제거했다. 진실로 도시는 마을을 다 잡아먹어 버렸다. 일명 개발이라는 불도저로 밀어붙이면, 도시든 시골이든 한방에 정리된다. 낡고 초라한 집들은 가차 없이 헐려 나갔다. 초가집을 부수고 블록 벽돌집을 만들었다. 그 후에는 여기에 아파트를 짓는다. 이런 단계적 개발로 부동산 버블은 엄청난 이익을 창출했다. 도시와 시골의 개발은 가진 자가 없는 자의 것을 빼앗는 합리적이고 현실적인 방법이다. 사회적으로 이러한 개발은 멋지게 포장되었다. 낡은 것들은 무조건 때려 부수고 새 건물을 세우는 것이 미덕이었다.

찬란한 역사의 유적이 있던 도시들도 무차별적으로 개발되었다. 수백 년의 역사를 간직한 장소들이 점점 더 고층 빌딩의 숲으로 변해갔다. 이러한 도시개발로 우리나라는 경제성장의 재미를 보았다. 그러나 이제 전 세계가 저성장 국면에 접어들고 보니 패러다임이 변했다. 과거에 했던 일이 뭔가 잘못된 것이다.

이제는 사람들이 문화를 찾고 전통을 찾는다. 역사를 찾는다. 그러나 우리의 도시들은 지난 수백 년, 아니 수천 년의 역사를 상실하고 말았다. 수천 년 동안 전해오던 문화의 흔적들을 가차 없이 제거했기 때문이다.

우리는 말로만 반만년 역사라고 떠든다. 정작 미래의 유산인 역사적 유물이나 건물, 장소, 기념물들은 깡그리 제거하면서, 입으로는 유구한 역사를 자랑한다. 뭘 자랑하는데?

도시개발은 결과적으로 부동산값만 올려놓았다. 땅 한 평에 수억 원 짜리가 넘쳐난다. 그러나 그 한 평이 가져올 수 있는 수익성은 거의 없다. 그냥 땅값이 비쌀 뿐이다. 그곳에 있었던 역사와 문화적 유산들이 지금도 그대로 있다면, 지속적인 수익을 창출할 수 있었을 것이다. 그러나 부동산값만 올라간 현실에서는 아무것도 없다.

엄청난 수익을 창출할 역사적 건물들이 개발로 사라졌다. 장소도 없어졌다. 이야기도 사라졌다. 개발이라는 미명하에 역사를 지닌 우리의 마을들이 무참히 죽었다. 이것이 마을의 죽음이다.

사실 마을의 죽음에 대해서는 최근까지도 잘 몰랐던 것이다. 고도성장 사회에서는 마을을 현대화하는 것이 최선책이라고 주장이 더 설득력이 있었기 때문이다. 역시 근시안들이다. 멍청한 사람들!

문제는 이것이다. 지금까지 도시개발의 수혜자는 누구일까? 서민들?

수십 년간 도시는 재개발이라는 미명하에 대기업 건설사들의 노다지가 되었다. 그래서 수 없는 낡은 집들은 다 철거되었고, 그곳에는 부자들이 주인으로 있는 건설사들이 지은 고층 아파트 단지가 들어섰다. 이런 고층 아파트 단지들은 거저 그곳에 볼품없이 거대한 성처럼 세워져 있고, 그곳에 사람들은 갇혀 살았다.

부동산 거품에 힘입어 한동안 이런 도시재개발로 도시의 서민들은 주택가치가 상승한 것으로 착각했다. 아파트로 부자 되는 사람들이 생겨났다. 그래서 일반 주택이나 저층 아파트를 헐어내고 고층 아파트를 짓게 되면 부자가 되는 시대가 있었다. 심지어 아파트가 몇 달 만에 두 배가 되던 시절도 있었다.

하지만 지금은 세상이 바뀌었다. 이미 아파트를 건설할 곳은 거의 다 지었다. 문제는 이렇게 만들어진 마을의 기능이다. 아파트촌에는 엄청난 숫자의 주민들이 산다. 그런데 이런 아파트촌으로 만들어진 거대 도시들은 단 한 가지 기능밖에 없었다. 주거 생활을 하는 용도 외에는 전혀 쓸모가 없었다.

우리 시대의 대표적인 부자 동네의 상징인 타워팰리스 같은 고층복합 아파트들로 만들어진 마을들이 여러 곳에 있다. 이런 프리미엄 아파트들은 진짜 부자들이 사는 곳이다.

이런 고층 아파트 한 동에는 수백 가구가 살고 있고, 이런 아파트 단지 하나에는 수천 가구가 살고 있다. 사실 마을 규모로 본다면 거대한 마을이다. 그러나 이것을 마을이라고 부르기엔 뭔가 이상하다.

사람들이 차를 타고 지하 주차장으로 들어가서 자신의 집으로 올라가는 엘리베이터를 타고 각자의 집으로 간다. 그리고 집에서 나와 엘리베이터를 타고 자가용을 타고 직장이나 외부에 일을 보러 간다. 이 마을에서는 단지 잠만 자고 나오고 들어가는 일 외에는 주민들이 교류할 일이 거의 없다.

이런 아파트 단지 내에는 사람들이 모여서 무엇을 하거나 혹은 같이 어울릴 일이 거의 없다. 그냥 상자처럼 생긴 각자의 집안에 들어가서 사는 것이 전부이다. 옆집에 누가 사는지 알 필요도 없고, 알려고도 하지 않는다. 아니 모르는 것이 편하다.

오늘날 대부분의 도시들은 아파트 천지이다. 아파트는 오늘날 현대인들의 라이프스타일을 단적으로 보여준다. 자신들만의 작은 공간에 갇혀 사는 삶이다. 이웃도 없고 동네도 없다. 오직 거대한 아파트들만 존재한다. 삭막할 뿐이다. 그런데도 여전히 아파트를 건설하고 또 건설하려고 한다. 과거에는 부동산 상승으로 차익을 노릴 수 있지만, 앞으로는 그것이 쉽지 않을 것이다.

솔직히 도시가 아파트 천지로 바뀌면서, 마을이라는 개념은 사라진 것이다. 일반 아파트라도 겨우 아파트 한편에 있는 상가 건물에만 사람들이 조금 왕래할 뿐, 아파트 주민들은 서로 만날 일도 없다.

도시에서도 아주 변두리에 있는 달동네에는 아직도 마을의 이미지가 조금은 남아있다. 하지만 도시의 마을은 어딘지 모르게 정이 없다. 사람 사는 곳처럼 느껴지지 않는다. 그냥 주거공간의 집합소라는 느낌뿐이다. 이것이 마을의 종말이라고 생각한다.

우리가 한때는 수출, 수출에 목을 매었지만, 수출만이 능사가 아니라는 것을 눈을 뜬 것은 아마도 '88 올림픽' 이후일 것이다. 올림픽을 치르면서, 한국 사람들은 해외여행을 시작했고, 쇼핑에 눈을 떴다. 관광이 엄청난 수익 사업이라는 것을 인식했다.

올림픽 덕분에 외국인들이 한국에 들어와서 관광을 시작하였고, 그래서 관광 산업이 엄청난 부가가치라는 것을 깨달았던 것이다. 그러나 그때 우리가 알았던 관광은 주로 명승지나 혹은 관광지라고 딱지가 붙어 있는 곳이 주류였다. 이런 관광지는 솔직히 식상한 곳이다. 하지만 그것도 처음에는 없었다. 점차 관광을 위한 목적으로 문화재나 혹은 문화유산들을 주목하고 그것을 보전하고 포장하는 일을 하게 되었다.

외국인 관광객이 늘어나면서 점차 대형 쇼핑몰이나 호텔 같은 숙박시설, 음식점들이 인기를 끌었다. 한때는 이런 관광객으로도 재미를 보았다. 그러나 이러한 코스에 점점 식상한 관광객들은 새로운 것을 찾았다. 즉 우리의 전통이나 역사 그리고 문화를 찾기 시작한 것이다. 이런 관광객들이 늘어나면서, 우리가 깨달은 바는 무엇인가?

　우리는 엄청난 관광자원이 될 수 있는 수많은 것들을 도시개발 혹은 시골개발(?)이라는 미명하에 다 파괴해 버렸다는 점이다.

　한국의 정부는 관광에 많은 투자를 하고 또 홍보한다. 그런데 정작 관광의 패러다임이 변하고 있다는 사실은 별로 주목하지 않는 듯하다. 사실은 말하지 못하는 것인지도 모른다.

　한국을 찾는 관광객들이 명동이나 이태원 혹은 남대문 시장을 찾는 경우도 있지만, 쇼핑관광만으로는 수명이 짧다. 진짜 중요한 것은 역사와 전통, 문화가 있는 관광지가 많아야 한다는 것이다. 그러나 이러한 역사를 없애버리고 나서 새로 만들 수 있는 것이 아니다.

　필자는 해외여행을 많이 해보지 않았지만 다양한 문화에 관심이 많아서 여행하는 사람들의 다큐멘터리를 자주 보는 편이다. 그러면서 느끼는 것은 지구촌에 수많은 관광객들이 찾고 있는 곳이 점점 더 자연적이거나 혹은 역사와 전통, 독특한 민속 문화가 있는 곳임을 알게 되었다.

　올림픽 전에 농업 관련된 일로 잠시 일본을 여행한 적이 있었다. 그때 일본의 주요 관광지와 마을 그리고 농촌 지역을 견학할 수 있었다. 지금도 기억나는 것이 있는데, 그때 여행 안내를 하던 사람은 일본에 대해 아주 잘 아는 한국인이었다.

　하루는 어느 마을을 갔는데, 그곳에는 과거 조선통신사들이 일본에
와서 묶고 가던 집이 있다는 것이다. 우리는 그곳을 구경하러 갔다. 그
곳은 작은 마을의 골목 안쪽에 있는 아주 작은 집이었다. 마을 안쪽에
있어서 눈에 띄지도 않았다. 그런데 문 앞에 팻말이 있고 일본말과 영어
로 스토리가 적혀있었다. 한국어로도 설명이 되어있었다. 그러나 안으
로 들어가려면 얼마간의 입장료를 내야 했다. 단 몇 평짜리 집을 구경하
는데 얼마를 내야 하는 것이 참 이상하다는 생각이 들었다. 지금은 그게
당연하다는 생각이지만 그때만 해도 이런 것을 구경하는 데 돈을 내야
하는지 불편한 생각이 앞섰다.[24]

　알고 보면 아무것도 아닌데, 그들은 과거의 역사를 그대로 보전하면
서 돈을 벌고 있었다. 그 마을의 어떤 집은 몇 백 년되었다고 한다. 지금
몇 대째 자손들이 그 집에 살고 있다고 말한다.

---

24) 그때는 돈밖에 모르는 일본사람들이 별걸 다 돈 받는다는 생각을 했다.

하루는 가이드가 일본에서 아주 유명한 돈가스를 먹으러 가자고 했다. 그런데 그걸 먹기 위해서는 일찍 가서 줄을 서야 한다고 했다. 우리는 새벽같이 일어나서 가이드가 말한 장소로 갔다. 번화 가도 아니었고 주변에 다른 상점도 없었다. 그저 평범한 골목인데 사람들이 벌써 길게 줄 서 있었다. 뭔데 저런가? 호기심에 우리도 한 시간가량 줄을 서서 기다렸다가 돈가스를 먹었다. 솔직히 특별히 다른 돈가스는 아니었다. 어디서나 먹을 수 있는 그런 수제 돈가스였다. 가게도 코딱지만 한 것이 전혀 볼 게 없었다.

그런데 왜 사람들은 여기서 줄을 서서 먹는 것일까? 관광객들도 많이 있었다. 이유는 단 하나, 그 가게가 100년째 그 자리에서 돈가스를 팔고 있다는 것이다. 3대째 가업으로 이어서 하고 있다는 것이다.

당시 일본의 전통 음식점이라는 곳 그리고 유명한 라멘을 파는 곳을 들렀지만 모두 비슷했다. 점포가 엄청나게 큰 것도 아니었고, 현대식 시설도 아니었다. 너무나 평범하고 소박한 그런 곳이었는데, 문제는 손님이 넘쳐나고 돈을 잘 벌고 있다는 것이었다.

사실 그때까지만 해도 이런 일들이 신기할 뿐이었다. 그러나 한국에서 지난 20년이 지나면서 우리나라에 관광객들이 몰려오고 그들이 찾는 것들이 무엇인지를 알게 되면서, 새삼 그러한 것들을 느끼게 되었다.

우리는 도시개발이라는 불도저로 미래의 유산인 마을을 제거했다. 역사와 문화 그 엄청난 관광 자원들을 밀어버린 것이다.

최근에도 문화재의 훼손이나 혹은 방치에 관해서 가끔 뉴스를 접한다. 우리는 무엇이 돈이 되는지 경제관념이 없다. 도시개발이 건물을 새로 짓고 첨단 시설을 해야만 하는 것이 아니다. 사실 선진국의 관광객들의 눈에 비친 이런 것들은 그들 나라에도 흔한 것이다. 그걸 보려고 멀리 한국까지 올 까닭이 있는가?

필자는 수년 전에 어느 관광○○원에서 용역사업을 진행한 적이 있다. 이 단체의 장은 문화관광이라는 개념을 설명한 적이 있었다. 관광이 문화와 결합해서 소득을 창출하는 내용이었다. 그것은 주로 어느 지방자치단체와 협업하여 관광사업을 펼치는 방식이었다.

그분이 설명한 문화관광이란 사람들이 관광하면서 문화적인 콘텐츠를 즐긴다는 식이었다. 그분은 비록 전문가이고 박식한 분이지만, 관광의 개념이 너무 서구적이라는 느낌을 받았다. 그분이 말하는 문화관광의 핵심은 그 지역에 브랜드를 만들고 사람들이 오게 하면 된다는 생각이었다. 물론 그것도 필요하다. 하지만 그건 외형일 뿐이다. 진짜 필요한 것은 그 속에 들어있는 역사이고 문화이다.

진짜 중요한 것은 관광객들이 무엇인가 느끼고 배우고, 그리고 나중에 그것 때문에 다시 오는 것이다. 여기에는 반드시 역사와 스토리가 필요하다. 수백 년 혹은 수천 년 된 어떤 장소는 이미 역사적 의미를 지닌다. 그것이 관광의 중요한 요소가 될 수 있다.

필자는 수년 전에 강원도 정선에서 다문화가정 영농조합을 지원하는 일을 하면서, 우연히 외국인 교사들과 정선지역의 관광에 동행할 기회가 있었다. 그때의 이야기를 잠시 해보자.

정선 다문화 전○○ 회장은, 그 지역의 다문화 여성들에게 일자리를 제공할 목적으로 그들을 영어보조 교사로 채용하여, 어린이 영어 체험캠프를 개최한 적이 있었다. 이때 다문화 자녀들도 참여하고 일반 아이들도 참여하고, 게임과 놀이를 통해서 영어를 배우는 주말 프로그램을 진행했다. 이 프로그램에는 강원도 지역에서 외국인 교사로 일하고 있던 몇 분의 외국인 교사들이 자원봉사로 참여했다.

필자는 이 행사를 취재하여 홈페이지 및 홍보자료를 만드는 업무를 맡아서 이 행사에 참여했던 것이다. 아이들은 다양한 게임도 하고 야외에서 놀이도 하면서 즐거운 시간을 보냈다. 물론 모든 수업은 전부 영어로 진행했다. 아이들은 처음에 조금 어색해했지만, 노련한 외국인 교사들이 잘 이끌자 얼마 안 되어 모두 잘 어울렸다. 이날의 캠프는 아주 성공적으로 끝났다.

그 다음날은 일요일이었고, 외국인 교사들은 정선의 관광을 하자고 했다. 이때 필자도 그들과 동행하게 되었다. 필자는 영어가 익숙지 않았지만, 외국인 교사들이 모두 우리말에 능숙하여 대화하는 데는 지장이 없었다. 이들은 처음 보는 사람들과 참 잘 어울리고 쉽게 친해졌다. 그래서 만난 지 얼마 안 되었는데 서로 재미있는 이야기를 하면서 즐겼다. 대부분의 외국인들이 친화력이 대단한 것 같았다.

외국인 교사들과 정선 구경을 하는 동안에, 필자는 매우 흥미로운 점을 발견했다. 이들은 모두 어느 정도 한국에 대해서 알고 있는 사람들이다. 한국에 와서 벌써 5년간 살고 있는 사람도 있었고, 3년 된 사람도 있었다. 그런데 이들은 한국에서는 가볼 만한 곳이 없다고 말했다.

외국인 교사 중 한 사람은 이렇게 말했다. "한국은 관광 정책이 개선되어야 합니다. 너무 유명한 몇 곳만 안내하고 다른 곳은 전혀 알 수 없습니다. 정작 우리가 보고 싶은 것은 한국의 전통문화와 역사 그리고 전래 민속입니다. 그런 것은 거의 무시하고 유명한 관광지 혹은 이름난 명

승지만 몇 군데 개발하여 볼 만한 것이 없습니다."

　사실 필자도 늘 이런 점에 불만을 느끼는 사람이라서 이 교사의 말에
전적으로 동감했다. 그날 외국인 교사들은 정선 아라리촌에서 양반증
서를 받는 데 관심이 있었다. 이걸 위해서 어느 외국인 교사는 휴가까지
냈다고 한다. 참으로 놀랍다.
　사실 이 양반증서는 우리의 문화적, 역사적 이야기가 들어 있다.

　　이런 선물을 받기는 처음이다. 태백 · 사북을 거쳐 정선에 들렀
　을 때 공원 한쪽에서 처음 찾는 방문객의 신분을 확인한 후 무슨 증
　명서를 발행한다고 했다. 호기심이 꿈틀거렸다. 살아오면서 늘 이
　런저런 증證에 얽매였으니 솔깃할 만도 했다. '백승국白承國/위 사
　람은 정선군 아라리촌을 방문 현지 교육을 통하여 양반의 신분증을
　득하였기에 증서를 드립니다./아라리 촌장.' 이름하여 '양반증서'
　란다. 정선 아라리 민속촌의 마음이라고 했다. 유머도 있고 애교가
　넘친다.

양반은 문관이든 무관이든 사족士族을 높여 부르는 말로, 그 덕은 학문이며 검소함과 맑음이다. 양반은 글만 쓰는 선비가 있고 현실에 참여하는 대부大夫가 있으나, 조선 후기 박지원(1737~1805)의 눈에 비친 세상은 반드시 그렇지는 않았다. 해서 양민을 괴롭히고 착취를 일삼으며 매관매직하는 못된 양반들을 호되게 꾸짖었다. 신분이 낮은 어느 부자는 죽기 전에 꼭 한 번은 양반이 되고 싶어, 무능한 양반의 나라 빚(관곡)을 대신 갚아주고는 그 대가로 양반증서를 획득했다. 이 증서는 고을의 원님이 공인한 신분증이다. 하지만 양반이란 게 별것이 아니었다. 입만 벌리면 족보와 삼강오륜을 따지고 거드름만 피웠다. 허욕과 위선 덩어리였을 뿐이다. 그래서 "에이, 양반, 양반 하더니 양반이라는 게 한 푼 값어치도 못 되는구려"라고 한껏 비아냥댔다고 한다.

"양반은 양반다워야 하고, 야비한 일을 딱 끊고 입으로 구차스러움을 남에게 말하지 않고 떳떳해야 하며, 백성을 우롱하지 말 것이며, 돈을 가지고 놀음을 하지 말 것이며 공사公私를 가리고 모든 품행에 어긋남이 없어야 한다." 아라리 촌장의 회초리가 매섭다. 이 시대의 신新양반들은 '사(士·事·使·師)' 패찰을 달고 부와 힘, 명예를 거머쥔 이들이 아닐까? 선과 악, 옳고 그름을 고발하고 억울한 민民을 감싸 주는 게 양반들이 지켜야 할 권리와 의무임이 틀림없다.

그렇지만 예나 이제나 타락한 양반들이 세상을 흐리는 것 같다. 정성스럽게 가꾸어온 잔디 정원도 몇 포기의 독초가 망칠 수 있다. 조선시대의 사헌부는 나라의 기강을 확립하는 감사, 감찰기관이며 파수꾼이다. 수장인 대사헌의 가슴과 등에는 해치 문양을 새겨 놓았다. 해치는 상상의 동물이지만 선과 악을 구별하는 정의를 상징하고 있다. 이 시대 신양반들의 제복에도 해치 문양을 수놓아 주고 싶다. 나는, 그리고 너는 양반인가, 아니면 '쌍놈'인가? 혼탁한 요즘 세상에 청청한 양반의 목소리를 듣고 싶다.

[출처: 조선닷컴]

실제로 증서는 아무것도 아닌 것이다. 하나의 재미있는 이벤트일 뿐이다. 그런데 이들은 이 증서를 하나 만들면서, 양반에 대한 스토리를 엄청나게 좋아했다. 그리고 이 양반증서에 얽힌 이야기를 좋아했다. '양반'이라는 우리의 고유문화에 대해서 매우 흥미를 느끼는 듯했다.

강원도 정선은 연암 박지원이 쓴 『양반전』의 무대이다. "양반은 비록 가난하여도 늘 존귀하고 영화로우나 나는 비록 부유하여도 비천하니 참으로 욕된 것이다. 지금 양반이 가난하여 관곡을 갚을 수 없으므로 양반을 보전하기가 어렵게 되었으니 내가 사서 가지겠다."라며 마을의 부자가 몰락한 양반의 지위를 사서 벌어지는 이야기가 흥미롭다. 이러한 『양반전』의 무대가 '정선 아라리촌' 안에 있다.

"야비한 일을 딱 끊고 예를 본받아 뜻을 고상하게 할 것이며 입으로 구차스러움을 남에게 말하지 아니하고 늘 새벽에 일어나 학문을 익히며 밥을 먹을 때 국을 먼저 훌쩍 거리며 떠먹지 말고 화가 나더라도 성내지 말며, 더워도 버선을 벗지 말고 돈을 가지고 노름을 말 것이며 모든 품행이 양반 신분에 어긋남이 없어야 할 것이다." 이는 양반증서의 내용이다. 양반증서는 제법 그럴싸한 도톰한 종이에 인쇄된 증서로 아라리

〈아라리촌 양반증서〉

촌장이 발행하는 것으로 되어 있다.

　외국인 교사들은 양반이 되는 자격증을 팔고 사는 우리 전통문화에 흥미를 느꼈던 모양이다. 외국인들에게는 양반 증서에 한글로 이름을 지어주는 것도 매우 좋은 아이디어였다. 한글 이름과 한자로 이름을 만들어 주는 것도 상당히 창의직인 발상이다.

　조금 아쉬운 것은 이러한 전통문화가 단순히 이러한 관광지에서만 약간 남아있다는 점이다. 외국인 교사들은 이 마을의 역사적 이야기들에 관심이 있었다. 마을에 전래되는 이야기들에 흥미를 느꼈다. 하지만 그런 전래적인 이야기를 쉽게 찾아내기 어려웠다.

　정선의 '아라리촌'처럼 특별히 관광을 목적으로 만들어 놓지 않았다면, 마을의 역사와 이야기는 찾기 힘들다. 이것을 보면서 그때 당시 가이드를 맡았던 최 박사와 이런 이야기를 한 적이 있다.

　"외국인 관광을 위한 우리나라 전통문화 코스를 새로운 지도로 만들어야 한다."

　필자는 이 말에도 찬동했다. 정말 그렇다. 우리의 전통문화를 위한 지도를 만들어야 한다. 그저 그런 관광지도는 앞으로 필요가 없을 것이다. 이것은 우리가 시골을 마구 때려 부수고 건물만 새로 지으면 되는 것이 아니다 라고 주장하는 근본적인 배경이기도 하다. 진짜 문화란 무엇인가? 생각을 달리해야 한다.

2. 재개발, 도시재생과 지역공동체의 복원
-농촌재생Renaissance을 다시 생각한다

낡은 집에 대한 다큐멘터리를 보았다.

그는 도시 때문에 운다.
전국을 망칠까
은퇴하면서 운다.
도시가 망가지고 있기 때문이다.

얼마 전에 MBC 경남 방송에서 방영한 〈낡은 집〉이란 다큐멘터리를 보면서 많은 생각을 하게 되었다. 전체적인 내용은 재개발과 관련하여 낡은 집들이 사라진다는 이야기였다. 물론 이와 유사한 다큐멘터리를 많이 보았다. 이 책에 그 일부를 인용해보았다.[25]

다큐멘터리의 첫 장면에서 어느 교수가 눈물짓는 장면이 나온다. 필자는 무슨 일인가 생각하면서 열심히 방송을 시청했다.

최종현 교수(통의도시연구소)[26]는 모든 도시가 천편일률적으로 똑같은 형태로 고층 아파트와 빌딩으로 바뀌면서 그곳에 자리 잡고 있는 역사

---

2 5) [참고자료] 도시 근대건축물 생태보고서 '낡은 집' 방송물
　　 http://www.mbcgn.kr/onair/video.php?id=REVIEW&seq=2015112606
2 6) [참고자료] http://www.turi.re.kr/ 통의도시연구소

와 문화 그리고 스토리가 있는 낡은 집들이 무참하게 제거되는 것에 절망하였다.

우리는 유럽의 도시들을 여행하면서 100년 전 혹은 1000년 전의 역사를 본다. 사람들은 그런 역사와 문화적 유산들을 보기 위해서 그곳을 찾는 것이다.

영국이나 프랑스, 독일 아니면 이탈리아 혹은 유럽의 어느 국가를 가더라도 현대화된 도시들이 없는 것이 아니다. 고층 빌딩들과 고층 아파트들이 있다. 그런데 분명한 것은 런던이든 프랑스든 그런 도시에는 수천 년의 과거와 현재가 공존한다는 것이다. 도시 속에 수천 년 혹은 수백 년 된 역사적 유물들이 있다. 오래된 집들이 현대식 건물들과 공존한다.

우리의 경우 서울은 적어도 수천 년의 역사를 가진 도시이다. 하지만 하늘에서 서울을 내려다보면 아마도 몇 군데 역사적 유물이나 문화재 등을 제외하고 나면 아무것도 없다.

우리나라처럼 무식하게 도시 재건축을 한다면서 낡은 집들을 다 밀어버리고 그곳에 고층 아파트를 짓는 선진국은 없다. 이는 모두 후진국에서 하는 일들이다. 어리석게도 멀리 내다보지 못하는 사람들이 대한민국의 도시들을 완전히 새것으로 만들어 놓았다. 이들은 스스로 엄청난 일을 했다고 자부하는 사람들이다.

하지만 현재까지의 도시개발 즉 재건축의 스토리는 전형적인 자본주의의 부작용에 속한다. 경제적 관점에서 본다면 오늘날 전 세계는 글로벌 자본주의와 다국적 기업들이 지배하는 세상이다. 소수의 금융 자본가들과 기업들이 세상을 완전히 장악하고 마음대로 짓밟고 있다.

이들이 지난 수백 년간 전 세계를 수탈하는 방법은 간단하다. 개발이라는 미명하에 지하자원을 몽땅 파내가거나 공업화 도시화를 추진하면서 그 지역의 과거 역사와 문화를 깡그리 지워버리는 것이다. 그러고는 그곳에 자신들의 콘크리트 문화를 이식시키는 것이다. 이 자체로 엄청난 착취를 하면서 부를 창출한다. 그리고 그들의 소비문화를 정착시킨다. 이 과정에서 도시는 완전히 재개발된다.

정확하게 지적한다면, 도시재개발의 핵심은 대기업들의 돈벌이 수단이 된다는 점이다. 지난 수십 년간 한국의 재벌들이 이런 도시재개발을 통해서 막대한 이익을 창출했다. 결과적으로 도시재개발은 부자들의 놀음이다. 모든 도시재개발은 결국 그곳에 살던 서민들을 쫓아내고 부자들이 차지하는 구조이다. 그곳에는 부자들이 더 부자 되고 빈자들은 거지가 되는 일이 일어난다.

이 낡은 집이라는 다큐멘터리에서 말하려는 것은 지금이라도 남아 있는 낡은 집들을 무참하게 제거하지 말고 살리는 방법을 강구하자는 것이다. 운 좋게 살아남은 낡은 집을 다른 관점으로 보아야 한다고 말한다. 즉 대기업의 독식하는 관점에서 보면 그건 밀어버리고 그것에 고층 아파트를 짓는 것이 맞다. 그러나 우리가 사는 역사와 이야기가 있는 그런 도시를 생각한다면, 그 낡은 집은 도시의 역사를 말해주고 이야기를 남겨 주는 것이다.

오래된 도시는 미래의 유산이다. 그런데 그나마 남아 있는 미래의 유산을 다 없애기 전에 우리 국민들이 좀 각성해야 한다. 물론 오래된 도시가 중요한 것이 아니다. 그곳에 남아있고 현재에도 사용되는 오래된 삶의 흔적이 의미 있는 것이다. 오래된 건물은 사람들이 살면서 남긴 흔적이다.

반월동 끝에 숲이 있다.

이곳에는 10년째 버려진 집이 하나 있다.

도심 한가운데 낡은 집이 있는 것이다.

이 집은 처음 지을 때는 아주 훌륭한 건물이다.

일한 와사 전기주식회사日韓瓦斯電氣株式會社의 마산 지점 사택社宅으로 지은 근대기 일식日式 가옥이다. 내부 장식까지 고스란히 남아 있는 이 저택은 왜 도시의 흉물이 되었을까? 이런 시설은 문화재급이라고 현장을 방문한 전문가는 말한다. 그런데 왜 이런 건물이 80년의 시간이 멈춘 채 그대로 방치되어 있는 것일까? 이유는 너무 자명하다. 이 건물은 일본인 사장의 고급 사택이니까, 일제의 잔재라는 것이다.

이것을 단순히 일제의 잔재라는 관점에서 보면 제거함이 마땅하다. 그런데 이러한 편협한 관점으로 우리는 얼마나 많은 실수를 범하는가?

1995년 우리나라는 역사적인 일을 했다. 조선총독부 건물을 철거한

것이다. 그때 기념식에서 대통령은 일제의 역사적 잔재를 제거하여 해
방된 것이라고 선언했다. 그럴듯한 이야기다.

사람들은 이것을 광복처럼 기뻐했지만 한 노학자는 절망했다. 최종현
교수는 이것을 독립기념관에 옮겨 놓고 보존해야 된다고 주장했다. 그
래서 친일파 아니냐는 비난도 받았다.

무조건 없애야 한다. 일제 잔재는 몽땅 제거해야 한다. 이런 논리로
우리는 수많은 역사적 건물들을 단숨에 날려버렸다. 하지만 이 조선총
독부를 날리면서 축하하는 자리에 웃지 못할 일이 일어난 것이다.

식전행사에 오케스트라가 박시춘의 감격시대를 연주하였다. 이 감격
시대는 1938년 박시춘이 작곡하여 남인수가 불렀던 노래이다. 이 노래
는 전형적인 일본 군가로서 행군에 맞추어 만든 노래였다.

참으로 어처구니없는 감격시대 해프닝이 벌어졌다. 우리가 청산할 것
은 낡은 건물이 아니라 우리의 낡은 사고방식이다.

오늘날까지 우리는 몇 가지 일로 한·일 간에 충돌이 빈번하다. 일본이 하는 일도 우리의 도시재개발과 똑같다. 무조건 낡은 것은 없애고 새로운 것을 지으면 된다는 식이다. 그래서 그들은 위안부라는 역사적 사실도 없던 것으로 하자고 한다. 우리는 그 사실을 보존하려고 한다. 이런 대목에서 한번쯤 돌아볼 필요가 있다.

2015년 마산야구장에서 연기 때문에 10분간 경기가 중단되었다. 프로야구 사상 연기 때문에 중단된 초유의 사건이었다.

이것은 잠시 뉴스로 나왔다 사라졌지만 이 연기 난 곳은 인근의 목조 주택이었다. 오래되고 낡은 이층 주택에서 불이 났던 것이다.

이 주택은 일제강점기에 지은 것으로 오이선 씨(78세)가 사는 집이다. 1930년대 건축한 것으로 추정되는데, 소설가인 지하련(1910~1960)이 생전에 살던 집으로 지하련의 셋째 오빠의 소유였다. 지하련은 카프(KAPF · 조선프롤레타리아예술가동맹)의 서기장을 역임한 임화(1908~1953)의 두 번째 아내이기도 하다.

지하련   임화

　지하련은 거창 출신으로 월북 이전까지 7편의 단편소설을 발표했다. 본명은 이현욱이며 아명은 이숙희다. 카프의 창립 멤버였던 임화와 결혼하기 전까지 지하련은 미지의 소설가로 남아 있었다. 큰오빠 이상만은 1919년 대한민국 임시정부를 후원하고자 조직된 군사준비단의 단원이었고, 다른 오빠들도 대구와 마산 등지를 중심으로 사회주의 활동을 했다.

　지하련은 마산에 오래 머물지 않았지만 이 주택은 그녀의 창작을 이끈 곳이었다. 그녀가 1941년 발표한 단편소설『체향초』를 보면 당시 마산부 산호리(현재 마산합포구 산호동 562번지)가 잘 묘사돼 있다.

　지하련 남편 임화가 1935년 카프 해산계를 제출한 후부터 1938년까지 4년간 마산에 함께 머물렀다. 이때 임화의 병(폐결핵)을 간호하며 혼인도 하고 아들 원배를 출산했다. 지하련 남편의 병을 간호하다 자신도 결핵에 감염돼 1940년부터 약 1년 동안 남편과 아이를 서울에 두고 혼자 마산에 와서 창작에 몰두했다.

　시대가 바뀌면서 해방이 되고, 좌익과 우익의 이데올로기로 사회적 갈등을 겪고 있을 때, 좌익이 속했던 지하련과 임화는 탄압을 피해 1947년 함께 월북하면서 이 집은 다른 사람이 살았다.

임화는 월북 후에 1953년 남로당파 숙청과정에서 사형당했다. 지하련은 현해탄을 건너 1938년 평양으로 와서 살다가 1960년대 비극적인 죽음을 맞는다. 이 집은 당시 여류 소설가가 작품을 집필하고 비극적인 천재 임화와 사랑에 빠졌던 집, 그리고 임화(1908~1953)가 폐결핵으로 요양하는 동안에 지하련과 재혼하여 1935년 후 잠시 행복한 시간을 보냈던 곳이다. 따라서 이 집은 비극적인 러브스토리의 소설 같은 스토리를 간직한 집이다.

박정선 창원대 교수는 "지하련과 임화는 마산의 중요한 문화 콘텐츠다. 임화가 마산에서 상당한 글을 썼고 마산이라는 장소성이 크다"면서 "지하련 주택이 보존돼 마산의 콘텐츠로 성장하길 바란다"고 밝혔다.

유진상 건축과 교수는 이 건물이 보존가치 있는 건물인지 아닌지를 판단하기 위해 현장을 찾았다. 집안의 가구가 모두 수공예품이다. 붙박이장은 당시 상류층 주택에서만 볼 수 있는 목재로 만든 것들이다. 빛이 잘 들지 않는 부엌에는 천장에 빛이 들어오는 환기구가 있다. 이 주택은 창원시 근대건조물 우선 관리 대상으로 지정하려고 하는 중이지만, 소유자(4명)는 이에 반대하고 있다.

유진상 교수는 말한다. "이런 고민을 하는 사이에 건물은 사라진다. 대개 문화재 지정을 앞두고 철거하기 때문이다. 왜? 등록되면 망했다라고 판단을 하는 것이다."

소유주나 시민이나 주민은 모두 이기적이다. 자신의 재산이기 때문에 손해 보고 싶지 않은 것은 당연하다. 그래서 이런 낡은 집을 소유주에게 책임을 맡기는 것은 잘못된 것이다.

이것은 그 도시의 문제이고 마을의 문제이다. 이런 성숙된 의식이 있어야만 낡은 집이 살아남는다. 이곳 지하련의 주택이 있는 곳은 재개발 지역이다. 그러나 재개발 설계도에는 지하련 주택은 없다. 이곳은 현재 조경시설 위치 지역이다. 민간 업자의 입장에서는 이 낡은 건물은 무가치하다. 그냥 헐어버리고 공원을 조성하면 그만이다.

이런 문제는 정부나 지자체 혹은 도시가 해결할 일이다.

현재까지 거의 모든 도시재개발은 그곳에 오랫동안 살았던 원주민들에게 불이익이 많았다. 대부분의 원주민들은 서민들이다. 그래서 낡은 집에 살고 있었다. 이들은 힘도 없고 가진 것도 없다. 다만 그곳에서 수십 년 혹은 평생을 살았다. 그런데 도시재개발이 시작되면, 이들 주민들은 다 쫓겨난다. 지금까지 도시재개발은 가난한 주민들을 쫓아내는 일이었다. 그리고 미래의 문화유산들인 낡은 집들을 무참히 없애는 일이었다.

지난 수십 년 재개발로 인한 투쟁은 수도 없이 많다. 일단 재개발이 시작되면 그동안 평화롭게 살았던 주민들 간에 전쟁이 벌어진다. 소송과 싸움으로 사람들이 적으로 돌변한다. 개발하려는 팀과 재개발을 반대하는 팀이 맞붙기 때문이다.

개발팀은 헐값에 땅을 사들인다. 보상금은 실로 장난이다. 집 한 채에 5백만 원 혹은 3천만 원을 보상한다. 또는 몇 평짜리 아파트를 준다. 이 돈으로 전세도 구할 수 없다. 이렇게 받은 집이나 보상으로 새로 개발된 마을 혹은 도시에서 살 수 있나? 모두 거지가 된다. 왜냐하면, 재개발이 되고 나면 모든 것들이 다 비싸지기 때문이다. 그래서 빈익빈 부익부 현상이 가속된다.

한마디로 재개발은 서민들을 죽이는 부자들의 전략이다. 그리고 미래의 유산인 도시의 입장으로 본다면, 재개발은 공공의 적이다. 한때 재개발이 너무 여론의 압력을 받게 되자 이름을 바꾸었다. 이름도 정비사업으로 부른다. 정비사업? 우리는 이 말만 들으면 좋은 것으로 생각한다.

도대체 뭘 정비한다는 것인가? 재개발의 가장 큰 문제는 약자인 건물주나 토지주인의 선택권을 박탈한다는 점이다. 자신의 땅에서 아무것도 할 수 없게 권리를 빼앗는다. 이것은 반민주적인 행위이다.

수많은 서민들의 생존권을 박탈하여 거대 자본을 가진 대기업에 준다. 오직 대규모의 토지로 대기업이 건축하는 것만 허용하는 방식으로 짜고 치는 고스톱이었다. 이것은 오늘날 전 세계를 지옥으로 만드는 상업자본주의와 다국적기업들이 하는 일이다.

대기업의 거대자본이 들어와서 중소 자영업자들의 선택권을 박탈했다. 이것이 재개발이라는 탈을 쓴 자본주의 늑대들의 방식이다. 오늘날 서구의 자본주의가 지닌 심각한 모순이 우리 도시재개발에서 그대로 적용되었던 것이다. 시공사가 갑이다. 조합은 을이다. 결국 대기업 방식으로 흘러간다.

과연 낡은 건물들은 무조건 철거해야 하는가?

60년간 손으로 도장을 파는 노인이 있다.

그가 사는 집은 1912년에 일본인들이 지었던 장옥집이다. 일본인들의 다세대 주택이다. 과거 일본인들의 상점 거리였을 이곳에는 1층은 상가이면서 2층은 주택인 장옥이 줄지어 서 있었다. 일본 건물 특징인 토부쿠로(戶袋: 덧문을 수납하는 두껍닫이)가 보인다.

〈황해당인판사, 정기원〉

이 오래된 건물을 과거를 기억하는 유산으로 남기고 싶어 하는 집주인은 황해당인판사의 정기원 노인이다.

2층으로 올라가는 나무 계단은 100년째 사용하고 있다고 한다. 2층은 노인의 살림집이다. 그러나 수리를 못 해서 그대로 방치되어 있다. 이 집은 가난해서 살아남은 낡은 집이었다. 사람들이 많이 왔지만, 지원은 전혀 없고 말로만 생색내고 실천은 안 한다고 노인은 말한다.

그리고 비 오는 날 아이들이 구경 왔다 가고 나서 계단을 청소하는데 부인이 귀찮아한다고 말한다. 겨우 예산이 나와서 상점 앞의 보도블럭을 깔았다고 한다. 노인은 말한다. 그게 급한 것이 아닌데….

오늘날 한국의 행정은 전시행정이라 한다. 보여주기 식이다. 관광이

〈황해당인판사 내부 모습〉

되니까 엄청난 관광국가로 만든다고 선전한다. 그러나 누군가의 말처럼 한국은 거대한 쇼윈도우일 뿐이다. 어딜 가나 비슷한 것들만 즐비하다.

오늘날 관광정책의 심각한 오류는 누구를 위한 관광정책이냐는 것이다. 관광객인가 아니면 그곳에 사는 주민인가?

주민이 먼저다.

사는 사람들이 행복해야 한다.

사는 사람이 괴로운데… 오는 사람 징그럽다

못 사는 것 보려 오나…

하지만 주민들의 선택 여지가 없다. 돈이 없기 때문이다. 능력 안 되면 지자체나 도시에서 인수해서 수리해서 다른 용도로 사용하면 된다.

왜 주민이 책임져야 하는가?

이것은 국가적 사회적 문제이다. 이제 마을의 낡은 집을 단순히 낡은 집으로 보아서는 안 된다. 그것은 마을의 역사이고 문화이다. 낡은 집을 살려서 새로운 생명을 불어넣는 것이 진정으로 필요한 도시재생이다.

낡은 집이 살아있는 그런 도시와 마을이 우리가 후손에게 물려줄 수 있는 오래된 미래의 유산이다.

3. 스마트 도시재생, 가나자와 이야기

오늘날 도시재개발이라는 개념 자체도 진부하다. 이미 시대착오적이다. 그래서 이름을 바꾸어 도시재생이란 개념이 사용된다. 그렇다면 도시재생은 무엇일까? 과거의 도시재개발과 똑같은 것은 아닐까?

도시재생이란 말 그대로 죽은 도시를 살리는 것이다.
어떻게 도시를 살릴 수 있을까?
그 해답은 의외로 간단하다.
도시를 바라보는 패러다임을 바꾸면 된다.
도시를 생명체 관점으로 본다면 문제는 쉽게 풀린다.

생명의 관점으로 도시를 본다면, 도시는 살아있으며 여전히 진행형이다. 도시는 독특한 라이프사이클을 지닌다. 분명히 도시는 탄생과 성장혹은 죽음의 과정이 있을 것이다. 또한, 나무의 나이테처럼 그 도시만의뚜렷한 이야기를 담고 있을 것이다. 이것을 그대로 살리는 것이 진정한도시재생이다.
도시마다 고유의 색깔이 있다.
당연히 역사가 길수록 더 오래된 건물들이 있을 것이다.

50년 전 건물, 100년 전 건물, 500년 전 건물이 공존하는 것이 오래된 도시의 단면이다. 오래된 건물 혹은 낡은 건물은 그 도시의 역사와 문화를 의미한다. 도시는 나름대로 정체성이 있고 다양성과 경쟁력이 있다. 오래된 도시일수록 이러한 특성이 커진다.

도시에 다양성이 존재할 때 그곳에서 창조가 가능하고 창의성이 자란다. 도시가 모두 고층 빌딩과 고층 아파트촌으로만 구성된다면, 여기에는 부자들만 존재할 수 있다.

아무런 기반이 없는 젊은이들은 갈 곳이 없다

자본가의 눈에는 오직 네모난 빌딩만이 도시의 성장을 의미할 것이다. 그러나 생명의 눈으로 본다면, 50년 혹은 100년 된 낡은 집과 오래된 골목이 있고 따뜻한 불빛이 있는 곳이다.

도시를 이루는 낡은 집들은 후손들에게 물려줄 미래의 유산이다. 낡은 집이 오래될수록 나이테처럼 더욱 큰 개성이 나타난다. 한 번 낡은 집을 제거하면 복원이 불가능하다. 지하련 주택은 도시개발로 사라질 수 있다. 아마 공원으로 변할 수 있다. 마산 최초 전기회사 사옥은 어느 아파트 지하 주차장이 될 수도 있다.

대한민국은 전국을 모두 재벌기업에 넘겼다. 삼성이나 현대, 대우 같은 그룹이 도시개발을 담당했고, 결과는 네모난 박스들만 채워진 도시를 만들었다. 이런 도시는 마치 신간 서적들만 가득한 대형서점과 같다. 오래된 책들은 한 권도 없는 서점이 무슨 서점의 기능을 할까?

도시는 사람들이 살기 위한 공간이다. 집은 사는 사람의 것이다. 그렇다면 도시는 누구의 것인가? 그것은 개발자들의 것이 아니다. 현재 그 곳에 살고 있는 주민들의 것이다. 낡은 집은 여전히 사람들이 사는 곳이다. 그것이 도시이다.

도시는 어떻게 재생해야 하는가?
그에 대한 사례가 있다.[27]

가나자와는 유네스코 지정 세계창의도시이다. 우리는 가나자와가 어떻게 창의도시로 거듭났는지 좀 더 알아볼 필요가 있다.

48년 전인 1968년 기나자와는 전혀 새로운 방식의 도시재생 계획을 수립했다. 시는 '가나자와시 전통 환경 보존 조례'를 만들고, 오래된 시가지를 그대로 살리는 일을 시작한 것이다. 모두가 새로운 것을 외치던 고도성장시대에 가나자와는 옛것을 지키는 길을 선택했다. 그리고 48년 후 기나자와는 다른 어떤 도시에도 없는 자신만의 독특한 정체성을 지닌 도시로 거듭났다.

27) [참고자료] artMK 문화를 통한 도시재생 프로젝트5

우리가 도시재개발을 하면서 낡은 집들을 모조리 때려 부수고 그곳에 고층 아파트를 건립하는 동안에 기나자와는 낡은 집을 보존하며 주민들이 살기에 불편하지 않은 생활공간으로 발전시켰다. 이 둘은 극단적으로 비교되지 않는가? 이것이 무식한 도시재개발과 스마트한 도시재생의 차이라고 할 수 있을 것이다.

가나자와 시는 일본 혼슈 중앙부 이시카와 현의 현청 소재지다.

동해에 위치한 인구 46만의 작은 도시로 시가지 중심에는 가나자와 성 공원과 겐로쿠엔(일본 3대 정원)이 자리 잡고 있다. 16세기 후반 도요토미 히데요시의 1대 가신이던 마에다 도시이에前田利家가 가나자와 성에 든 이후 본격적으로 도시가 조성됐다.

마에다 가문은 에도 시대 이후 전쟁을 벌이는 대신에 학문과 문화예술을 장려하는 데 재력을 쏟았다. 덕분에 일본에서 최고로 치는 금박과 염색공예가 발달했고, 다도와 공연예술 요리 등 격조 높은 문화가 꽃을 피웠다. 가나자와는 한때 상공업 중심지로 번영했었다.

400여 년간 내란이나 지진, 전쟁 등으로 큰 피해를 본 적이 없어 옛 건축물과 전통문화, 유물, 도시경관 등이 옛 모습 그대로 잘 보존되어 있었다. 하지만 메이지 유신 이후 도쿄, 오사카 등에 비해 공업화가 늦어지면서 평범한 지방 도시로 전락하게 되었다. 일찍 산업화가 진행된 오사카와 나고야가 대도시로 발전했지만, 가나자와는 거점도시로 머물렀다.

그러나 본격적인 도시재생 사업을 추진하면서, 1996년 만들어진 시민예술촌과 2003년에 개소한 창작의 숲, 2004년에 개관한 21세기 미술관이 있다. 이들 문화예술 관련 3개 시설이 높은 평가를 받아서, 2009년 6월 일본 최초로 유네스코 창조도시 네트워크Craft & Folk Art의 일원이 되는 등 일본을 대표하는 문화도시로 새로운 명성을 얻고 있다. 한동안 평범한 도시에 불과했던 가나자와가 최근 문화예술교육 중심의 창조도시로 부활했다.

인구 45만여 명인 가나자와를 찾는 관광객은 2012년 기준 800만 명을 넘어서고 있다. 가나자와가 한때 잘나가던 역사 도시에 머물지 않고 국제적인 주목을 받는 문화도시로 거듭날 수 있었던 비결은 무엇일까? 그 이유는 지역 공동체가 중심이 되어 전통산업을 도시 경제기반으로 하여 새로운 성장 동력을 마련했기 때문이다.

문화예술을 통한 도시브랜드 가치 제고에 주목한 행정기관의 정책과 이를 뒷받침하는 시민적 합의가 더해져 큰 원동력으로 작용했다. 시민 행복을 중심 가치로 삼아 '보존과 개발 간 조화 속에 창조 모델'을 만들어가는 창조 도시의 전형을 보여주는 셈이다.

가나자와는 주민 참여를 통한 지역 활성화에 큰 힘을 썼다. 지역민들에게 창조적 활동을 장려하며 그에 부합하는 공간들을 확충해나갔다. 그 대표적인 예가 '가나자와 시민예술촌'이다.

1996년 문을 연 가나자와 시민예술촌은 문화예술 창조도시로서 가나자와를 상징하는 공간이다. 원래 이곳은 다이와방적 주식회사 창고단지였다.

애초 가나자와 시는 1919년 설립된 공장이 1993년 문을 닫자 이곳을 파괴할 계획으로 부지를 매수했다. 그러나 야마데 다모쓰山出保 당시 시장이 직접 부지를 방문한 자리에서 보존을 마음먹고 활용 방안을 철저히 시민들 의사에 물었다. 이때 창조도시 석학 마사유키 사사키와 시민들이 문화공간으로 재편을 적극적으로 원했고, 시는 3년간 개축 공사 끝에 시민예술촌 문을 열게 된 것이다. 시와 전문가와 시민들이 협력하여 도시재생의 멋진 결과물을 창조한 것이다.

폐업한 방적 공장 벽돌창고를 음악, 에코라이프, 아트 공방과 같은 작업실로 리모델링한 것이다. 이와 함께 시에서는 저명한 아티스트를 초대하거나 기념사업 등의 이벤트를 진행하여 시민들이 문화를 향유할 수 있도록 가까이 연결해 주었다. 이러한 점은 전문가 양성과 더불어 주민이 즐길 수 있는 예술 공간을 마련했다는 점에서 그 의의를 찾을 수 있다.

시민예술촌은 말 그대로 시민들이 스스로 예술을 창작하는 곳이다. 드라마, 음악, 아트, 멀티 공방 등 4개의 공방과 넓은 잔디밭, 그리고 연못을 갖춘 '누구나, 언제든지, 편하게 이용 가능한 공간'이다. 특히 1년 내내 24시간 개방을 원칙으로 해 이용에 제약을 없앴다.

시민 대표가 디렉터로 참여하는 '시민 액션 플랜'을 마련해 시민들이 주도적으로 프로그램 기획에 참여하도록 했다. 하루 24시간 이용 요금이 1050엔에 불과할 정도로 철저히 주민들 편의를 위한 운영을 지향한다. 예술 관련 동아리들이 연습과 공연, 전시를 할 수 있고 어린이 예술 교육과 체험도 이뤄지며 노년층의 문화예술 공간 역할도 한다.

가나자와시는 관리 주체인 가나자와 예술창조재단에 한 해에 1억 7000만 엔 가량의 예산을 지원한다. 반면에 수입은 예산의 10%에 불과하다. 여느 지자체 주민이라면 당장 예산 낭비를 지적하고도 남을 수준이다. 그런데 시민들로부터 반발의 목소리가 흘러나오지 않는다. 호소유타카 촌장은 "시민들과 의회에서 시민예술촌의 존재 가치를 매우 높

〈연중무휴 24시간 시민들에게 개방되어 있는 400여 개의 공방이 있다.〉

〈시민예술촌의 오픈 스페이스는 주민들에게 언제나 열려있는 공간이다.〉

게 평가하고 있어 세금을 내고 세금으로 운영되는 것이 당연하다고 생각하는 정서가 더 깊게 배어있기 때문" 이라고 설명했다.

시민들 반응이 좋을 수밖에 없다. 개관 후 6개월간 10만 명의 시민이 참가했고, 이후 5년간 이용자 수가 100만 명을 넘겼다. 연간 25만 명에 이르는 시민이 찾는다. 2003년부터 지난해까지 10년간 240만 명이 이용했다. 일본 전역은 물론 문화예술을 통해 도시재생 사례를 탐구하려는 외국인들도 찾아온다.

　유타카 촌장은 "시민들이 즐거운 마음으로 이 공간을 이용하는 모습을 보는 것이 항상 보람된다"며 "특히 일본이 초고령 사회인 만큼 이런 공간이 노년층의 여가 선용과 복지확대에도 큰 도움이 되리라 믿는다"고 말했다.

　과거 학교가 이전한 자리에 '21세기 미술관Twenty-First Century Art Museum'을 건립하였다. 토지 구입비를 포함하여 200억 엔을 들여 완공한 이 미술관은 2012년까지 이미 328억 엔의 경제적 파급효과를 만들어 냈다. 개관한 지 1년 만에 가나자와시 인구의 3배를 훨씬 넘는 157만 명이 방문했으며 매년 150만 명 이상이 꾸준히 찾는 명소가 되었다.

　21세기 미술관에는 제임스 터렐James Turrell, 올라프 엘리아슨Olafur Eliasson 등 세계적인 작가들의 작품이 상설 전시되고 있다. 이와 함께 가나자와 시민들이 만든 각종 예술작품을 전시하는 시민 갤러리도 미술관 내부에 위치하고 있다.

　21세기 미술관에서 가장 인기 있는 작품 중 하나는 아르헨티나 출신 레안드로 에를리치Leandro ERLICH의 '수영장(The Swimming Pool, 2004)'이다. 강화유리에 물을 채운 실내 수영장을 사이로 지상과 지하에 있는 사람들이 서로를 신기하게 바라보는 광경은 색다른 감동을 선사한다.

〈레안드로 에를리치의 수영장〉

또한 시 외곽에 위치한 '창작의 숲' 역시 주목할 만하다. 가나자와 시 가지에서 차를 타고 30분 정도 가면 있는 유와쿠 온천 인근 언덕에 자리 잡고 있다. 원래 메이지明治·다이쇼大正 시대 귀중한 건물을 보존·활 용하고자 마을 산으로 옮겨온 사립박물관으로 시작했다. 민간에서 사 용하던 농기계 등 주로 민속품을 전시해왔다. 그러나 민간사업자가 박 물관 운영에 어려움을 겪자 가나자와 시가 부지와 건물을 사들여 시민 들이 판화, 염색, 직조를 체험할 수 있는 문화공간으로 변모시켰다.

건물을 허투루 사용하기 싫었던 시는 운영 콘셉트를 시민들에게 물었 다. 시민들은 공예가 발달한 지역의 특성에 걸맞게 '장인정신이 가미된 물건 만들기(모노즈쿠리)'를 콘셉트로 하자고 제안했다. 시는 그 바람대 로 2005년부터 시민들이 판화, 염색, 직조 등을 체험할 수 있는 공간으 로 재탄생시켰다.

9만㎡ 규모에 숙소와 사무동이 자리한 본관 건물 외에도 4개의 공방 건물과 1개의 세미나용 건물이 드넓은 잔디밭과 조화를 이룬다. 가나자 와 지역 젊은 전통 공예 예술인들은 이곳에서 수개월에서 1년 이상 머 물며 작품을 창작할 수 있다.

일반인들도 숙박을 하며 작품으로 취미 활동을 할 수 있는데, 6명이
묵을 수 있는 방이 하루에 2100엔으로 매우 저렴하다. 덕분에 지역 노인
회나 부녀회에서 며칠씩 숙박하며 체험을 즐기기도 한다. 운영은 시민
예술촌과 마찬가지로 시민 자생 조직으로 운영된다. 구로사와 산 소장
은 "연간 2만 명 사용자 중 5000명이 공방 이용자다"면서 "접근성이 떨
어지는 지리적 위치에도 꽤 많은 사람이 찾아오는 편이다"고 말했다.

전통과 창작을 갈망하는 시민들과 숲이 조화를 이루면서 가나자와의
전통을 계승하는 효과도 얻고 있다.

시민예술촌과 창작의 숲이 과거의 문화유산을 활용한 곳이라면 21세
기 현대미술관은 세계적 주목을 받는 최신 건축물이다.

일본 3대 전통 정원 중 하나인 겐로쿠엔兼六園과 가나자와 시청에 인
접한 이 미술관은 단층의 투명한 원형 건물로 정문이 따로 없다. 동서남
북으로 난 4곳의 출입구를 통해 미술관을 드나들 수 있다. 안과 밖을 경
계 짓는 작은 턱조차 없는데다 외관이 120개 통유리로 되어 있어 안팎
의 경계가 모호하다.

'정원처럼 드나들기 편한 미술관'이라는 건축 콘셉트에 딱 맞아떨어
지는 구조다. 건축계의 노벨상으로 불리는 프리츠커상을 수상한 세지마

가즈요, 니시자와 류에의 설계로 지난 2004년 지어졌다. 환경과 조화를 이루는 사람 중심의 건축으로 명성이 높다. 도심지에 있던 초·중·고교가 이전한 자리에 토지 구매비 포함 200억 엔을 들여 완공했다.

이 건물은 학교가 떠난 시내 중심가에 어떻게 사람이 다시 모여들게끔 할까 하는 고민에서부터 기획에 들어갔다. 경계를 허무는 건축은 여기서 비롯됐다.

오치아이 히로아키 홍보실장은 "도심으로 사람을 불러 모으는 것 외에 21세기 현대미술관의 사명은 새로운 문화 창조"라면서 "전통공예 도시인 가나자와에 새로운 시대사조를 접목하는 것이 새로운 시대를 창조하는 힘이라고 시는 생각했다"고 밝혔다.

입장료를 내지 않고도 들어갈 수 있는 무료 존에는 제임스 터렐, 올라푸르 엘리아손 등 세계적 작가들의 작품이 상설 전시되고 있다. 관람객들이 직접 체험할 수 있는 대중적 작품이다.

시민들이 만든 각종 예술작품을 전시하는 시민갤러리도 미술관 내부

에 자리 잡고 있다. 시민예술촌에서 발현된 시의 시민예술 활동 장려 원칙이 미술관에서도 느껴진다.

가나자와 사례는 단순히 전통문화를 계승하는 데 그치는 것이 아니라 현대예술과의 조화까지 이뤄냄으로써 새로운 문화 도시재생의 비전을 제시했다는 데 그 의의가 있을 것이다. 물론 그 과정에는 지역민들의 적극적인 참여라는 원동력이 있었다. 이들이 자발적으로 구성한 마을 커뮤니티는 도시재생 사업에 적극적으로 개입해 시너지 효과를 냈다. 전통과 현대 그리고 주민 참여라는 삼위일체를 이루었기 때문에 가나자와는 세계가 주목하는 문화도시로 거듭날 수 있었다.

이제 마을의 내부를 살펴보자.

시마(志摩, 히가시차야)는 196년 전의 찻집이다. 이 건물은 일본 국가지정 중요 문화재이다.[28] 이 건물은 에도시대 문정 3년 1820년대 세워진 그대로 현재까지 남아 있다. 중요한 것은 현재도 이 건물은 찻집으로 사용하고 있다는 점이다.

우리는 문화재는 절대로 사람들이 출입할 수 없는 박재된 과거의 유물로 취급하는 경향이 있다. 집이란 사람이 살기 위해서 만든 것이고, 현재 활용할 때만 진정한 의미가 있는 법이다.

이케모토 타다미(72세) 씨는 평생 가나자와에서 살았다. 그가 살고 있는 주택은 122년 전 1894년에 지어진 집이다. 이 집은 중요 전통 건조물 보존 지구 내의 일반 건조물 보조금 지원사업을 통해서 2013년 리모델링했다.

시에서 보조금을 주고 수리를 해주었다는 말이다. 이때 건물의 원형은 그대로 유지하면서 시설을 보수한다는 규정에 맞추어 리모델링했다. 그래서 비록 새롭게 바뀌었지만 옛날의 분위기가 남아 있어서 주변과도

2 8) [참고자료] http://www.hot-ishikawa.jp/kanko/korean/20041.html
http://www.kanazawa-tourism.com/korean/main/index.php

〈리모델링 전〉　　　　　　　〈리모델링 후〉

잘 어울리며 살기 좋은 집이 되었다.

우리는 낡은 집을 헐어버리고 새로 짓는 데만 급급한데, 가나자와는 일반 주민들의 주택도 시대에 맞추어 살기 좋게 개조해 준 것이다. 이것이 다른 점이다.

나카무라 카즈요(84세)는 1815년 에도시대에 건축된 200년 된 집에서 살고 있다. 이 집은 200년 동안 그대로 보존되어 있고 일본 국가등록 문화재이다. 이 집에는 200년 전에 만들어진, 마룻바닥 밑을 사각형으로 도려내고 그곳에 난방용, 취사용으로 불을 피우는 장치도 그대로 있다.

"옛것을 지키는 데는 노인만한 적임자는 없다. 젊은 사람들이었다면 이 집을 어떻게든 개발했을 것이다"라고 나카무라 씨는 말한다. 나카무라 씨는 문화재가 된 자신의 집과 함께 건강하게 늙어가고 있다.

가나자와에서는 주민들이 오래된 물건들과 어울려 살고 있다. 이들은 낡은 집에 살고 있지만, 재개발 걱정은 안한다.

낡은 집들이 문화재가 되었고 여전히 사람들이 살고 있다.

사람이 살지 않는 낡은 집은 시에서 리모델링하여 주민들에게 임대하여 준다.

가나자와 마치야 직인공방 (1897년 건축) 이야기

금속공예가인 마에다 마치코의 작업실은 가나자와시가 임대한 리모델링 주택이다. 이곳은 3년 동안 빌려 쓸 수 있는데, 마치코 씨는 이 집을 빌린 두 명째이다. 이 집의 임대료는 마치코 씨와 가나자와시가 반반씩 부담한다.

도심에 위치한 작지만 깔끔한 2층 목조주택이 있다. 원래 이 집은 1897년에 작은 봉제공장으로 사용하던 건물이다.

아들은 부모님과의 추억이 담긴 이 건물은 차마 허물지 못하고 있었다. 가나자와시의 보조금을 받아서 2010년에 리모델링한 후에 시는 이 건물을 젊은 공예가에게 저렴하게 공방으로 임대해 주고 있다.

120년 전에 재봉틀 소리가 요란하던 이 집은 이제 젊은 금속 공예가의 정소리로 채워지고 있다.

　가나자와시의 성공은 낡은 집을 단순히 문화재로 보존한 것이 아니라, 그곳에 살고 있는 사람들에게 필요한 삶의 공간으로 되살린 것에 있다.

　가나자와시는 관광도시이지만, 결코 관광을 중심으로 경관을 조성한다는 생각을 하지 않았다. 이것이 우리가 배워야 할 도시재생의 새로운 발상이다.

　주민들이 살기 좋은 도시를 만드는 것이 중요한 것이지, 관광을 위하여 보여주기 위한 박제된 시설물이 중요한 것이 아니다. 가나자와 시가 도시의 역사와 문화를 지켜냈기 때문에 그 결과 관광객이 많아진 것이지 관광객을 목표로 경관을 조성한 것이 아니라는 점이다.

　모든 낡은 집들은 그 집에 내력이 있다. 그것을 그대로 살리는 것이 매우 중요하다. 그러나 이런 낡은 집들을 개인이 자력으로 리모델링할 수 있다면 좋겠지만, 주민들이 부담을 져야 할 이유는 없는 것이다. 그래서 도시에서 보조금을 주고 전문가들이 리모델링을 하여 역사를 살리면서 살기 좋은 집으로 재생시켜야 하는 것이다. 그렇지 않게 된다면 낡

은 집들은 없어지거나 부서져버릴 것이다.

가나자와시에는 보조금만 있는 것이 아니라 온갖 까다로운 규제도 많다. 그러나 그러한 규제가 시민들에게 이로운 경우에는 시민들이 받아들이는 것이다.

시민들을 위한 도시를 만드는 것이 중요하다. 가나자와는 시민들을 위하여 시민예술촌을 만들었다. 우리나라의 경우에 형식적으로는 시민을 위한 여러 가지 시설을 만들었지만, 실제로 그 지역 시민들이 마음대로 사용할 수 없는 경우가 많다. 가나자와시에서는 낡은 집의 오늘만 보지 않는다.

일본에도 전통건축기술을 가진 장인들이 점점 줄어들고 있다. 그래서 그런 기술을 가진 성인들을 양성하기 위해서 1996년에 가나자와 직인대학을 설립했다. 15년 이상 경력의 목수들에게 무료로 전통건축기술을 전승하고 있다. 기와, 판금, 다다미 등 9개 분야에서 장인을 육성한다.

아이들에게도 흥미를 갖게 하여 몇 명은 이런 전통건축기술을 가진 어른으로 자라면 좋겠다는 생각으로 시와 협력하여 만든 것이다. 운영에 필요한 예산은 가나자와시에서 제공한다. 아이들은 전혀 돈이 들지 않는다. 입학금이나 수업료가 일체 없다.

아이들이 무료 전통건축 기술 수업을 통해서 배운다.

이렇게 배운 아이들이 낡은 집을 어떻게 생각할까?

오래된 집에는 선조들의 지혜와 문화가 담겨있다는 것을 아이들에게 물려주고 싶다는 생각이다.

어제와 오늘과 내일이 견고하게 맞물린 도시, 가나자와 낡은 집은 그 이음새다.

4. 도시재생, 마을 복원과 공동체경제마을

고도성장기에 급조된 한국의 대도시들은 오래된 책은 없고 신간들만 잔뜩 쌓여 있는 서점 같다는 비유가 너무나 적절한 것 같다.

우리나라 대도시는 한 마디로 고층 빌딩과 아파트촌이 전부이다. 그래서 전국 어디를 가도 대도시는 거의 비슷할 뿐 전혀 개성이 없는 것 같다. 세상이 분명하게 바뀌었음에도 여전히 행정은 느리게 따라온다. 경제는 저성장국면으로 들어섰으며 절대로 다시 고도성장 시대로 되돌아가 가지 않는다. 그래서 저성장시대에 적합한 도시재생 프로젝트가 시작되어야 할 것이다.

어쩔 수 없이 고도성장기에는 대기업 중심의 싹쓸이 도시재개발 전략을 채택했던 것은 이미 지난 일이다. 그걸 탓해서 뭐가 달라질 것이 없다. 문제는 지금부터이다. 지금과 같은 저성장시대의 도시재생은 패러다임을 완전히 바꾸어야 한다.

모든 도시들은 저마다 색깔을 드러낼 수 있도록 그 도시가 가진 미래의 유산들인 낡은 집들을 그대로 살리는 정책부터 시작해야 한다. 이런 일을 서둘지 않는다면 그나마 남아있던 낡은 집들이 모두 사라질 것이다. 이것은 필자 같은 평범한 사람이 혼자서 주장한다고 해결될 일은 아니지만, 그래도 하고 싶은 말을 하는 것이다.

이제라도 도시재생의 패러다임을 완전히 바꾸어야 한다. 그래서 겨우 남아있는 근대 유산을 간직해야 한다. 현재 한국의 도시에는 지난 100년 사이의 근대적인 건물이나 장소들이 약간 남아있다. 물론 아쉽게도 대부분이 일제강점기의 유산들이다. 감정적으로 이런 것을 무조건 때려 부수는 방식은 현명하지 않다.

우리의 대도시는 비록 수백 년 혹은 수천 년을 이어온다고 해도 그 이전의 건축물들은 대부분 소실되어 없어졌으니 복원할 수도 없다. 이것은 이민족의 지배를 받거나 타국의 침입을 자주 받던 민족이 겪었던 수치이다.

지금 우리가 할 일은 낡은 건물, 적어도 근대의 역사를 간직한 건물들을 모두 헐어내기 전에 그것을 살려내서 사용하는 데 초점을 맞추어야 한다. 적어도 30년, 50년 된 낡은 집을 이제라도 보존해야 한다. 하지만 전문가들이 지적하듯이, 미래의 유산들이라 해서 모두 박제로 만들어 박물관이 되게 해선 안 된다. 이것은 건물에 대한 최대의 수치이고 모욕이다.

우리는 가끔 오랫동안 사람이 살지 않는 집을 보게 된다. 몇십 년간 사람이 살지 않으면 집은 빠르게 상한다. 사람의 생기가 없기 때문에 건물도 쉬이 상하는 것이다. 이것은 형이상학적인 이야기가 아니라 충분히 근거 있는 이야기다. 무엇이든지 잘 사용할 때 오래가는 법이다.

모든 건물에게 가장 중요한 일은 지금 사용하는 것이다. 구경거리를 만드는 것은 건물을 죽이는 일이다. 과거의 건물이라고 혹은 문화재라고 해서 감금시키고 구경만 하는 것은 예의가 아니다. 진실로 건물은 사람이 사용하기 위해서 존재하는 것이다. 그러니 지금도 활용하는 것이 중요하다.

아무리 관광을 목적으로 한다고 해도 사람 사는 도시를 박물관을 만들지는 말아야 한다. 사람이 살지 않지만 역사성이 있는 건물은 도시나 혹은 정부에서 자금을 투입하여, 원형을 최대한 보존한 상태로 지역의 상황에 맞추어 활용하면 된다. 상권이 형성된 지역이라면 카페나 선술집으로 사용해도 좋다. 만일 공공의 장소로 활용할 것이라면 주민들을 위한 학습공간으로 사용해도 좋다. 어린이들을 위한 체험장으로 이용해도 좋다. 일본의 가나자와 도시를 참고한다면 답이 나온다.

어떤 경우이든 건물은 현재진행형이어야 한다. 지금 사용한다는 것이 핵심이다. 물론 도시재생을 담당하는 공무원이나 전문가들이 모두 이것을 알고 있겠지만, 실제로 그렇게 실행하는 것이 어려울 것이다. 여기에는 오랜 관행들이 발목을 잡을 것이고, 다양한 이익집단들의 이권이 개입되어 있기 때문이다.

도시재생이란 명목으로, 한 마을을 몽땅 철거하여 대기업 건설사에 넘겨주는 행위는 그만두어야 한다. 이렇게 하면 언제나 부익부 빈익빈의 양극화만 가중시킨다. 이제 현실적인 도시재생은 낡은 집을 그대로 두면서 역사와 문화와 전통을 살리면서 도시를 살리는 방법으로 전환되어야 한다.

이 방식에는 작은 집 한 채 한 채를 소규모 건축 사무소나 동네 작은 수리업체가 일을 하고, 중소업체나 동네의 자영업자들이 먹고사는 길이 열리는 것이다. 도시재생이 지역민들을 살리는 일이어야 하는 것이지, 이미 부자인 몇몇 대기업들의 주머니를 채우는 일이어서는 안된다. 필자가 생각하는 가장 적합한 도시재생은 모든 공사를 그 마을에 있는 사람들이 시행할 수 있는 것이다. 이것이 부를 분배하는 새로운 방식이다.

　낡은 집은 도시의 나이테이다.
　가능성의 문이다.
　낡은 집이 도시를 살린다.

　이제 도시재생의 가능성을 살펴보기 위해서 우리나라의 사례를 살펴보자. 잘 알려진 북촌 한옥마을 이야기를 해보자.[29] 여러 차례 큰 전쟁을 치렀던 우리나라에 찬란한 과거의 문화유산들이 거의 사라졌다. 전쟁통에 거의 파괴되었기에 주로 근대사의 흔적들만 남아있다. 그래서 전국적으로 몇 군데 한옥마을이 있다. 이런 한옥마을에도 주민들이 산다.
　조금 아쉬운 것은 어떤 경우에는 마을 전체가 한옥이긴 하지만 너무 천편일률적으로 똑같이 생긴 한옥들만 있다는 점이다. 이건 그냥 만들어진 관광형 마을일 뿐이다. 그래도 사람이 살고 있는 한옥마을이 있다는 것은 정말 다행스러운 일이다.

북촌 한옥마을

　북촌은 경복궁과 창덕궁, 종묘 사이에 위치한 곳으로 전통한옥이 밀집되어 있는 서울의 대표적인 전통 주거지역이다. 그리고 많은 사적들

---

29) [참고자료] http://bukchon.seoul.go.kr/ 북촌문화센터 사이트

과 문화재, 민속자료가 있어 도심 속의 거리 박물관이라 불리어지는 곳
이기도 하다.

청계천과 종로의 윗동네라는 이름에서 '북촌North Village'이라는 이름
으로 불리어진 이곳은, 이름도 정겨운 가회동과 송현동, 안국동 그리고
삼청동이 있다. 사간동, 계동과 소격동 그리고 재동에는 역사의 흔적이
동네 이름으로 남아 수백 년을 지켜온 곳이기도 하다.

조선 말기에 이르러 사회, 경제상의 이유로 대규모의 토지가 소규모
의 택지로 분할되었으며, 지금 볼 수 있는 어깨를 맞댄 한옥은 1930년도
를 전후하여 변형된 것으로 추정된다.

이러한 한옥형식의 변화는 도심으로 밀려드는 인구들로 인해 고밀도
화 되어가는 사회상을 반영한 것이었다. 조선시대로부터 근대까지 이어
지는 유적과 문화재들은 이 지역을 찾는 이들에게 이 지역의 역사를 이
야기해주고 있다.

〈북촌 한옥마을〉

북촌의 경공장

'경공장京工匠'이란 조선시대 중앙관청에 소속되어 왕실과 관부에서 필요로 하는 각종 물품을 제작하던 장인(수공업자)을 이르는 말로, 그 종류는 먹을 만드는 묵장墨匠, 놋그릇을 만드는 주장鑄匠, 비단을 짜는 능라장綾羅匠 등 130여 종에 이르렀다고 한다.

북촌에는 우리나라 5대궁-경복궁, 덕수궁, 경희궁, 창덕궁, 창경궁이 위치해 있어 왕실이나 양반가에 고급 공예품을 제공하던 최고의 '경공장京工匠'이 모여 있었다.

현재 북촌에는 우리 한옥을 보존하고, 전통문화를 되살리려는 노력이 더해져, 궁중음식, 매듭, 자수, 옻칠, 화문석, 대금 등의 전통 공예가 장인들을 통해 이어져 내려오고 있다. 공방은 일반인에게 개방되어 장인들의 실제 작업 모습을 볼 수 있으며, 국내외 관광객들을 위한 전통문화 체험 프로그램들도 활발하게 운영되고 있다.

북촌 시민단체 및 교육(연구) 단체

북촌에는 다양한 시민 단체들과 교육(연구) 단체들이 활동하고 있다.

'경공장(京工匠)'이란?

조선시대 중앙관청에 소속되어 왕실과 관부에서 필요로 하는 각종 물품을 제작하던 장인(수공업자)을 이르는 말로, 그 종류는 먹을 만드는 묵장(墨匠), 놋그릇을 만드는 주장(鑄匠), 비단을 짜는 능라장(綾羅匠) 등 130여 종에 이르렀다고 한다.

사이트에 나와 있는 그대로 인용한다.

시민단체들

▷걷고 싶은 도시 만들기 시민연대(도시연대) www.dosi.or.kr

　종로 북촌 지역의 역사문화 환경 보존 활동을 진행하고 있으며, 1998년부터 현재까지 인사동 사랑방, 인사동 학교, 어린이와 함께 하는 사동 거리축제, 작은 가게 살리기 운동 등을 전개하고 있다. 그리고 그동안의 활동을 좀 더 체계화하여 북촌의 역사적 의미와 문화를 함께 공유해 나가는 '북촌문화학교'를 진행하고 있다.

　　• 북촌문화학교
　　• 북촌 역사유적지 및 문화공간 현장 학습
　　• 북촌문화학교를 이수한 시민들을 대상으로 지킴이 구성
　　• 어린이 및 청소년이 함께하는 북촌 거리 행사

▷북촌가꾸기회(사) 건설부장관허가(1991년)

　고도 600년 서울의 북촌은 역사, 문화, 전통의 마을로, 역사문화 사적지가 대안없이 소멸되고 파손되어가는 것을 가슴 아프게 생각한 북촌주민들과 사단법인 북촌가꾸기회(등록회원 500여 명)가 앞장서서 우리 조상들의 보물을 우리 후손에게 물려주는 것이 오늘에 우리 북촌 주민이 꼭 해야겠다는 뜻으로 설립하였다.

▷북촌문화포럼

　북촌문화포럼은 역사와 문화의 마을인 북촌에 거주하거나 일터

를 가지고 있는 문화계 인사들이 주축이 되어 2002년 1월 창립했다. 전문가들의 연구와 토론을 통해 북촌을 더욱 아름답게 가꾸고 주민들에게도 도움이 되며, 우리 모두가 후손에게 자랑스럽게 남겨줄 수 있는 방향으로 북촌의 문제들을 해결해 보고자 모인 비영리 민간단체이다.

창립 이후 북촌문화포럼은 북촌 역사환경의 보존과 생활환경 개선, 전통과 현대를 조화롭게 접목하여 창조적으로 발전시키는 것과 이런 일을 위한 실천적 대안을 모색해왔고, 북촌 및 도시 공동체 문제와 관련한 정부와 자치단체의 행정, 정책, 제도 등에 대한 모니터링을 통하여 건의와 사업 실행에도 전문가적 제안이 적용될 수 있도록 논의를 지속적으로 가져오고 있으며, 그 일환으로 북촌의 길 등을 주제로 4차례에 걸쳐 포럼을 개최해왔다.

▷ 한옥마을 지킴이연대(한지연)

한옥마을 지킴이 연대는 가회동 전통한옥마을에 살고있는 주민들의 모임이라는 특색을 가진다. 가회동을 품격 높은 한옥마을로 가꾸어 전통과 역사가 숨 쉬며, 생명력 있는 주거공간과 문화명소로 발전시켜나가기 위해 2002년 6월에 조직된 주민협의체로서 가회동 31, 33번지 일대의 65가구가 참여하여 운영위원회를 중심으로 활동하였으나, 현재는 모임이 해체된 상태다.

▷ 한옥사랑시민모임(한사모)

한사모는 우리네 전통 가옥인 한옥을 사랑하는 모임으로 단순히 낡고 퇴락한 한옥을 고수하는 것이 아니라 단점은 개선해나가고 장점과 그 아름다움을 계승하고자 하는 모임이다.

그래서 현재 한옥에서 살고 있거나 앞으로 한옥에 살고 싶은 사람들, 또한 그러한 뜻을 함께 하는 사람들이 한자리에 모인 것이다. 오프라인과 온라인의 두 곳에서 활동하고 있으며 순전히 한옥이 좋아서 모인 사람들의 모임인 만큼 좋은 한옥이 있으면 서로 소개하며 방문하여 둘러보고 이야기를 나누기도 한다.

또한 '한사모'는 한옥뿐만 아니라 우리나라의 전통문화에 많은 관심을 가지고 이를 지키기 위해 노력하고 있으며, 앞으로도 한옥뿐만 아니라 사라져가는 우리나라의 전통문화를 가꾸고 보호하는 일들을 할 것이다.

▷ 아름지기(www.arumjigi.org)

아름지기는 소중한 우리 전통 문화 유산이 개발이라는 이름 아래 스러지는 것을 막고, 보수라는 이름 아래 개악되지 않도록 돌보며, 관광 자원이라는 이름 아래 훼손되지 않도록 지키는 일을 한다.

- 지정 미 지정 문화유산 보존 운동
- 문화유산 관련 제도 정책 개선 제안
- 문화유산의 실질적 활용 가치 증대
- 전통 생활양식의 창조적 계승
- 도시와 유적지의 미관 개선
- 문화유산 보존의 가치를 알리기 위한 교육과 홍보 활동

교육(연구)단체들

▷ 가회민화공방 (www.gahoemuseum.org)

전통문화가 퇴색되어 가는 현대사회에서 우리 민족의 유산이자 선조들의 삶과 지혜가 담겨 있는 민화와 부적을 보다 깊이 있게 연구하여 그 소중함을 일깨우고자 한다.

특징

2002년 개관한 가회민화공방은 인간의 삶과 염원이 담겨있는 부적과 민화를 전시하고 있다. 한국 고유의 정취를 느낄 수 있도록 설계된 전통 한옥 전시실에는 옛 사람들의 진솔한 감정이 담겨 있는 민화와 주술적 신앙이 반영되어 있는 부적 등이 전시되어 있다.

전시를 관람하고 나면 박물관 한켠에서 관람객이 직접 부적을 찍고, 귀면와를 탁본拓本할 수 있는 체험공간이 마련되고 녹차 한 잔이 제공되어 한옥의 정취를 느끼면서 바쁜 일상생활 속에서 잠시나마 삶의 여유를 느낄 수 있는 시간을 가질 수 있다.

• 소장품 규모: 1,500여 점(민화, 부적, 전적류, 무신도, 민속자료)
• 체험프로그램: 부적판 찍기, 귀면와 탁본, 다도교실, 민화교실

▷ 반야로 차도 문화원

채원화 선생은 한국 현대 차도계의 중흥조이신 고故 효당 최범술 선생의 지도하에 1960년대 중반부터 지금까지 30여 년간 차선삼매 茶禪三昧와 유·불·선 등 동양사상을 정진精進하였으며, 특히 효당

가의 독특한 증차(蒸茶)인 '반야로' 녹차 제차법을 전수 받아 오늘날
까지 반야로 녹차를 만들고 있다.

효당선생을 도와 한국 최초의 차도개론서인 『한국의 차도』를 발
간하였으며, 오늘날 '한국 차인회'의 모태이자 한국 최초의 차인
동호회인 '한국차도회'를 발족하는 데 중추적인 역할을 하였다. 효
당선생 입적 후에는 그 분의 유지를 받들어 서울 인사동에 '효당 차
도 본가 반야로 차도문화원'을 개원하여 지금까지 20년간 차도를
지도해오고 있다.

채원화 선생은 진주여고 졸업 후 연세대학교 사학과를 졸업, 동
대학원에서《초의선사草衣禪師의 다선수행론茶禪修行論》으로 석사학
위를 받았으며, 1994년 서울시에서 '한양정도漢陽定都 600년 기념
사업'으로 행한 '자랑스러운 서울시민 600인'에 전통차도 계승자로
선정됐으며, 현재는 본 문화원에서 정규강좌와 외부출강 등을 통한
후진 양성과, 세계 각국의 외국인들을 대상으로 한 한국 전통 차도
의 교육 및 시연 등에 주력하고 있다.

▷ 한국궁중음식연구원 (www.food.co.kr)

한국의 궁중음식은 마지막 왕조인 조선시대에 정립된 것으로 우
리의 전통문화가 총 집합된 고도의 식생활 문화로 평가받을 만하
다. 본원은 한국의 궁중음식과 향토 음식 등을 전승, 보호하여 한국
의 음식문화를 발전시키고자 1971년 개원하여 우리의 음식문화 전
승과 연구개발에 계속 정진해왔다. 또한, 2000년 개설한 전통병과
교육원은 우리의 전통 떡, 과자 전문 기능인을 양성하려는 목적으
로 설립한 국내 최초의 전문교육기관이다.

주요사업

- 궁중음식 전수 교육 및 발표회
- 전통음식, 향토음식 연구 및 발표
- 식문화 관련 고문헌 연구
- 한국음식 해외홍보 및 강연
- 전통음식 관련 서적 발간
- 음식문화 박물관 설립, 운영

부대사업

- 전문음식점 메뉴개발 컨설팅
- 국제행사용 메뉴개발 컨설팅
- 식품관련 신제품개발 컨설팅
- 요리개발 및 촬영 코디네이션
- 궁중문화 및 식문화 관련 행사 컨설팅
- 전통음식, 식문화관련 사진 및 자료 대여
- 전통음식 조리능력 인증제도 시행

▷ 한옥문화원 (www.hanok.org)

한옥문화원은 1999년 9월 목수木壽 신영훈(한옥문화원 원장)을 중심으로 한옥과 한국인의 생활문화에 대한 지식, 자료를 널리 알리기 위하여 한옥강좌, 현장탐구 등 활발한 활동을 해왔으며 2002년 8월 우리 문화를 보다 쉽게 접할 수 있는 종로구 원서동으로 이전하여 오늘에 이르고 있다. 4년여의 활동기간 동안 건축 관련 종사자 및 일반인을 대상으로 하여 한옥 건축, 우리 문화와 관련된 여러 강의, 홈페이지 운영, 매회 다양한 주제를 집중적으로 다루는 회보 「한옥문화」 발간, '한옥과의 만남', '청소년 한옥으로의 초대' 등 특별프로그램 운영, UNESCO, 지방자치단체 등의 행사 공동기획 및 자문 등을 통해 그 목적을 실현해 나가고 있다.

연구

- 한옥의 법식, 기법, 기술사 연구
- 한국인의 기층문화 연구
- 국내외 현장탐구
- 기술 및 문헌 공동 탐구

교육

- 한옥건축 전문인 지유指楡 양성(2년 4학기제) 과정
- '한옥으로의 초대' 라는 강좌로 건축학도, 관련분야 종사자, 일반 인을 위한 건축 및 생활문화 강좌 운영
- 학위, 연구 논문 지도

보급

- 공개강좌 등 다양한 계층을 위한 특별 프로그램 운영
- 회보 「한옥문화」 발행
- 한옥과 생활문화 관련 출판
- 출판기획 자문
- 한옥, 문화 유관단체 기획 협력
- 한옥건축 기술지도 및 자문

〈Visit Seoul : 서울시 공식 관광정보 사이트 http://www.visitseoul.net/kr/article/
article.do?_method=view&art_id=58509&lang=kr&m=0004040002001&p=04〉

　북촌에 관한 나머지 자료는 사이트에서 자세히 살펴볼 수 있다. 우리
가 북촌을 참고하는 이유는 그나마 한국에서는 대표적으로 근대의 유
산들을 잘 보존하고 있는 마을에 속하기 때문이다. 또한, 국가적으로도
많은 투자와 지원 정책을 통해서 잘 발전시킨 사례라서 연구해 보는 것
이다.

　우리나라에는 여러 곳의 한옥마을이 알려져 있다. 대표적으로 전주한
옥마을도 유명하다. 1년에 방문객만 거의 600만 명에 이른다. 관광명소로
알려지면서 전국에서 관광객이 밀려들어 주말마다 인산인해를 이룬다.

전주한옥의 경우에는 조선왕조의 발상지 등 역사성과 고풍스러운 전통 한옥들이 자리 잡고 있어, 한옥마을은 '천년 고도' 전주에 새로운 활력을 불어넣어 "도시재생의 모범 사례"란 호평을 받아왔다.

그러나 이곳은 최근 수년 사이에 매년 엄청난 숫자의 상업시설들이 늘어났다. 음식점, 카페, 찻집, 숙박시설 들이 늘어나면서 장사는 잘되어 한편으로는 좋은 것 같지만, 임대료가 오르고 돈 없는 상가 세입자들은 떨어져 나가서 소규모 가게를 내고 길거리 음식을 팔기 시작했다. 결국 돈 있는 외지의 장사꾼들이 득세하면서 기존의 영세한 주민들이 거리로 내몰린 셈이다.

부동산 가격 급등으로 거주 환경 악화로 마을을 떠나는 주민들이 늘어나고 있다. 전주시 통계를 보면, 한옥마을 방문객은 △2010년 350만 명 △2012년 493만 명 △2014년 592만 명으로 해마다 급증하고 있는 반면, 한옥마을 인구는 △2010년 2083명 △2012년 1711명 △2014년 1322명으로 해마다 줄고 있다.

한옥마을에 집중되는 사람과 차량을 분산시키려는 전주시의 대책이 마련하고 있다. 한옥마을 주변에 1000대 규모의 주차장도 계획하고 있다. 한옥마을 입구를 차 없는 거리로 만들어 차량 전면 통제를 하면서 주민들의 반발을 사고 있다. 전주시는 한옥마을 인근 전통시장이 남부사장에 야시장을 개설하여 한옥마을 방문객을 이곳으로 유도하기 위해 매주 금·토요일 밤에 운영한다.

문제는 이러한 대책들이 급격히 진행된 상업화에 미처 대처하지 못하고 있다는 지적이다. 서울시가 최근 서촌 한옥지구에서 주택을 음식점으로 바꾸는 것을 금지하는 등 상업화에 제동을 걸고 나선 것과 비교된다. 서촌에 술집과 식당, 카페가 난립하고 거주환경이 나빠져 마을을 떠나는 주민들이 늘어나자 서촌의 급격한 변화를 막으려고 내놓은 고강도 조처다.

전주 한옥마을은 2010년 국제슬로시티연맹 이사회에서 한국의 전통문화 원형을 가장 잘 보존하고 있다는 평가를 받아 슬로시티로 지정됐다. 전주 한옥마을은 5년마다 이뤄지는 국제슬로시티연맹 실사를 올해 11월에 받는다. 한옥마을의 급격한 상업화로 슬로시티 재지정이 어려울 수 있다는 우려도 일부에서 나온다. 실사에 대비해 지난달 29일 국제슬로시티 전주 한옥마을 서포터스 창립총회가 열려 회장 등 임원을 뽑았다.

이런 움직임을 두고 '관 주도'란 지적이 제기된다. 한옥마을에서 15년 넘게 산 김순석(52) 전주전통문화원 부원장은 "2002년 이후 5년가량 주민 스스로 한옥마을 공동체를 살리자는 운동이 있었다. 하지만 우여곡절 끝에 관변조직만 남고 지금은 사라졌다"고 말했다.

이근영(47) 문화도시연구소 대표는 "서포터스를 꾸리려면 시간이 걸리더라도 시민 스스로 만드는 과정이 중요하다. 관청의 불법행위 단속과 규정 등으로는 슬로시티를 지킬 수 없다. 주민·상인들이 뭉쳐서 공동체적 소비자운동을 하는 등 성숙한 의식이 필요하다"고 강조했다. 슬로시티의 '슬로'가 친환경 에너지 개발, 차량 통행 제한 및 자전거 이용, 무공해 음식, 공동체의식 등 한 도시의 지속가능한 정체성을 중시하는 개념이기 때문이란 설명이다.

라도삼 서울연구원 선임연구위원은 "전주 한옥마을의 현재 상황은 5단계로 나뉘는 젠트리피케이션 현상 중에서 3단계 초입 정도로 볼 수 있다. 3단계는 주변 경관이 바뀌고 상업화가 본격 진행되는 것이다. 젠트리피케이션은 막을 수가 없으나, 전통성을 지키는 마케팅과 사회적 기업 등을 통해 공적 영역을 확대하면 그 속도를 늦출 수 있을 것"이라고 말했다.[30]

우리는 북촌 한옥마을과 전주 한옥마을의 사례를 잠시 살펴보았다. 일본이 가나자와와 어떤 면이 비교되는가?

단적으로 일본 가나자와는 장기간에 걸쳐서 도시재생을 추진하였다. 무엇보다도 지역에 거주하는 주민들을 위하여 도시와 마을을 살리는 일에 목적을 둔 것이다. 관광이나 소득을 목적으로 부동산 가격이나 상승시키고, 상업지역만 확장하면서 외지인들이나 혹은 돈 있는 사람들만 돈 벌게 되는 그런 식의 상업화를 추진하지 않았다는 점이다.

도시개발이 기존의 주민들에게 피해를 주거나 그 마을에 살고 있는 서민들을 쫓아내는 결과를 낳는다면 그 자체가 이미 잘못된 것이다. 이러한 문제들은 여기 언급한 몇 군데의 문제가 아니다. 전국 모든 곳에서 일어나고 있다. 도시와 마을의 재생 과정에서 일어나는 문제들의 단편일 뿐이다.

이제 분명한 것은 도시재생이 어떤 방향으로 가야하는 것인지 알 수 있다는 점이다. 그곳에 살고 있는 마을 주민의 입장에서 모든 것들이 진행되어야 한다. 그러기 위해서는 마을주민들도 삶의 패러다임을 완전히 바꾸어야 한다. 즉 마을을 살리기 위해서 주민들이 스스로 협동과 공유의 정신을 가져야 한다.

---

30) [참고자료] 한겨레 2015. 02. 08.

물론 이러한 요구는 무리한 것이다. 이미 다양한 사람들이 모여 사는 도시의 마을에서는 가능성이 희박할 수 있다. 하지만 소수의 뜻있는 사람들이 마을을 만드는 경우는 충분히 가능하다. 그래서 우리는 기존 마을을 바꾸는 것도 중요하지만, 새로운 마을을 건설하는 일에 더 의미를 둔다.

다음 장에서 우리는 마을을 위하여 주민들에게 필요한 정신이 무엇인지 말하고자 한다.

6
장

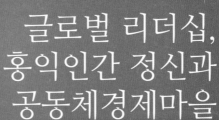

글로벌 리더십,
홍익인간 정신과
공동체경제마을

홍익인간 정신에서 공동체경제마을의 미래를 찾는다.

홍익인간 정신 실천하기

홍익인간 정신의 리더십

홍익인간 정신의 공동체경제마을

1. 한국인의 정체성

한국인은 누구인가? 잠시 우리 시대의 이야기를 해보자.

최근에 우리 사회는 북핵 문제로 상당히 시끄럽다. 그래서 항상 김정은과 미사일 이야기가 뉴스의 헤드라인을 장식한다. 필자는 얼마 전에 누군가와 대화 중에 '과연 전쟁이 나면 한국인들은 어떻게 할까?' 라는 이야기를 나눈 적이 있었다.

우리의 결론은 이렇다. 진짜 전쟁이 나면, 전 세계에 나가 살고 있던 유대 청년들은 즉시 이스라엘로 돌아와서 전투에 참가할 것이다. 아마 중국인들도 즉시 중국으로 올 것이고 일본인들도 올 것이다. 그런데 한국인은 어떨까? 글쎄 대부분 오지 않을 것이라고 생각한다.왜 우리는 이렇게 생각하는 것일까? 왜 우리는 우리 스스로에 대해서 매우 부정적인 것일까? 정말 한국인들은 저만 살겠다고 하는 사람들일까? 요즘 우리 사회에서 회자되고 있는 '갑질' 논란을 보면서 '우리는 누구일까?' 하는 고민을 하게 된다.

한국인 우리는 누구일까?
우리나라와 떼려야 뗄 수 없는 이웃 나라 중국은 급변하고 있다. 중국은 수년 전부터 젊은이들을 선진국으로 유학을 보냈다. 그리고 대학을 졸업한 후에 각 나라의 주요한 기업체에서 근무하게 하였다. 그리고 몇 년 전부터 그들을 모두 중국으로 다시 불러들이고 있다.

이때 각 국가의 중요한 기업체에서 이미 요직을 차지하고 있던 중국 젊은이들이 미래가 보장되는 꿈의 직장을 버리고 중국으로 돌아가고 있다. 어떻게 이런 일이 가능한 것일까?

미국의 구글 본사에서 요직에 근무하던 중에 중국으로 귀향한 어느 젊은이는 말했다. "제가 배운 지식과 일류 기업에서 얻는 경험을 본국에 들어가서 자국의 회사를 키우는데 쓸 생각입니다."

우리는 과거의 역사 때문에 일본에 대해서 아주 불편한 감정을 가지고 있다. 지난 200년 전까지 우리나라가 일본보다 모든 면에서 선진국이었는지 몰라도 지금은 그렇지 못하다.

일본에서 무슨 일이 생기면 일본의 젊은이들은 일본으로 돌아갈 것이라고 말한다. 우리나라에 무슨 일이 생기면 과연 전 세계에 나가있는 한국의 청년들이 모든 것들을 다 던져버리고 한국으로 돌아올 것인가?

아마 한국에 전쟁이 생기면 그들은 한국으로 돌아오지 않을 것 같다. 오히려 한국에 있던 사람들도 모두 해외로 도망치기 바쁠 것이다. 물론 실제로 다 그런 것은 아닐 것이다.

우리는 그럴 것 같다고 느낀다. 그렇다면 원래 우리 민족은 이렇게 충성심이 없었던 민족일까? 역사를 살펴보면 전혀 그렇지 않았던 것을 알 수 있다. 우리는 충무공 이순신 장군을 늘 자랑스럽게 이야기한다. 이 충무공은 세계가 인정하는 해군제독이다. 문제는 이 충무공이 아니라 오늘을 살고 있는 우리들이다.

〈임마누엘 페스트라이쉬 교수〉

우리들은 지금 어떤가? 과연 우리는 한국인, 대한민국에 대해서 어떠한 생각을 하는 것일까? 분명한 것은 지난 100년간 한국인들에게 무슨 일이 일어났던 것이 틀림없다. 그것을 한마디로 정의하기 어렵지만, 지난 100년간 한국인들은 정체성을 상실한 것이 아닐까?

『한국인만 모르는 다른 대한민국』이란 책에서 임마누엘 페스트라이쉬(한국명: 이만열) 교수는 한국인은 자신들의 정체성을 확립해야 한다고 지적하고 있다. 한국인은 실로 위대한 민족임에도 불구하고 찬란한 한국의 문화유산들을 망각하고 있다고 꼬집는다.[31]

이만열 교수는 한국의 전통문화 속에 이미 21세기 르네상스를 한국에서 꽃피울 수 있는 그런 잠재력과 역량을 발견하고 있다고 말한다. 그런데 정작 한국인이 스스로 그것을 모르고 있다는 것이다.

이만열 교수가 말한 한국인의 문화유산에는 '홍익인간 정신'과 '선

31) 『한국인만 모르는 다른 대한민국』 - 암마누엘 페스트라이쉬 / 21세기북스 2013. 이만열 교수: 아시아인스티튜트 소장. 경희대 국제대학원 교수. 하버드대 동아시아 언어문화학 박사.

비 정신'이 있다. 이 둘은 한국인이 오늘날 되살려야 할 가장 중요한 문화유산이라고 생각한다.

> 홍익인간에 대해서 이야기를 하면, 섣불리 판단하는 사람들이 꽤 많다. 그건 순전히 어떠한 편견 때문이다. 즉 종교적인 가치관이나 혹은 왜곡된 인문 지식 때문이다. 필자는 공동체경제마을을 건설하는데 가장 중요한 요소는 마을 주민들이 한국인의 정체성을 제대로 확립하는 것이다. 『대한국인의 길』에서 홍익인간의 정신은 경세제민의 바탕이라고 말한다.[32] 그래서 이를 '홍익인본주의'라고 명명하였다.
>
> 홍익인간은 우리민족 문화의 원형이고, 홍익인본주의는 홍익인간정신을 실천하는 경세제민經世濟民 즉 정치·사회·경제적 로드맵이다. 필자는 홍익인간의 정신을 단순히 이념이나 사상의 관점이 아니라, 실천적인 경제적 방향을 제시하는 것으로 이해하라고 강조한다.

우리는 단 70년 만에 잿더미에서 경제대국으로 발돋움할 수 있었던 한국인의 저력을 홍익인간 정신에서 찾을 수 있다.

한국은 과거 아시아의 선진국이었다. 전 세계의 내노라하는 학자들이 인정하고 있는 역사적 사실이지만, 우리만 잘 모르고 있을 뿐이다. 한국은 과거에도 선진국이었고 지금도 여전히 선진국이다. 다만 그 원류를 잠시 망각함으로써 자신이 누구인지 잘 모르는 것일 뿐이다. 일시적인 충격으로 잠시 정신 줄을 놓았던 것이다.

이 책에서는 홍익인간에 대한 역사적 고증이나 혹은 이론적인 설명을

---

3 2) 『대한국인의 길』 - 현용수 / 홍익미래경영연구원 2015.

할 생각은 없다. 그런 부분은 이미 수많은 논문이나 책들을 통해 알 수 있기 때문이다. 홍익인간 정신은 말 그대로 '널리 세상을 이롭게 하는' 정신이다. 그렇다면 오늘날 이 개념을 어떻게 해석하면 좋을까? 우리는 경제와 경영의 관점에서 홍익인간을 해석하기로 한다.

경제·경영의 관점에서 해석해 본다면, '홍익弘益'은 홍弘과 익益을 합쳐서 '널리 알려서(브랜드 만들어서) 경제적 가치를 갖는 일'로 해석할 수 있다. 물론 이것은 '홍익'에 대한 다양한 해석 중 하나일 뿐이고 전부는 아니다.

여기서 브랜드란 경제·경영학 용어로서, 상업적 가치를 지닌 것을 의미한다. 즉 '브랜드'란 '널리 알려진 것'이며 경제적 가치를 지닌 것이다. 널리 알려졌지만 경제적 가치가 없다면, 그건 '브랜드'로서 가치가 없는 것이다.

우리는 어떻게 홍익인간 정신을 실천할 것인가? 경제와 경영 측면에서 생각하면 중요한 답을 얻을 수 있다. 경제적인 측면에서 홍익정신을 실천하는 방법은, 상품이나 서비스를 일류 브랜드로 만들어 널리 알려서 경제적 가치를 창조하여, 인류공영에 이바지하는 일이라 할 수 있다. 그래서 우리는 '홍익'으로 브랜드 가치를 높이고 결과적으로 경제적 가치를 창조하는 일이라고 새롭게 정의내린 것이다.

'홍익인간'에서 '인간'은 'human being' '人間'은 '휴머니즘humanism'을 내포한 개념이다. 즉 인본주의가 바탕에 깔려 있다는 뜻이다. 이로서 '홍익'과 '인간'을 합친 홍익인본주의는 한국인과 大한국의 정체성으로 손색이 없는 것이다.

우리가 건설하려는 공동체경제마을에 홍익인간 정신을 적용시켜보자. 공동체경제마을이란 경제적 가치를 지닌 마을을 만들고 인문적인 사람들이 사는 곳이 되게 하여, 세상에 널리 명소가 되게 하는 것이다. 즉 인문을 겸비한 브랜드 마을을 창조하는 것이다.

공동체경제마을은 곧 홍익인간 정신과 공동체시민의식을 실천하는 커뮤니티 공간이다. 이 마을에는 인문적인 콘텐츠가 있다. 역사와 문학과 철학이 내재되어 있는 것이다. 이러한 소프트웨어가 이 마을을 움직이는 '사람'인 것이다. 따라서 '홍익 + 사람'의 가치관은 공동체경제마을의 근본이다.

2. 홍익인간 정신의 실천

홍익인간의 가치관으로 성공적인 사업을 만들어낸 사례를 잠시 살펴보자. 두 가지 예를 들고자 한다.

난타 공연과 K팝 한류가 그것이다. 잠시 언론에 소개된 난타, 사물놀이 이야기를 해보자.

《난타Nanta》는 대한민국과 중국의 뮤지컬 공연이다. 송승환이 대표로 있는 'PMC 프러덕션'에서 창작하였고, 1997년 10월에 서울 '호암아트홀'에서 초연하였다. 말없이 소리와 몸짓으로만 공연을 한다는 '비언어적 표현Non-Verbal Performance'을 표방하면서 영국의 《스톰프 Stomp》와 미국 블루 맨 그룹의 《튜브Tubes》공연에서 아이디어를 착안하기도 하였다. 무엇보다 한국 전통 음악인 사물놀이를 현대적으로 새롭게 계승하였다는 평가를 받았다. 물론 기존의 사물놀이도 한국 전통 문화로 세계에 알려지고 있다. 이 분야의 브랜드를 만든 인물은 김덕수이다.

사물놀이는 사물(꽹과리, 징, 장구, 북)을 중심으로 연주하는 풍물에서 취한 가락을 토대로 발전시킨 계열의 국악이며, 1978년 2월 28일 서울 종로구 인사동 '공간사랑'에서 김덕수를 중심으로 창단된 《사물놀이》패에서 연주를 한 것이 사물놀이의 시작이다. 이들은 기존의 풍물놀이에 비해 앉은 자세로 풍물 가락을 실내 연주에 적합하게 재구성하였다. 주로 호남풍물, 짝드름, 웃다리풍물, 설장구놀이, 영남풍물 등을 연주한다. 흔히 꽹과리 소리는 천둥, 징 소리는 바람, 장구 소리는 비, 북소리는 구름에 빗대어 말하곤 한다.

전통적이지만 새롭게 창안된 음악답게 사물놀이패는 관현악단과 협연하거나 재즈 밴드와 함께 공연하는 등 다양한 이색 활동을 펼치기도 한다.

김덕수 사물놀이는 전통문화를 원형 그대로 현대화하여 공연하는 것이라면, 송승환의 난타는 전통문화에 창의성을 더하여 새로운 문화를 만들어낸 것이라 해석할 수 있다.

이러한 사례는 우리의 전통문화를 가지고 세계적인 브랜드를 만든 것이다. 이것이 창조경제 시대 즉 오늘날 한국인과 한국에 필요한 홍익인간 정신이다.

인문적인 관점에서 우리의 전통문화를 들여다보자. 우리의 역사와 문화 속에는 글로벌 브랜드 가치를 지닌 것들이 무수히 많다. 지금 우리에게 필요한 것은 우리의 왜곡된 근대 역사 속에 가려져 있는 위대한 상품들을 제대로 개발하여 글로벌 브랜드로 재구성하는 일이다.

고조선, 발해, 백제, 고구려, 신라, 고려, 조선에 이르기까지 동서고금에 없는 위대한 전통문화를 오늘의 관점에서 재조명하여 글로벌 문화상품으로 재창조해야 한다.

일등국가, 선진국의 관점에서 우리의 과거를 재조명하는 것이 중요하다. 이렇게 진보된 시각이 홍익인간 정신이다. 홍익인간 정신으로 우리의 문화를 재발견하는 일은 우리가 미래로 전진하는 힘이 된다.

이만열 교수는 몇 가지 구체적인 사례를 예로 들었다. 그는 비록 외국인이지만, 우리의 문화에 대한 탁월한 식견을 존중한다. 박사가 제안하는 것들을 몇 가지만 살펴보자.

"백제의 문화에서 멋진 문양을 찾아내 현대 디자인에 응용할 수 있고, 고려의 사찰 내부 구조를 현대 아파트에 응용할 수 있으며, 조선시대 학습 기술을 현대 교육에 응용할 수 있다."

중국이 기를 쓰고 우리의 고대사를 중국의 역사로 편입시키려 하는 이유가 무엇일까? 그것은 그만한 역사적 가치를 지닌 문화일 뿐만 아니라 앞으로 엄청난 경제적 가치를 지닌 '자원'으로 생각했기 때문이다. 적어도 중국의 동북공정에 대해서 우리가 배울 점은 하나 있다. 중국은 국가적 차원에서 오랫동안 전략적으로 투자하여 그들만의 '새로운 역사'를 창조(?)하고 있는 것이다. 이렇게 '중화' 주의를 만들어 가는 동안에 우리는 무엇을 했던가?

과연 우리는 국가적 차원에서 우리 역사를 바로 세우는데 얼마나 오랫동안 체계적이고 조직적으로 준비해왔는지 그걸 반성해야 한다. 우리에게 지금 부족한 것은 홍익인간이란 한국인의 정체성이다.

학자 중에서는 중국이 우리보다 뒤늦게 세계무대에 뛰어든 것처럼 말하지만, 그것은 사실이 아니다. 중국은 적어도 수십 년 아니 수백 년 전부터 세계의 중심이 중국이라는 '중화' 주의를 실현하기 위하여 집요하게 작업(?)을 해 오고 있었다.

우리와 중국이 다른 점은 중국은 국가적으로 이런 일을 진행한다는 점이다. 말하자면 공무원들과 국민들이 합세하여 작업을 하고 있는 것이다. 한국의 지성인들은 '우리의 민족의 역사와 문화'를 다 도둑맞고 있는 동안에도 나 몰라라 하고 뒷짐만 지고 있었다. 그러다가 여론이 심하게 나무라면 그때서야 조금 하는 체할 뿐이다.

일본이 자신들의 추악한 역사를 지우기 위해서 '새로운 역사'를 창조(?)하는 국가적 사업에 얼마나 오랫동안 얼마나 많은 공력을 기울이고 있는지를 안다면, 그 노고(?)에 경의를 표해야 하는 것이다. 적어도 일본인들의 관점에서 본다면, 한국의 전통문화가 그만큼 부담스럽기 때문에 그걸 없애거나 자신들보다 한 수 아래인 것으로 변조시켜야만 하는 것이다.

우리가 각성해야 하는 것은 온 세상이 모두 '글로벌 시대'로 바뀌는데 정작 우리들은 근시안적으로 우리가 뛰어나다고 자만하고 있지 않았는지 반성해야 한다. 지금이라도 우리 것을 우리의 것이라고 주장하고자 한다면, 진정한 한국인의 정체성부터 확립해야 한다.

우리는 '위대한 한민족'의 역사를 제대로 정립하고 세계만방에 알리기 위하여 국가나 학계나 혹은 기업가들이 대동단결하여 노력해야 한다. 여기에 홍익인간 정신이 절대적으로 필요하다. 그러나 이런 이야기는 필자의 희망사항일지 모른다.

이만열 교수는 다음과 같이 한국의 브랜드를 높이는 방법을 구체적으로 제안하고 있다. 그 중에 몇 가지만 참고로 설명해보자.

한국의 선비 정신을 전 세계 홍보하라

한국의 정체성을 확립하는 과정 중에 핵심은 한국을 대표할 수 있는 '개념'을 제시하는 것이다. 한국이라는 나라를 이루고 있는 다양한 요소, 생활과 의식을 하나로 묶어서 표현하는 것이어야 한다.

한국인이 자신을 받아들일 수 있는 틀이 되고, 외국인이 한국을 독특한 문화적 존재로서 이해할 수 있는 매개체가 되어야 한다. 또한 지식사회로서 한국을 설명할 수 있어야 한다.

일본은 '사무라이'는 일본을 대표하는 개념이 되었다. 원래는 '무자비한(?) 무사'인 사무라이를 재포장하여, 지금은 아프리카 사람들이나 남미 사람이든 세계 누구라도 상관없이 보편적인 의미를 떠올린다. 사무라이 경영학, 사무라이 도덕률, 사무라이 전법 등 그 개념을 파생시킨 다양한 책이 출판되었다.

사무라이 영화도 수백편이 넘는다. 사무라이 게임은 전 세계 어린이들의 게임이 되었다. 사무라이는 명령과 지시에 충실하게 따르고 엄격한 행동 규범을 유지하는 충성스런 전사들이라는 개념으로 재발견(?)되어서 이제는 범세계적인 문화의 일부가 되었다.

'닌자'는 일본 주변국 국민에게 끔찍한 역사를 연상키는 단어이지만, 일본은 이 단어도 긍정적인 개념을 담아서 전 세계에 퍼뜨렸다. 어린이들은 친구들과 닌자놀이를 한다. 담벼락을 오르거나 다른 사람을 감시하고 공격하면서 닌자 흉내를 낸다. 음산한 암살가 집단인 닌자는 이제 전 세계적으로 통용되는 관념이 되었다. 이 닌자 개념의 긍정적 보편화로 엄청난 이익을 누린다.

사무라이가 일본 사람 전체를 대표하지 않는다. 하지만 일본은 사무라이라는 말을 자국을 대표하는 긍정적 개념으로 발전시켜서 엄청난 경제적 부가가치를 만들어 내고 있다.

한국에는 이러한 대표적 브랜드가 없다. 지금이라고 대표 브랜드를 만들어내야 한다. 아니 이미 가지고 있는 홍익인간 정신과 선비 정신을 정상적으로 복원해야 한다.

이만열 교수는 '선비정신Seonbi Spirit'을 채택하라고 제안한다. 선비 정신은 한국 사회와 역사에 깊숙이 뿌리박혀있다. 다만 근대사에서 왜곡된 선비 개념을 바로잡을 필요가 있다.

개인적 차원에서 선비정신은 도덕적 삶과 학문적 성취에 대한 결연한 의지와 행동을 나타낸다. 사회적 차원에서는 수준 높은 공동체 의식을 유지하면서도 이질적인 존재와 다양성을 존중하는 태도로 나타난다. 선비는 홍익인간으로 대표되는 민본주의 사상을 품고 있으며 자연을 극복의 대상으로 보지 않고 오히려 조화를 이루려는 특성이 두드러진다.

국가적 차원에서는 외세 개입에 강력히 저항하면서 동시에 평화적 국제 질서를 적극 지지하는 태도로 나타난다. 선비 정신을 지닌 모범적인 인물상을 제시할 수 있다. 지행합일의 선비 정신을 교육상품으로 개발하면 구몬학습같은 프로그램으로 발전시킬 수도 있다. 만약 한국이 '홍익인간 정신이나 선비 정신'을 지금 우리가 사는 시대의 요구에 맞게 수정하여 재창조할 수 있다면 엄청난 파급효과를 지닐 것이다.

선비는 지식인의 사회에 대한 책임을 강조한다. 선비는 최고의 지식인이 되기 위해서 부단히 노력했다는 점도 보편적 가치이다. 문화와 예술에 대한 깊은 이해와 적극 참여도 보편적 특징이다.

선비와 같은 엘리트를 원하는 국가는 많다. 선비는 이상적인 리더의 모델이다. 홍익인간 정신과 선비 정신 리더십은 미국, 중국 유럽, 아세안국가 등에 긍정적 반응을 이끌어 낼 수 있다.

이만열 교수는 한국의 재발견 혹은 브랜드 작업에 걸림돌로 두 가지를 지적한다. 그 하나는 문화적 단절이고, 다른 하나는 물리적 단절이다. 문화적 단절은 역사와 문화, 전통과의 단절이다. 물리적 단절은 남북한이 분단된 것이다.

하지만 물리적 단절은 극복할 수 있는 장애물이다. 그런데 문제는 과거의 문화와 현대 사회를 단절시키는 문화적 단절을 정당하게 받아들이고 있다는 것이다. 즉 과거 전통적 사회는 미 개화된 것이고, 현재 한국은 근대화를 지나 현대화 사회로 가고 있다는 인식이다.

이러한 믿음은 일제강점기 때 일본이 우리에게 심어놓은 것이다. 그래서 우리는 우리의 역사 문화운영시스템에 침투한 이러한 '일본의 식민사관' 바이러스를 제거하고자 하는 것이다. 잘못된 역사관과 전 근대적인 사고 관념을 홍익인간 정신을 바탕으로 한 '홍익인본주의' 백신으로 치료해야 한다.

한국이 가진 최강의 브랜드를 서구의 물질문명에서 찾아서는 안 된다. 우리의 유구한 역사와 전통 문화 속에서 그것을 찾아내야 한다. 이만열 교수의 말처럼 우리에게는 이미 '일등국가'의 문화가 있다. 그것을 인식하고 되살려내는 일만 남아 있는 것이다.

코리아 프리미엄을 개발하자

이 교수는 한국은 코리아 프리미엄을 받을 만한 가치를 소유하고 있다고 말한다. 이제 우리는 그걸 발휘해야 할 때이다. 이 교수는 한국의 프리미엄을 전통문화 속에서 재발견하여 새롭게 창조할 가치들을 잘 설명하고 있다. 우리가 그동안 '빨리빨리' 문화로 변질된 한국의 왜곡된 문화에서 어떻게 '글로벌 리더'로서 도약할 수 있는지 우리의 전통적 문화를 되살리는 작업을 생각해보자. 그리고 박사가 제시한 몇 가지 예를 들어, 한국의 역사, 문화를 전통 속에서 재구성 해보자.

첫 번째, 사랑방 문화를 되살린다.

조선시대에는 여러 사람이 모여서 의견을 교환하며 토론하는 공간인 사랑방이 있었다. 사랑방은 문학이나 예술 분야의 사람과 행정관료, 학자들이 함께 모여 교류하는 장이었다. 이 문화가 지금 단절되었다. 사랑방은 사회의 각계각층이 서로 소통하는 문화를 말한다. 행정가가 예술가와 만나고 예술가는 학자를 만나고 학자가 외국 전문가와 활발하게 교류하는 것이다.

지금 우리 사회에서 가장 많이 요구되는 것이 '소통'이라고 말한다. 지금은 많이 달라졌지만, 관공서를 출입해 보면 항상 답답하다는 느낌이 든다. 분명히 융통성을 발휘하여 해결할 수 있는 간단한 일인데도 원칙과 절차를 따진다. 한 마디로 대화가 안 된다. 여전히 권위의식으로 군림하려는 자세를 엿볼 수 있다.

가정에서도 가족끼리 대화가 안 된다고 하고, 기업에서도 노사 간에 대화가 안 된다고 말한다. 그러니 정부와 기업 혹은 공무원과 사업가 사이에 대화는 더 안 될 수 있다. 또한, 기술자와 학자들 사이에도 소통이 안 될 수 있다. 그런데 이런 '대화불통'의 풍조는 우리의 전통문화가 아니다.

우리의 홍익인간 정신은 '소통'을 기본으로 한다. 널리 세상을 이롭게 하려면, 소통이 잘 되어야 하는 것이다. 이러한 소통 즉 대화하는 자세는 어려서부터 배우게 되는 것이다. 서로 논의 · 토의하는 문화는 유치원부터 가르칠 필요가 있다고 생각한다. 이에 대해선 홍익인간의 교육에서 좀 더 생각해 보자. 사랑방은 인사이트의 장소이다. 생산적인 합의를 도출 해 낼 수 있는 아주 훌륭한 워크숍 장소이기도 하다.

사랑방에서 영감을 얻어서 한국 사회의 각계각층이 서로 '교류의 장'을 만들어내는 것이 필요하다. 또한, 서민들의 대화와 소통의 창구로 사랑방문화와 함께 한 마실문화[33]를 되살려야 한다. 마실문화는 서민들의 소통의 창구였으며, 서민들의 고단한 삶과 마을의 희노애락을 함께 나누었던 소통공간이기도 했다. 이웃과 소통하는 마실문화는 일제강점기에 '불온공간不穩空間'으로 폐쇄되었으며, 해방 후 서구사상이 몰려오면서 봄 햇볕에 눈 녹듯 사라져버렸다.

이제 우리는 사랑방의 소통과 마을중심의 마실문화를 아그리젠토 공동체정신으로 승화시켜 선진사회로 나아가는 발판으로 삼아야한다. 왜냐하면, 마실문화는 곧 마을 공동체 문화이며, 우리가 조성하는 아그리젠토피아Agrigentopia 공동체경제마을의 문화적 원형이기 때문이다.

두 번째, 역관 문화를 되살린다.

우리는 17~19세기 조선은 매우 폐쇄적인 국가라는 인상을 준다. 이것은 '식민사관 바이러스'로 인한 변질된 역사 인식이다.

당시 역관제도는 매우 글로벌한 시스템이었다. 조선에는 다양한 외국

---

33) 국어사전에 마실은 '근처에 사는 이웃에게 놀러가는 일' 또한, 마실은 '마을'이라는 표현으로 발전되어 왔다.

어 통·번역 전문가를 관리하는 역관 제도가 있었다. 국가 주도로 역관 양성 교육 시스템인 사역원과 승무원이라는 기관도 운영하고 있었다. 사역원은 주변국과의 교류를 위하여 어학 전문가를 양성하는 통·번역 교육기관으로 고려 충렬왕 때부터 설치, 운영되었다. 승무원은 조선시대 각종 외교 문서를 관장하고 이를 위한 외국어 교육을 하던 기관이었다.

당시 역관은 말하기와 읽기, 쓰기에 능통한 사람이었다. 한반도의 지정학적 특수성을 생각해보면 복잡다단한 외교 문제에 능력을 발휘할 수 있는 어학 전문가이자 교섭 전문가인 역관을 양성하는 시스템은 전인 교육을 했던 글로벌 교육현장이었다.

오늘날 외국어 교육보다 한 차원 수준이 높다. 오늘날에는 문법과 독해 따로 회화 따로 배운다. 학교를 나왔다고 해서 현장에 투입할 수 없는 외국어 교육을 한다. 하지만 조선시대 역관 제도는 현장에서 일할 수 있는 실무적인 교육이었다.

또 당시 역관은 중인 계급이었다는 점도 주목해야 한다. 당시는 중인들이 각 분야에서 기술자, 전문인, 지식인으로 활동했다. 그리고 이런 중인들의 교류가 오늘날보다 더 활발했다. 이런 시스템에서 외국어 교육에 대한 아이디어를 얻어야 한다.

오늘날 한국에서는 외국어 교육을 정규 학교에서 감당하지 못하고 있다. 그래서 사설 교육기관이 대단히 활발하다. 강남의 외국어 학원은 거의 재벌 기업이라 할 수 있다. 우리는 오늘날 교육 방식에 대해서도 전통문화에서 배워야 할 것이 많다.

세 번째, 한국의 예학을 되살린다.

오늘날 SNS는 영향력이 엄청나다. 페이스북, 유튜브, 트위터 같은

SNS에는 개인 정보들이 많이 노출된다. 또 세상의 모든 정보들이 떠돌아다닌다. 여기에는 긍정적인 측면도 크지만 부정적인 측면도 크다.

최근에 심각한 사회적 문제가 되고 있는 것이 '악플'이다. 이미 '악플'로 인해서 자살하는 사람들이 생겨났고, 형사 처벌을 받는 사례들도 있다. SNS상에서 고의적이거나 혹은 무의식적인 집단행동으로 심각한 사회 문제들이 일어나고 있다. 이 SNS에는 분명하게 높은 도덕성이 요구된다. 하지만 이건 법적인 측면보다 자율적 교정이 필요하다.

여기에 한국의 예법이 필요하다. 예법이란 다양한 상황에서의 규범이며 적절한 행동을 위한 학습이다. 예학은 개인 사이에 있을 수 있는 언행을 사회 차원의 합의이다. 이러한 행동규범에 대한 사회적 합의는 오늘날 매우 필요하다. 이것은 인터넷뿐만 아니라 아바타 사이보그에도 적용될 수 있다.

악성댓글은 결국 홍익인간 정신이 결여된 사람들이 일으키는 사회적 문제이다. 홍익인간 정신이 없으면, 버릇이 없게 된다. 예전에 어른들이 예의를 갖추지 못한 행동을 보면 '버릇이 없다'고 말했는데, 이 '버릇'이라고 하는 것은 바로 '예법'을 모르는 것을 말한다.

우리가 홍익인간 정신을 살리고자 하는 이유 중에 하나는 '더불어 사는 사회'를 위한 '홍익' 정신은 그 자체가 인·의·예·지·신의 '예의'를 갖추고 있기 때문이다.

네 번째, 주자학 전통을 되살린다.

일제강점기 때 주입된 강력한 '식민사관 바이러스'의 하나는 '양반'에 대한 '악성댓글'로 나타난다.

"조선시대 양반은 추상적이고 비실용적인 사상에 빠져 국가의 운명을 그르쳤다. 양반들이 주자학이라는 고시식한 사상에 빠져 덕德, 효孝, 의義 같은 추상적 관념에 매달려 국가를 어떻게 다스릴지 생각하려 하지 않았고 기술이나 과학 같은 실용 학문의 중요성을 간과했다. 이런 조선의 양반들은 책을 읽는데만 시간을 소비했을 뿐이고 실질적으로 사회에 기여한 경우는 거의 없었다. 양반들의 이러한 실수 때문에 한국은 일본이나 중국에 비해 근대화가 뒤처졌다. 한국은 서양 과학이 본격적으로 소개된 이후, 즉 일제강점기 이후에야 실질적인 국가 성장을 시작할 수 있었다."

식민사관 바이러스에 감염된 채 이 글을 읽게 되면 우리는 이 이야기의 맥락을 제대로 파악하지 못하게 된다. 19세기 조선의 부패하고 몰락해가는 양반들이 자신들의 지배권을 정당화하기 위해서 주자학 사상을 이용하고 서양 문명을 배척한 것은 사실이다. 그러나 이 이야기의 요지는 양반 문제가 아니다. 한국이 근대화하게 된 것은 일본이 서양 기술을 한국에 도입시켰기 때문이라는 것이다.

이 이야기는 한국이 근대화를 통한 선진국이 되기 위해서는 과거의 모습을 다 버려야 한다는 '식민사관 바이러스'의 주장이다. 문제는 오늘날까지 이 바이러스에 감염된 사실을 모르는 한국인들이 너무 많다는 것이다.

이 교수에 의하면, 주자학은 18세기와 19세기에 들어 두 가지 이유로 비판받았다. 첫 번째 비판은 중국의 새로운 학풍에 따른 것이었다. 공자의 가르침을 그대로 받아들이지 않고 형이상학을 통한 추측성 연구를 한다는 비판이었다. 실제로 주자학은 형이상학의 학문으로써 과학과 정치를 다루고 있어, 중국 과학이 최고였을 때 그 주춧돌이 되었다.

두 번째 비판은 오늘날 실학이라 알려진 학문에 의해서 비판받았다. 연암 박지원이나 다산 정약용이 주자학 학자들이 민중들이 무엇을 원하는지 이해하지 못하고 있으며 세계정세에 발맞추는 일에 실패했다고 지적했다. 실학은 주자가 장려했던 학문이다. 다만 19세기 주자학 학자들이 서양의 학문과 문물을 배척하여 한국의 근대화를 막았던 것은 사실이다.

그러나 조선 500년간 쌓아 올린 지적 유산을 제대로 계승하려면 주자학을 피상적으로 파악해선 안 된다. 한국인들은 공자의 사상을 아주 단순한 틀로 이해한다. 착한 사람이 되고 부모를 공경하고 덕을 쌓는 것이 전부인 것처럼 해석한다. 이것은 복잡한 논지를 정립하고 있는 진정한 유교 사상과 거리가 멀다.

이 교수는 제안한다. 한국인들이 서둘러 해야 할 일 중 하나는 퇴계 이황의 업적을 현대 한국 문화에 담아내는 일이다. 단순히 한글로 옮기는 작업만이 아니라 한국 사회가 직면한 문제들을 풀어내는 해법으로 적용하는 데도 역점을 두어야 한다. 주자학의 전통에는 오늘날 적용할 수 있는 여러 가치가 깃들어 있다. 현대를 살아가는 우리에게도 유용한 삶의 지혜를 담고 있다. 주자는 우리에게 표면의 존재 너무 눈에 보이지 않는 우주의 형이상학에 의해 결정되는 모습에 관심을 두고 단편적인 표면의 존재로부터 자유로워지라고 가르친다.

한국의 주자학은 한국뿐만 아니라 전 세계에 새로운 삶의 방향을 제시해 줄 큰 잠재성을 안고 있다. 현재 한국 서점에는 제대로 된 공자 사상에 관한 책이 없다. 사람으로 태어났으면 반드시 효도하라는 등 뻔하고 단순한 지침만 제시하고 있다. 이는 '식민사관 바이러스' 의하여 의도적으로 조작된 것이다.

다섯 번째, 세계가 한국을 공부하게 하라.

이 교수의 제안에서 가장 공감하는 대목 중 하나는 이것이다. 한국이 경제, 외교, 안보 측면에서 미국에 중요한 국가임에도 워싱턴에서 근무하는 공무원이나 정치인들은 한국에 대해 잘 모른다. 오히려 북한에 대해서 더 많이 알고 있다. 주요 학술지 역시 서울보다는 평양의 정치적 변화를 다룬 글을 더 많이 싣고 있다. 그 이유는 학자들이 연구 지원비를 받는 기회 때문인데, 미 국방성에서는 지속적으로 북한 관련 연구 지원금을 제공하고 있지만, 남한에 대한 지원비는 극히 제한적이다.

그래서 대다수 미국인은 북한과 남한을 잘 구별하지 못한다. 한국 대사관은 미국인을 대상으로 하는 한국 교육에 별 비중을 두지 않는다. 소규모 한국어 교실과 문화 행사를 운영할 뿐 전체적인 한국학 연구에 대한 협력은 거의 없다. 대사관 내 한국인 직원들 대부분은 자녀를 미국 학교에 보내거나 힘 있는 사람들과 연줄을 맺는 데 집중한다. 그런데 정작 한국의 문화와 역사, 문학, 사회를 미국인들에게 소개하는 노력은 등한시한다.

미국인들은 삼성 또는 현대 제품이 어느 나라의 것인지 잘 모른다. 기업들이 자기 브랜드만 홍보하지 한국 문화를 홍보하지 않기 때문이다. 반면 프랑스나 독일은 체계화된 프로그램을 통해서 자국을 홍보한다.

한국에 대한 이해 부족은 미국 대학 내에 한국 전문가가 부족하여 미국인들에게 한국 문화와 전통을 충분히 전달하지 못하기 때문이다.

미국의 거의 모든 대학에 독일학과와 스페인학과는 개설되어 있지만,

한국학과와 중국학과가 개설된 대학이 없다. 몇몇 대학에 중국학과 일본학을 가르치며 한국학, 베트남학을 포함하는 동아시학과만 개설되어 있을 뿐이다.

한국을 모르는 미국인들은 한국을 개발도상국으로 여긴다. 이런 이미지는 미국에서 많은 한국 고아들을 입양하는 것 때문에 더 강화된다. 한국인 스스로가 50년 만에 소말리아 수준에서 IT 강국이 되었다고 말한다. 그래서 외국인들은 이 말을 듣고 현재 한국의 문화 교육 수준이 소말리아와 같다고 여긴다. 한국 정치인들은 부패했고, 한국은 1997년 금융 위기로 파산 위기에 처한 나라로 기억하고 있다. 이러한 한국의 이미지를 개선하기 위해서는 지속적인 노력이 필요하다.

교수는 첫 단계로 외국인들에게 한국의 지성과 미학, 철학적 전통의 복합성을 고려하여 한국을 제대로 소개하는 노력을 해야 한다고 말한다. 분별없는 소비문화를 찬미하는 싸이의 강남스타일 같은 이미지로 한국이 알려져서는 안 된다.

미국에 새로운 한국학 프로그램을 지원하거나 미국 대학 내 한국학 교수진을 늘리는 일도 하나의 방편이 된다. 그것보다 더 좋은 방법은 에즈라 보겔 교수의 『일등국가 일본』과 같이 한국을 제대로 소개하는 책을 써서 미국인들이 읽게 하는 일이다. 이 책이 나오기 전에 제임스 클라벨의 『쇼군』이라는 소설을 통해서 대중에게 어필했다. 이 책은 1975년 일본을 넘어서 세계적인 베스트셀러가 되었다. 이 소설 때문에 일본에 대한 관심이 높아졌다. 1947년 루스 베네딕트라는 미국의 인류학 교수가 쓴 『국화와 칼』은 일본 문화와 사회 연구의 고전으로 꼽힌다.

하지만 전 세계적으로 한국에 대한 베스트셀러는 한권도 없다. 이제

적극적으로 한국을 알리는 인문학 책을 외국인들이 읽을 수 있도록 출판해야 한다.

여섯 번째, 외국인에게 한국어를 가르쳐라.

미국에 한국어 교실 같은 다양한 한국 정부 지원 프로그램이 있지만, 그 수업 내용이 입문자를 위한 것이 아니라, 이미 기초적인 내용을 알고 있는 사람을 위주로 되어 있다. 현재 한국어 교육은 마치 교포를 위한 수업이라는 선입견을 갖게 만든다. 미국 대학에서 한국어 수업을 가르치는 강사들의 대부분은 한국계 대학원생들이다. 이들은 한국어를 모르는 사람을 상대로 한국어를 가르치는 방법을 배운 적이 없다. 그들은 교포 학생들의 회화에 초점을 맞춘다. 그래서 외국인들을 대상으로는 별도의 노력을 기울이지 않는다.

한국 정부가 재외동포를 위한 교육을 강조하는 관행도 문제이다. 교포 사회와 연계해서 한국어 교실과 한국 문화 축제를 열어도 외국인을 위한 것이 아니라, 한국인을 위한 프로그램이다. 좀처럼 외국인을 초대하거나 소개하는 일이 없다.

한국어 교육은 미국의 대학뿐만 아니라 고등학교, 중학교에서도 중요하다. 그런데 미국 고등학교에서 한국계 학생이 아닌 미국인에게 한국어 교육을 권장하기 위한 노력은 거의 없다. 미국 고등학교용 한국어 교과서가 있다는 말을 들어본 적이 없다. 한국어 교육을 위한 교재들도 매우 부실하다. 영어 설명이 세련되지 못했고 내용도 부실하다. 그 이유는 미국의 언어 교육 전문가가 아닌 한국의 언어 전문가가 편찬했기 때문이다.

한글을 소개하는 방법도 연구해야 한다. 아이들도 쉽게 한글을 익힐 수 있도록 방법을 찾아야 한다. 외국인 대학교수나 학생들의 한국어 작문 실력이 형편없어도 대부분은 그냥 넘어간다. 이런 것도 개선되어야 한다. 한국어를 세계화하려면 무엇보다 컴퓨터 입력방식부터 개선시켜야 한다. 외국인이 볼 수 있는 한국어 사전도 만들어야 한다. 현재의 사전은 모두 한국인을 위한 사전들이다. 지금까지 이만열 교수가 제시한 여러 가지를 다시 생각해보자. 한국인들도 한국에 대해서 잘 모른다는 것은 창피한 일이다.

필자 또한, 이 교수의 제언에 동감하면서, 과거 우리 민족의 우수한 교육열과 학습방식을 소개하고자 한다. 이는 이스라엘의 교육방식인 하브루타[34], 이탈리아의 마리아 몬테소리가 창안한 몬테소리[35], 스위스 피아제 인지발달론적 교육방식보다 더 우수한 한국형 서당식오감교육 방식[36]이다. 서당식오감교육 방식은 온몸으로 자연의 기를 흡수하면서 사방東西南北과 연결Network한 자기표현식 교육이다. 서당식 오감교육은 하브루타가 가지고 있는 2~5명씩 모여 토론하는 토론형 교육방법과 몬테소리의 놀이기구를 활용한 직접교육방식 등을 결합하였으며, 현대적 뇌 과학을 기반으로 두뇌의 해마기능과 기억회로를 활성화 시키는 융·복합 형 토론식 학습의 원조이기도 하다.

이는 대륙적 기질을 지닌 한국인의 호연지기 훈련이었으며, 홍익인간

---

3 4) 하브루타(Chavrusa, chavruta, havruta)는 유대인의 전통적 학습방법이다. 문자적 의미는 우정, 동료 등을 뜻한다.
3 5) '몬테소리교육'방식은 아이들의 창조적인 잠재력, 학습에 대한 욕구, 한 개인으로서 대우받을 권리에 대한 믿음에 바탕을 두고 있다.
3 6) '서당식오감교육' 방식은 天地人과 교감하면서, 사람의 오감기능을 활용한 실용적 학습방법이다.

정신을 양성하는 교학상장敎學相長의 모범이기도 하다. 아그리젠토 공동체 자연학교에서는 서당식교육방식을 현대에 맞는 평생교육과 학습형태로 프로그램을 개발하여, 이를 널리 홍보할 것이다.

이제 한국인은 홍익인간정신으로 세계 속에 한국인韓國人의 브랜드 가치를 재창조해야 한다.

3. 홍익인간 정신의 리더십

이렇게 홍익인간 정신을 강조하는 이유는 무엇인가?

우리가 공동체경제마을을 건설하기 위해서 반드시 알아야 할 것은, 마을의 경쟁력은 마을 주민들에게서 나온다는 사실이다. 공동체경제마을의 경쟁력은 결국 홍익인간 정신을 가진 마을 주민이다. 그래서 홍익인간의 이념을 제대로 파악하는 것이 무엇보다도 중요하다. 먼저 홍익인간이 어떠한 이념과 철학을 지닌 것인지 간단히 살펴보자.

홍익인간 이념은 대한민국의 건국이념, 정치이념, 교육이념, 윤리이념이다. 홍익인간은 신성한 경제Sacred Economics가 실현될 수 있는 선물경제와 공동체 회복을 위한 원형이다.[37]

홍익인간은 세상의 모든 정보와 지식, 아이디어를 공유하고, 창의성과 타고난 소질을 인정하고, 민주적인 의사소통을 의미한다.

'홍익인간' 에서 '인간人間' 은 인간의 존엄성과 평등, 그리고 자유를 의미하며, '홍익' 은 인류만이 아니라 생태계의 모든 생명체들의 공생을 의미한다.

---

37) 『신성한 경제학의 시대』 - 찰스 아이젠스타인 / 김영사, 2015.

홍익인간은 경제적 자본, 사회적 자본, 영적 자본, 문화자본 등을 발전시키고 풍요롭게 함으로써 모두에게 골고루 배분되는 공유 상생 공동체를 의미한다. 홍익인간은 인류의 공영·인류평화를 의미한다.

지금 세계는 변하고 있다. 세계는 지금 새로운 자본주의, '자본주의 4.0' 시대로 진입하고 있다. 지구촌 전체가 '환경'과 '에너지' 그리고 '상생'과 '공유'의 가치에 눈 뜨고 있다. 지금이 홍익인간의 리더십이 절대적으로 필요한 시대이다.

우리는 서양의 물질문명을 포용하고 그것을 우리의 것으로 발전시킬 수 있는 힘을 우리의 전통문화 속에서 찾아야 하는 것이다. 이 원동력의 발견은 매우 중요한 일이다. 이는 한국의 미래를 위한 든든한 받침이며 글로벌 사회를 선도할 '글로벌 리더십'을 내포하는 정신 자본이 우리의 전통사상에서 나온다는 뜻이 된다.

현재 한국에서 말하는 창조경제에 가장 적합한 새로운 가치관, 새로운 사상, 새로운 철학은 바로 우리의 고유 전통에서 나온 것이다. 우리에게는 계승하고 발전시켜야 하는 정신, 정치, 경제, 사회, 문화, 제도가 많다. 그 중에 하나가 바로 7000년 이상을 우리 민족의 정신을 지배해 온 정신세계인 '홍익인간' 이념이다.

홍익인간이 우리나라 교육이념으로 채택된 것은 미군정 시절부터였으며, 한국의 교육법은 1949년 12월 31일 법률 제86호로 제정, 공포되었는데, 그 법률 1조는 다음과 같다.

교육은 홍익인간의 이념 아래 모든 국민으로 하여금 인격을 완성하고 자주적 생활능력과 공민으로서의 자질을 구유하게 하여 민주국가 발전에 봉사하며 인류공영의 이상실현에 기여하게 함을 목적으로 한다.

현재는 교육기본법 제2조에 명기되어 있다.

홍익인간을 교육이념으로 채택한 동기를 〈문교개관 1958〉에서 "홍익인간은 우리나라 건국이념이기는 하나 결코 편협하고 고루한 민족주의 이념의 표현이 아니라 인류공영이라는 뜻으로 민주주의의 기본정신과 부합되는 이념이다. 홍익인간은 우리 민족정신의 정수이며, 일면 기독교의 박애정신, 유교의 인仁, 그리고 불교의 자비심과도 상통되는 전 인류의 이상이기 때문이다."라고 천명하고 있다.

홍익인간은 한갓 국수적 민족주의 이념으로 치부될 수 없는 보편적 가치를 담고 있다. 따라서 홍익인간은 국가나 민족 그리고 종교가 달라도 보편적으로 추구해야 하는 우리시대 정신이 될 수 있으며, 한민족만의 정신이 아닌 지구인 정신이 될 수 있는 것이다. 〈국제 뇌교육종합대학원 이승호 교수〉

홍익인간과 오늘날 표현으로 가장 근접한 것은 '기업가 정신'이다. 그러나 서양의 기업가 정신은 약간 부족한 부분이 있다. 바로 '공생과 공존의 철학'이 부족한 것이다. 그 이유는 서양의 기업가 정신은 자본주의와 개인주의를 바탕으로 발전한 것이기 때문이다.

따라서 새로운 단어가 필요하다. '협동 기업가 정신' 같은 단어 말이다. 우리가 '기업가 정신'이라고 말할 때 강조하려는 것은 바로 '창의성'이다. 기업가는 문제를 해결하는 탁월한 능력을 지닌 사람이다. '무에서 유를 창조'한다는 말이 있다. 이 말은 기업가정신에 적합한 말이다.

오늘날 사회 발전은 기업가 정신을 지닌 사람들에 의한 것이다. 기업가들은 도전적이고 불굴의 투사와 같은 정신을 가진 사람들이다. 기업의 세계에서 본다면 시시각각 변하는 상황에 능동적으로 대처하는 능력이 절대적으로 필요하다.

오늘날의 시각에서 홍익인간은 어떤 리더일까?
홍익인간은 자유·평화·평등·공존의 사상을 가진 인간이다.
홍익인간은 경세제민·인류공영을 추구하는 성숙한 인간이다.
홍인인간은 인·의·예·지와 신을 수양하는 인문적 인간이다.
여기서 우리가 제시하는 홍익인간은 목표 추구형, 목적 완성형, 새로운 전인적全人的 인간상人間像이다.

우리는 홍익인간은 '전인격적인 리더'라고 생각한다. 글로벌 시대를 이끌어갈 리더는 어느 한쪽으로 치우지지 아니한 '성숙한 인간 즉, 균형과 조화를 중시하는 리더십'이어야 한다.

전인全人, '완전한 인간' 혹은 '완성된 인간', '성숙한 인간'이라는 의미에서 '홍익인간'을 재해석해 볼 필요가 있다. 그렇다면 성숙한 인간으로서 홍익인간은 어떤 성향 혹은 기질을 가진 존재인지부터 생각해 보아야 할 것이다. 홍익인간은 이 세상을 자유·민주주의의 관점에서, 평화의 관점에서, 평등의 관점에서, 그리고 공존의 관점에서 사람 사는 세상을 만들어가는 사람들이다.

글로벌 시대에 가장 필요한 것은 자유·민주, 평화, 평등, 공존의 가치관이다. 동서고금의 '전 인간'에 관한 내용을 '홍익인간'에 대한 적절한 개념이 무엇인지 '사드비프라(영적 혁명가) 인용해 정리해 보자.[38]

사카르가 말하는 '사드비프라'는 바로 '홍익인간'과 맥락을 같이한다. 사카르는 사드비프라(영적 혁명가)는 '전인적인 인간'이라고 정의내리고 있기 때문이다.

> 사드비프라는 스스로 육체적, 정신적, 영적 노력으로 네 계급의 긍정적인 자질을 모두 계발한 사람이다. 또한 도덕성과 약자를 보호하고 불의와 착취에 대항에 싸울 용기를 지닌 사람이다. 정직, 용기, 세상을 위한 헌신과 희생정신 등을 지닌 사람이다. 그는 보편성을 지닌 윤리 원칙을 가지고 있으며, 사회 복지를 위해 헌신하는 사람이다. 무엇보다도 자신의 모범적인 삶을 통해서 전일적으로 진보적인 방법으로 사회를 고무하고 인도하는 사람이다.

사카르가 말하는 '사드비프라'를 이해하기 위해서는 우리는 그가 말하는 사회계급과 네 계급에 대한 이해가 필요하다.

사회 계급이란 '사회적인 관점에서 본 분류'의 형태이다. 사회학자들은 상중하의 3계급으로 사회를 나누는데, 상류 엘리트층, 중산층, 그리고 하류층으로 구분한다. 이런 구분의 기준은 주로 가문, 부, 소득, 영향력, 권력, 교육 수준, 기타 직업의 귀천이다. 남아메리카의 경우에는 인종과 종족이 계급의 주된 결정요인이다. 즉 백인은 식민지 시대의 엘리

---

38) 『자본주의를 넘어』 - 다디 마헤슈와라난다 / 한 살림 2014.

트층으로 특권을 지니고 나머지 혼혈 인종과 원주민, 아프리카계 후손들은 푸대접을 받는다. 마르크스 이론에서는 부르주아(생산 수단을 소유한 자)와 프롤레타리아(노동력만 소유하고 이를 임금이나 월급에 파는 자), 이렇게 두 계급만 인정한다.

반면 사카르는 인간이 자연 및 사회 환경과 관계를 맺는 방법에 기반을 둔 네 가지 기본적인 유형으로 분류하였다.[39] 이는 산스크리트 '바르나 varnaa' 또는 '마음의 색깔'이라 부른다. 이 바르나는 사회 변화의 역학을 분석하는데 유용한 개념이다. 이 개념은 개인의 성향을 파악하는 것보다 사회의 시대적 성향을 분석하는데 더 유용한 것이다.

사카르는 특정의 바르나 계급이 일정한 기간 사회를 지배하다가 다른 바르나로 순환하는 '사회순환이론'을 주장하였다. 이 이론에 의하면, 사회의 지배적인 가치와 권력은 하나의 바르나에서 다른 바르나로 순환하며 나선형으로 진보한다는 것이다.

사카르가 말하는 4계급은 인도의 카스트제도와 같은 용어를 쓰고 있지만, 전혀 다른 개념이다. 바르나는 수드라Shudras(단순노동자 성향의 계급), 크샤트리아Ksatrriyas(무사 성향의 계급), 비프라vipras(지식인, 종교인 성향의 계급), 바이샤 vaeshyas(부의 축적 성향을 강하게 지닌 계급)이다.

흔히 우리가 알고 있는 카스트제도는 백인들이 인도를 점령하면서 인도인들을 종속시키기 위하여 원래 종교수행의 목적인 바르나를 사회계급으로 변질시키고 악용했던 것이다. 역사적으로 보면 대부분의 정복자들은 그 지역의 고유한 문화, 전통, 사회 풍속 등을 변질시키고 자신들

---

[39] 이것은 동양적 철학인 4대 원소, 4방, 4계 등과 연관된 본질적인 네 가지 유형을 의미한다.

의 기준으로 재조립(?)한다. 참고로 그 당시 인도는 침략자인 유럽 백인들보다 훨씬 높은 문화와 영성을 지니고 있었다. 그걸 인정하기 어려웠던 유럽인들은 인도 문화를 깎아내리는 작업을 했던 것이다. 일본이 일제강점기 36년 동안 우리 역사와 문화를 왜곡시킨 일도 이와 같은 맥락에서 해석할 수 있다.

프라우트의 계급이론은 원래의 바르나 즉 하나의 심리적 성향으로서 주어진 어떤 환경에서 그 사람이 생존 및 성장을 해 나가는 특별한 스타일에 근거한 것이다.

모든 사람은 이 네 가지 바르나를 혼합적으로 가지고 있거나 잠재적으로 지니고 있으며 그중 하나의 심리상태가 지배적으로 나타나는 것이 일반적이다. 그러나 이러한 바르나는 교육, 훈련, 사회적 환경을 통해서 일부 또는 전부 계발될 수 있다고 사카르는 말한다.

어느 사회이건 초기에는 정치, 문화, 경제 모든 면에서 대단히 역동적이다가 결국 지배계급이 자리를 잡으면서 통제를 시작하면서 동요하고 쇠퇴한다. 씨족 및 종족 사회는 수드라(노동자) 계급이 지배하는 시대에는 생존을 위해 발버둥 친다. 그러다가 점차 자신감, 용맹성, 군림하는 능력이 키워지면서, 크샤트리아(무사) 계급 사회로 발전한다.

이들의 황금기는 영토 확장과 정복의 시대였다. 선사시대부터 고대 역사의 대왕 시대까지 거쳐 로마제국 말기, 중국 진나라, 인도 아리안족까지 확장되었다. 크샤트리아 시대에는 용감성, 명예, 규율,

책임감을 높이 삼으로써 해당 사회가 잘 조직되고 단합되게 하였다. 무사 사회의 투쟁 속에 인간 지성이 발달하면서, 지식인 계층들은 최고의 과학적 성취를 이루내면서 부상한다. 전쟁기법이 복잡해지고, 개인적으로 육체의 힘과 전투 기술이 개발되고 무기, 전략, 운송 수단 등이 발전하였다. 사회구조도 복잡하여 뛰어난 재상들이 행정을 담당하고 이런 지식인들은 무사 시대의 왕들에게 가장 중요한 자산이었다. 시간이 흘러 이들이 무사들보다 더 큰 권력을 쥐게 되면서 조직화된 종교가 등장하게 되었고, 경전이나 법에 기반을 둔 사회 통치를 하게 되면서 재상, 성직자, 입법가, 자문가 등 지위를 차지하였다.

비프라(지식인) 시대에 와서 교육과 문화를 꽃피운다. 문화기구, 종교기구, 정부기구들이 강력한 힘을 가지며, 과학, 예술, 기타 지적 분야들이 전성기를 맞이한다. 인도, 중국, 동남아의 초기 불교 시대와 중세 유럽 수도원의 교육센터가 이런 역할을 한다.

시간이 지나면서 안락함과 특권의식에 대한 집착은 점점 물질적인 부를 가진 바이샤에게 스스로 종식시키는 결과를 낳는다. 탁월한 능력을 가진 바이샤(상인)들은 지구 탐험 항해로 해양 시대를 이끌고 비프라 시대 말의 미신과 혼란을 극복하며 금융과 정치 사회제도를 만들어 낸다.

정복과 식민지화의 선두 주자들은 스페인, 포르투갈, 프랑스, 영국 왕실과 재상과 교화가 지배하던 비프라 사회에서 바이샤 사회로 전이하는 과정이었다. 무사 계급을 고용하여 뛰어난 무기를 가지고 세계를 침략하고 식민지 개척에 나서고, 노예를 포함한 자연 자원을 갈취해갔다. 유럽은 바이샤 시대로 전환되고 있었고, 라틴아메리카와 아프리카는 무사 계급들이 지배하고 있었다.

유럽 자본가들은 성직자와 권력자들을 부추겨 정복지역을 기독교로 개종시키면서 그들에게 열등의식을 심어주고 주민들이 순종적이 되게 만들었다. 그리고 오늘날의 물질 만능주의를 만들어냈다.

사카르의 사회순환론에 의하면, 이제 자본가 시대는 막을 내리고 있다, 이들은 기아, 가난, 실업자들을 양산시키고 지구 환경파괴와 쓰레기더미를 만들어 놓았다. 이것은 자본가계급의 극단적인 착취의 결과이다.

이제 새로운 계급의 시대로 전환되고 있다. 하나의 시대 안에서 생성, 성숙, 소멸의 정반합이 일어나고 이것은 확장, 정지, 위축의 형태로 나타난다. 사회는 매우 강한 진보의 시기가 있고 그 이후에는 정지기가 수반되는데 이때가 그 사회의 정점이 된다. 그러고는 결국 퇴락하여 축소되는데 그 이유는 지배계급이 다른 계급들을 억압하고 착취하기 때문이다.

사회순환이론은 인간 사회의 변천 과정을 이해하는 데 도움이 된다. 물론 이에 대해서는 보다 전문적인 연구가 필요할 것이다. 각 시대마다 이 4가지 타입이 공존한다. 다만 어느 하나의 계급이 우세하여 지배하는 것이다. 사회순환이론은 당대의 사회에서 일어나는 갈등을 파악하고 그것을 해결하는 가장 좋은 수단을 찾아내는 데 유용하다.

예를 들면 미국이 나토 동맹국들과 70년 이상 군사력, 정치, 경제적 수단을 동원하여 소련을 봉쇄하려고 시도했지만 실패했다. 그런데 러시아 반체제 지식인들과 학생들이 봉기하여 공산당 군사독재를 단지 사흘 만에 무너뜨렸다.

현재의 중국은 아직 무사 성향의 군사 지도자들이 강력하게 지배하고 있다. 베네수엘라는 비폭력적인 선거를 통해 지배계급을 바꾼 사례로 볼 수 있다. 1992년 직업 군인인 우고 체베스 중령은 베네수엘라 군대의 약 10%에 해당하는 130명 장교와 약 900명의 군인들을 조직해서, 당시 부정과 감시, 인권유린 독재를 하던 페레즈 대통령을 제거하고자 쿠데타를 시도했지만 실패하고 2년간 감옥에서 살다가 사면으로 풀려난 후에 가난한 사람들과 어울려 선거로 1998년 대통령이 되었다.

2010년 12월 튀니지에서 경찰의 부패와 부당한 대우에 대항해 모하마드 부아지지라는 청년이 분신자살한 것을 시작으로, 역사상 미증유의 항거와 혁명적 파장이 북아프리카와 중동 지역을 휩쓸었다. 2개월도 안 되는 기간 동안 튀니지, 이집트, 리비아 등에서 역사를 바꾸는 혁명이 일어났으며, 그 외에도 심각한 항쟁이 알제리, 베라인, 지부티, 이란, 이라크, 요르단, 모로코, 오만, 시리아, 예멘 등을 좌초시켰다. '아랍의 봄'이라 불리는 이 사태에서 튀니지, 이집트, 리비아, 예멘 등의 국가 수장들이 실각했다. 이것은 동시다발로 일어난 민주주의 봉기로서 정부의 억압과 인터넷 통제의 여건 속에서 페이스북과 트위터 같은 소셜 미디어가 사람들을 조직하고 일깨우는 역할을 했다.

1994년 멕시코 치아파스 지역에서 일어난 사파티스타 반란은 무사 성향의 사람들이 앞장을 선 수드라 혁명이었다. 기존 체제를 유지하고 하는 바이샤의 힘에 의해 중단되었지만 혁명에 대한 호응도는 계속 높아지고 있다. 바이샤 계급의 지배에 항거하는 봉기는 일반적으로 저개발국에서 시작되는데 이런 국가는 착취와 불평등이 특히 심하기 때문이다.

'월가를 점령하라'는 운동은 2011년 9월 17일 미국 뉴욕시에서 시작되었으며, 한 달 이내에 82개국 951개 도시로 퍼져 사회적, 경제적 불평등에 항거하는 국제적인 운동으로 확산되었다.

이상의 설명한 사례들은 하나의 계급이 지나치게 착취나 억압을 하면서 새로운 계급으로 전이되는 과정에 대한 것이다. 사카라는 사회에서 여성의 지배를 점진적인 역사의 과정 중에 하나로 보았다.

선사시대는 여성이 지도자인 사회였다. 모계사회에서 용감한 여성은 종족의 어머니로 인정되었고, 남성과 여성이 모두 종족의 어머니 이름을 지녔으며 여신 숭배는 어머니 자연을 상징하며 농업과 자손 번식을 나타냈다.

무사사회에서는 일반적으로 여성을 살해하는 것을 금지하고 약자를 보호하였고, 대부분의 여성과 남성 모두의 권리를 존중하였다. 그러나 점차 남성 중심의 사회로 발전하면서 여성의 복종이 제도화되어 갔다. 그 후 지식 계급이 지배하는 사회가 되면서 남성은 권력을 지키기 위해, 종교적 칙령으로 신으로부터 받은 계율을 만들어 여성의 권리를 빼앗고 임금을 지급할 필요 없는 노예로 전락시켰다.

여성의 교육이 금지되었고, 영향력이나 권력을 행사할 수 있는 지위를 주지 않았다. 유럽의 종교재판 시기인 12세기부터 18세기까지 가톨릭 교회에서는 영성치유가와 신비주의자를 마녀나 정신병자로 몰아 고문하고 재판하고 처형했다. 유럽에서 약 6만 명이 그런 명목으로 화형당했다.

많은 종교는 여성이 영적으로 남성보다 열등하다고 가르쳤고, 여성 성직자 서품을 인정하지 않고, 여성에게는 이혼을 허락하지 않았지만, 남편이나 심지어 성직자가 방탕한 성생활을 하는 것은 사회적으로 인정되곤 했다. 여성에 대한 착취는 자본가 성향의 계급시대에 더욱더 심화되었다. 아프리카 노예무역으로 사들이 여성은 남성 소유자의 법적 재산이며 마음대로 강간하거나 매매할 수 있었다. 대부분의 여성들은 소득에 대한 보장 없이 겨우 살아남기 위해서 결혼을 강요받았다.

서양에 민주주의가 들어섰을 때에도 여성은 제외되었다. 평등권을 위한 여성 투쟁은 19세기 및 20세기 들어와서야 강화되었다.

글로벌 자본주의 아래에서 여성의 지위 저하는 더 심해졌는데, 광고 산업과 대중매체가 섹시한 여성을 온갖 제품의 판매 증진을 위한 수단으로 이용하고 있다. 바이샤 타입이 지배하는 사회는 이윤 또는 최종결과가 가장 중요한 목표이기 때문에 가치 기준이 이에 맞추어져 있다. 대중은 대중매체나 대중문화 공간에서 온갖 성적 환상적인 이미지에 대량 공략당한다. 여성들은 어려서부터 자신의 가치가 아름답고 날씬하며 섹시하게 보이는가에 달려있고, 그러기 위해서는 의상과 미용용품을 구매하는 것이 인간관계는 물론 인생에서 성공하는 열쇠라고 배우며 자란다. 이로 인해 완전한 즉 섹시한 몸매를 갖기 힘든 많은 여성들은 다이어트 불균형과 자신감 결여, 우울증 등을 겪고 있다.

물질적인 부에 탐욕은 일부 여성들이 다른 여성들을 착취하는 데 기꺼이 동참하게 만든다. 빈곤과 감정 불균형이 이러한 착취에 동참하는 대부분 여성들을 타락하게 만든다.

성경 창세기에서 이브는 아담의 갈빗대로 만들어졌다는 이야기는 여성들을 종속적인 존재로 보이게 하는 것처럼, 많은 여성들은 어릴 때부터 자신이 불안전한 존재이며 감정과 재정, 지적인 면에서 남성들에게 의존해야 한다는 믿음을 사회적으로 주입받아왔다. 심리적으로 많은 여성들은 자신의 정체성을 맨 먼저 아버지로부터, 그다음에 남자 친구나 남편을 통해 발견하게 되며 따라서 남성들을 기쁘게 하여야 하고, 심지어 살아남기 위해서 남성들에게 종속되어야 한다고 느끼게 된다.

많은 여성들은 남성의 관심을 끌기 위해서 서로 불신하고 다른 여성들과 경쟁하도록 배운다. 많은 문화권에서 '독신녀'란 늙고 결혼하지 않은 여성에게 붙이는 '버려진 자'라는 사회적 오명을 받는다. 여성들은 다른 여성들의 외모에 대해 남성들보다 더 비판적이고 서로 증오하도록 배운다. 이는 산업혁명과 자본주의로 남성 중심의 사회가 형성되면서 만들어진 성차별이다. 오늘날 성차별의 결과는 여성에 대한 폭력, 인신매매, 실종 여성, 교육에서의 성차별, 경제적 착취 등에서 나타나고 있다.

홍익인본주의 사회에서는 이런 성차별 자체를 제도적으로 차단할 필요가 있다. 남성이나 여성, 인종, 사회적 지위고하, 나이에 상관없이 모든 사람들은 평등하게 대우받아야 한다. 이것이 인간 존엄성이 보장되는 홍익인간의 사회이다.

사카르가 말하는 사드비프라는 우리가 말하는 진정한 홍익인간이다. 사람은 4가지 타입에서 모두 긍정적인 성향을 겸손히 배우고 자기통제와 봉사의 본보기를 실천함으로써 누구나 다 사드비프라(홍익인간)가 될 수 있다고 사카르는 말한다.

즉, 어느 한 계급이 좋거나 나쁜 것이 아닌 특성일 뿐이다. 따라서 모든 사람들은 이 4가지 타입의 긍정적 자질을 실천하고 계발할 필요가 있다. 예를 들어서 비프라(지식인) 타입이 지녀야 할 진화한 마음을 수드라(노동자) 타입이나 바이샤(자본가) 타입도 지녀야 하는 것이다.

또한, 누구나 크샤트리아(무사) 타입의 특성인 건강한 몸과 강한 체력을 가져야 한다. 뿐만 아니라, 바이샤(자본가) 타입의 특징인 경제적 능력과 감각을 다른 모든 타입들도 갖추어야 한다. 그래서 모두가 사드비프라 즉 홍익인간이 되어야 하는 것이다.

홍익인간은 계급이 없는 사회 ─여기서 계급이 없는 사회란? 각 계급간 차별을 없애고, 계급의 절대적 가치 보다 상대적 가치를 인정하는 것을 말함이다 ─를 추구한다. 즉 계급이 지배하는 사회가 아니라 상호적 질서, 상호관계와 소통, 협동과 연대 경제, 협력적 공유 사회를 추구한다. 이것을 목표로 설정하는 것뿐 아니라 이걸 구체적으로 실천하는 안목이 있어야 한다. 한마디로 홍익인간은 기존의 경제학자나 혹은 이론가들이 말하는 것처럼 한쪽으로 쏠려있는 관점이 아니라 모순되는 양면성을 두루 살펴볼 수 있는 영성을 지닌 리더를 말하는 것이다.[40]

즉, 각자의 타고난 4가지 타입 장점을 살리고 단점을 극복하며, 다른 타입의 장점을 도입하는 융통성을 통해서 성숙한 리더로 거듭나는 사람이 영성을 지진 리더가 되는 것이다. 누구든지 자신의 타입(직업에 관한 권한)이 지닌 정체성을 넘어서야만 비로소 보편적 관점에서 사물을 포용할 수 있게 된다.

홍익인간은 한 개인이나 혹은 하나의 계급의 관점에서 보는 것이 아니며, 한 민족이나 한 국가의 관점에서 보는 것도 아니다. 홍익인간은 도량이 크고 다문화적이며 모두를 위한 정의에 투철한 리더이다.

홍익인간은 개인적 야망이 없고 보편적인 영적 시각을 가지고 있는 생각이 순수한 인간이다. 이런 홍익인간이 사회 속에 있을 때 각 계급의 발전을 돕고, 각 계급이 순차적으로 사회를 이끌어 가도록 도울 수 있다.

---

40) 이러한 평등의 사상은 이데올로기의 주장과 개념이 다르다. 인간은 누구나 모두 다른 성향을 가지고 있고 차이가 존재하지만 홍익인간 정신을 가지고 있다면 서로 융합적으로 삶의 문제를 해결할 수 있기 때문이다.

홍익인간은 사회가 정체되거나 혹은 착취로 빠질 것 같으면 즉시 민중을 동원하고 다음 단계의 계급으로 무리 없이 이동할 수 있도록 정의의 힘을 사용한다.

홍익인간은 개인과 집단이 가진 모든 잠재력을 다 활용할 수 있도록 적극적으로 계몽하는 일을 한다. 그래서 정신적, 사회적, 영적인 잠재력을 최대한 끌어내서 더 진보적이고 활력있는 사회를 만들어 가는 것이다.

홍익인간의 최우선 과제는 다른 사람들을 홍익인간으로 만드는 것이다. 그러기 위해서는 홍익인간 스스로가 올바른 품행, 높은 도덕성, 불의를 제거하는 투쟁정신과 함께 넓고 보편적인 시각을 갖추어야 한다.

홍익인간은 자애로운 이상주의와 정신적 진화로 인하여 모든 것을 사랑과 자비로 본다. 그래서 어떤 특정인이나 특정 시대를 차별하지 않는 것이다.

다시 말해서 리더가 어떤 특정 집단(계급)에 대해 개인적 감정을 갖게 되면 그는 올바르게 지도할 수 없게 된다. 어떤 출신국가 혹은 민족, 인종, 계급 등에 대해서 무의식적으로 우월감을 갖게 되면, 결국 공정한 판단을 내릴 수 없는 것이다.

자유, 평등에 대한 가치관은 매우 중요하다.

만일 어떤 민족이 우월하다는 생각을 하거나, 혹은 남성이 더 우월하다는 생각을 하게 되면 사람들을 공평하게 대하지 못하게 되는 것이다. 홍익인간은 다른 이들이 위대해지도록 동기를 부여한다. 그러기 위해서는 그들의 의견을 충분히 경청하고 그들의 성공을 축하할 수 있는 열린 마음이 있어야 한다.

홍익인간은 지도자로서 명성과 지위에 연연하지 않는다. 오직 다른 사람들을 일깨우는 데 관심을 집중시킨다. 경제민주주의는 민중과 지역에 힘을 실어주기 위한 것이다. 따라서 홍익인간은 경제민주주의를 활성화시키는 데 적합하다.

지금 '홍익인간' 정신이 절실하게 필요한 것이다.

전 세계 여러 나라에 흩어져 살고 있는 한인들, 한국인의 후손들에게 인류공영의 사상인 '홍익인간' 정신을 일깨우는 일을 하는 게 가장 시급한 일이다. 이것은 다른 민족이나 다른 국가에 홍익인간 정신을 가르치려는 시도보다는 훨씬 쉬운 일이다.

정신문화가 같은 민족은 즉 역사적 뿌리를 찾고 싶은 게 인지상정이다.

고려인은 소련 붕괴 후의 독립국가연합(러시아, 우크라이나 등과 우즈베키스탄, 카자흐스탄 등 중앙아시아 지역) 전체에 거주하는 한민족을 이르는 말이다. 흔히 카레이스키(Корейский)라고 불리지만 이는 형용사형이다. 한국인은 까레이찌(КОРЕЙЦЫ)라고 해야 한다. 그러니까 러시아에서는 고려인을 카레이스키라고 부르지 않는다. 러시아에서는 '고려 사람'(Корё-сарам/까료사람)이라는 명칭을 쓴다.

고려인, 고려 사람의 유래에 대해 흔히 알려져 있기론 조선인이라고 하면 남한에서 싫어하고, 한국인이라고 하면 북한에서 싫어하기 때문이라고 하는데 이건 사실이 아니다. 남북한이 분단되기 이전에도 고려인이라고 불렸는데 그 이유는 간단하다. 러시아어로 우리 민족과 국가를 가리키는 '한국, 조선, 고려'가 '까레야(Корея)' 기 때문이다. 중국어와 일본어에선 '조선'이, 영어에선 Korea가 이에 해당된다. 한국=남한, 조선=북한으로 정착한 깃은 한반도에서도 한국전쟁 이후로 50여 년 정도밖에 안 된다. 아울러 중국 조선족의 조선 역시 고려인의 고려와 마찬가지로 단지 Korean이란 뜻이다. 정착한 지역이 중국이냐 러시아냐의 차이일 뿐 결국 같은 이름이다.

약 40만 명의 고려인들이 러시아를 비롯해 중앙아시아를 중심으로 거주하였으며, 남부 러시아의 볼고그라드 부근, 러시아 서쪽의 에스토니아 · 라트비아 · 리투아니아 등의 발트 3국과 캅카스에도 소수 고려인들의 공동체가 존재한다. 이들은 대부분 19세기 말의 극동 러시아에 거주하던 고려인에서 기원한다.(한반도 북부지방 출신 → 두만강 건너 연해주 정착 → 스탈린의 중앙아시아 강제이주 트리.) 그 외에 사할린섬에 한민족 사회가 형성되어 있는데, 사할린은 한때 일본 열도 본토로 취급받는 제5의 섬이었으나 제2차 세계대전에서 일본이 패망하면서 소련에 넘겨진 땅이다. 이곳의 고려인들은 일본 땅으로 일하러 갔다가 전쟁이 끝나고 땅 주인이 소련으로 바뀌는 과정에서 버려진 것이다. 사할린섬에 있는 한국인들은 중일전쟁과 제2차 세계대전 때 일본제국 전시체제 당시 강제 징용당해 탄광으로 끌려가 강제 노역당한 사람들이었다. 그 때문에 중앙아시아의 고려인과 사할린의 고려인의 정체성은 아주 다르다. 사할린의 고려인은 재일 한국인의 그것과 비슷했으나 그들과도 냉전 시대의 분단 때문에 독자적인 정체성으로 남았다.

고려인은 1860년대 초 무렵부터 연해주 지역으로 이주한 조선인들로부터 시작된다. 얼마 전에 방송에서 카레이스키 다큐를 방영했다. 내용은 고려인들 일부가 한국 자동차로 한국까지 오는 과정을 그린 것이다. 현재 고려인은 한국인 4세 혹은 5세대들인데, 대부분 한국말을 잘 모르고 한국의 문화도 잘 알지 못한다. 단순히 할아버지의 나라가 한국이라는 정도만 기억한다.

그럼에도 불구하고 한국을 찾아오려는 사람들도 있다. 또한, 소수이긴 하지만, 한국말과 한국문화를 익히고 그것을 계속 자손들에게 전해주고 있는 사람들도 있다. 이들이 관심을 갖는 것은 한국에 대한 것들이었다.

만일 이들에게 '홍익인간' 정신에 대해서 제대로 전달한다면, 한국의 역사와 문화에 대해서 새로운 인식을 갖게 될 것이다. 이는 매우 중요한 일이다.

고려인들뿐만 아니라 전 세계에 흩어져 있는 한국인 후손들은 모두 한국에 관심을 갖고 있다. 그래서 이들에게 '홍익인간' 정신을 전달하는 일은 매우 가치 있는 일이다. 또한 한민족의 우수성과 자존감을 홍보하는 일이기도 하다.

홍익인간 정신을 가진 사람들은 어떤 삶을 추구할까? 한 사람의 예를 들어보자. 그는 분명 홍익인간 정신을 가진 사람이다. 그는 세계의 모든 인종, 민족, 국가들이 어울려서 잘 사는 세상을 만들 수 있다고 주장한다.

벅민스터 풀러는 홍익인본주의적 사고를 지닌 위대한 지구인이다. 벅민스터 풀러에 대한 수식어는 다양하다. '20세기의 다빈치'라 불리는 그는 철학자, 발명가, 시인, 디자이너, 건축가, 수학자, 과학자 등으로

〈건축가 벅민스터 풀러〉　　　　　　　　　　〈몬트리올의 바이오스페어〉

활동하였다. 그는 1950년대 이미 세계가 어디로 움직이는지 꿰뚫어 본 선지자였다.[4 1)]

　　그는 최초의 지구인, 세계에서 가장 먼저 글로벌하게 생각한 사람, 1960~1970년대 미국 청년들의 우상, 미국 인명사전 〈후즈후〉에서 가장 많은 페이지를 차지한 사람, 미래학의 창시자, 지오데식 돔의 발명자, 28개의 미국특허와 30권 이상의 저서, 예술, 과학, 공학 등 여러 분야에서 72개의 명예 박사 학위를 받고 미국 건축학회와 영국 왕립건축학회 금메달을 포함한 수십 개의 건축 및 디자인 수상자이다.

　　그가 만든 신조어로 지구인Earthian, 다이맥션Dymation, 시너지 Synergy, 우주선 지구호Spaceship earth 등이 있다. 하지만 그는 출발이 좋은 편이 아니었다. 그는 1985년 미국 매사추세추주 밀턴에서 태어났다. 초년에는 가족들에게조차 인정받지 못했다. 집안에서 유일하게 하버드를 끝까지 마치지 못했고, 다른 형제들과 달리 키도 작고 못생겼으며, 사업에서 실패하고 자식까지 잃어 자살 직전까지

---

4 1) 『우주선 지구호 사용설명서』 - 앨피 2007.

갔던 사람이었다.

32살 때 그는 어린 딸 알렉산드라를 소아마비와 수막염으로 잃고 서 자살 직전까지 갔다. 사업실패로 파산하여 친척들이 투자한 돈 까지 날렸고 그로 인하여 딸까지 구하지 못했으니, 그는 절망적으로 자살을 결심한 순간 한 줄기 빛 같은 깨달음이 떠올랐다. '인간이라 는 존재는 우주의 일부이다. 그러니 쉽게 생을 마감해서는 안 된다.'

그는 다음 순간 집으로 발길을 돌리면서 이제부터 가난하고 무지 한 사람들에게 희망을 줄 수 있는 일을 하기로 마음먹었다. 그리고 그는 지구의 유한한 자원을 책임 있게 사용해야 한다는 철학을 갖고, 가장 적은 재료로 최대의 효과를 내려면 인간과 에너지, 환경을 어떻 게 보완해야 하는지를 연구하는 데 일생을 바쳤다. 자원을 최소로 소 비하면서 모든 이가 양질의 삶을 누리게 하는 것, 최소 자원의 최대 활용(doing more with less) 개념을 실천한 다양한 발명품을 세상에 내 놓았다.

벅민스터 풀러는 진정한 '홍익인간'의 삶을 살았던 인물로서 손색이 없다. 무엇보다도 그는 '홍익' 즉 '글로벌 마인드'를 지녔 다는 점이다. 그는 오늘날 글로벌 자본주의가 추구하고 있는 정반 대의 개념을 가지고 있었다.

글로벌 자본주의는 더 많은 생산을 하고 더 많은 소비를 부추기며, 더 많은 자연 파괴와 환경오염을 만들어내는 일을 하고 있으며, 결과적으 로 소수의 부자들만 부를 독식하며 인류 대부분을 가난과 질병과 노예 의 삶으로 내 몰고 있다.

그런데 벅민스터 풀러는 정반대의 일을 추진했다. 최소 자원을 가지고 최대한으로 활용하면서, 인간과 에너지 그리고 환경을 낭비하거나 파괴하지 않는 방법을 모색했다. 한 마디로 풀러는 홍익인본주의를 실천한 인물이라 할 수 있겠다.

벅민스터 풀러의 발명품들은 매우 경제적인 것들이었다. 여기서 경제적(?)이란 표현은 '최소의 노력으로 최대의 효과를 거두는' 것을 의미한다.

예를 들면 그의 대표적인 발명품인 '지오데식 돔'을 살펴보자. 이것은 그때까지 지구상에서 지어진 어떠한 집보다 가볍고, 강하며, 가장 적은 재료로 만들 수 있는 집이었다. 이 집의 가장 큰 특징은 내부 구조물의 지지 없이도 넓은 공간을 만들어 낼 수 있는 데 있다. 또한 같은 크기의 다른 집들에 견주어, 크게 지으면 지을수록 그에 비례하여 더 가볍고 튼튼하게 설치비도 적게 들었다. 설치도 너무 쉽다. 1957년 하와이 호놀룰루에 세워진 대형 행사장 '지오데식 돔 오디토리엄'은 부속품들이 모두 도착한 지 불과 22시간 만에 세워져, 수많은 사람들이 그 안에서 편안하게 앉아서 음악회를 즐겼다.

그가 만든 다이맥션 주택은 그의 철학을 그대로 보여주는 발명품이었다. 대량생산이 가능하고 재난지역 어느 곳으로든 수송할 수 있으며, 몇 시간만 투자하면 안전하고 위생적인 주거 환경을 제공하는 주택이 바로 다이맥션 주택이다.

그는 이미 인류의 공동자원인 귀중한 땅을 개인적으로 독차지하는 부동산이 부당하다고 비판했다. 또한, 사람들이 들어가서 사는 곳이 아니라 소유함으로 재산을 불려 주는 집이란 '비 생상적인 부'라는 것이 그의 생각이었다.

그가 발명한 다이맥션 주택은 대량생산이 가능하고, 비용이 매우 적게 들면서, 가볍기 때문에 운반이 용이하며, 설치 시 1명이 할 수 있을 정도로 모든 부품을 10파운드가 넘지 않게 만들었다. 이 주택 사업은 대성공할 것 같았지만, 아쉽게도 실패하게 된다. 그 이유는 자명하다. 자본주의는 매우 낭비적으로 소모성이 심한 것들을 생산하여 돈을 벌기 때문에 이렇게 실용적인 상품은 사업이 안될 수밖에 없는 것이다.

풀러는 1959년에 이미 2000년대가 되면 인류는 빈곤의 재앙을 만날 것이라고 예견했다. 미국 과학자 조직인 NAS는 1977년 풀러의 예언에 근거가 있다고 판단하여, 1,500명의 과학자들을 소집하여 이 문제를 연구했다. 그 결론은 '정치가들의 의지만 있다면, 광범위한 빈곤의 악순환을 끊고 최악의 상황을 모면할 수 있다.' 는 것이었다. 그러나 불행히도 그의 예언대로 에티오피아와 소밀리야 등 최빈국 국가에서는 기아로 굶어 죽는 사람들이 늘어나고 있다.

풀러는 인류가 물질주의 부의 증대로 가난을 정복할 수 없다고 했으며, 이를 위해서는 정치이념의 벽이 무너지고, 부에 대한 새로운 자각이 따라야 하며, 공생의 가치를 실현해야 한다는 단서를 달았다.

풀러가 말한 것처럼, 이제 새로운 경제체계가 필요한 시대가 오고 있다. 글로벌 자본주의는 한계에 다다랐다. 이제는 따뜻한 자본주의가 필요한 것이다. 바로 홍익인본주의이다. 진실로 우리는 부에 대한 새로운 자각을 해야 할 때에 이른 것이다.

벅민스터 풀러는 말했다. "에너지 위기란 없다. 다만 무지로 인한 위기가 있을 뿐이다." 문제는 현재의 정치, 경제, 사회 시스템을 바꾸어야 하는 것이다. 모든 사람들이 더 나은 삶을 살 수 있기 위해서 필요한 것은 기술이 아니라, '인간성의 회복'이다.

여기서 인간성 회복은 무엇을 말하는 것일까? 바로 인류의 공영을 생각하는 인본주의이다. 그것이 바로 홍익인간이다.

벅민스터 풀러는 오늘날의 자본주의와 개인주의 그리고 부의 독점에 대해 비판한다. 자연에 대한 착취를 발판으로 무한 생산과 무한 소비를 추구하는 방식을 버려야 한다. 그리고 절제와 협력, 공정한 분배로 인류 전체가 살 길을 모색해야 한다고 주장했다.

벅민스터 풀러는 인류가 마음만 먹는다면, 모두가 풍족하게 살 수 있다고 단언했다. 그는 개인의 독창성이 얼마나 위대한 힘을 발휘할 수 있는지 보여준 인물이다. 인간성을 회복하면, 인류는 에너지 절약과 환경 보전, 무한한 부의 새로운 영역으로 진화하는 것이 가능하다는 걸 주장했다.

공동체경제마을을 건설하는 일은 이러한 홍익인간 정신을 가진 마을 주민들로부터 시작된다.

4. 홍익인간의 공동체 경제학

'널리 세상을 이롭게 하는' 홍익인간이 만드는 세상은 인간의 존엄성을 바탕으로 한 평등과 협동과 공유의 '공동체' 세상이다.

공동체 경제의 시작: 향도와 향약

이 공동체의 원형은 홍익인간 정신을 지닌 우리 조상들이 만들어낸 협동조합의 원조 격인 '두레'와 '계'에서 볼 수 있다. 이 두레나 계의 기원은 삼국시대 향도까지 거슬러 올라간다. 향도香徒는 '아름다운 무리'라는 뜻으로, 처음에는 불교 신도들의 모임으로 시작되었는데, 초기에는 불교를 후원하는 활동을 했다. 주로 절(사찰)을 짓거나 불상, 석탑, 종 같은 것을 만들 때 소요되는 많은 노동력과 자금을 조달했다.

고려시대 향도는 향촌의 대표적인 신앙 조직이자 농민 공동체 조직이다. 그렇다고 해서 단순히 종교 조직으로만 봐서는 안 되는 분명한 이유가 있다. 당시는 씨족사회이므로 주로 혈연관계에 있는 사람들이 한 마을을 이루고 살았는데, 이런 마을에서 새로운 가르침을 따르는 무리인 향도가 조직되었던 것이다.

이는 기존의 혈연으로 조직된 것이 아니고 불교라는 가르침을 바탕으로 한 일종의 지식 공동체였다고 할 수 있다. 따라서 그 당시에는 상당히 혁명적인 조직체였음을 짐작할 수 있다.

시간이 흐름에 따라서 한 마을에 자리 잡은 향도에는 점차 농민들이 참여하기 시작하면서 농사 및 마을의 대소사를 공동으로 풀어가는 공동 노동 조직 형태로 변모해갔다. 그러나 여전히 향도를 이끄는 우두머리는 그 지역 사회의 양반들이었기 때문에 이들은 향도가 농민들이 참여하면서 세력이 강해지는 것을 바람직하게 생각하지 않았고 조선시대에 와서는 향도의 세력을 약화시키기 위해서 향약鄕約을 만들어 그 힘을 약화시켰다.

향약은 조선시대 향촌 사회의 자치규약으로 조선 중기 지방 사림이 농민 · 노비 등 하층민의 지배를 강화하기 위하여 유교 윤리를 기반으로 향촌의 공동 조직을 재구성한 것이다. 향약은 서원과 함께 향촌 사회에서 사림의 지위를 강화하는 데 활용되었다.

향도는 이후에 두레와 계의 형성에 기여했다.

협동조합의 원형: 두레

두레는 여러 사람이 모인 상태의 집단이나 조직을 뜻하는 말로서, 우리나라의 마을 공동체에 스며들어 있는 사회자본의 대표적인 형태이다.

두레는 순우리말로서 그 어원이 '두르다' '둘레' '두루'에서 나왔다는 것이 정설이다. 첫 번째는 순우리말 '두르다'에서 나왔다고 할 때, 이 단어는 우리가 보통 '둥그렇게 원을 두르다' 혹은 '성곽을 두르다'라는 말을 연상하게 된다. 여기서 원이나 성곽을 둘러싸는 것은 '밖으로 부터 내부를 보호하기 위하여 경계를 만들다' 는 의미를 내포하고 있는 것이다.

이 말은 내부적으로 단단한 결속력을 갖는다는 의미로 해석할 수 있다. 서로 친근한 우애를 갖는 상태를 의미하는 것이다. 즉 이 말에서 '두레' 는 두터운 우애를 기초한 호혜 시스템이었다고 생각할 수 있다. 즉 일종 의 결사체association이었음을 의미한다.

이렇게 결사체가 만들어지면, 구성원들은 지금까지와는 다르게 더 친밀한 관계가 되고, 더 끈끈한 결속력이 생겨나게 된다. 그래서 이렇 게 만들어진 '두레' 는 단순히 농사일만 함께 하는 조직이 아니라 마을 의 치안을 담당하는 방범 조직의 기능도 담당할 수 있었던 것으로 보인 다.[42)]

공동체와 결사체는 이렇게 구분하고 있다.

> 사회학자 사토佐藤 慶幸에 의하면, 결사체는 사회 구성의 기본 개념
> 으로서 공동체community와는 대치되는 개념이다. 공동체가 일정한
> 지역 공간에서 개인이나 가족이 그 생활을 지속적으로 유지하기 위
> 해 다른 사람이나 가족과 상호 연대하는 행동인 반면, 결사체는 이런
> 공동체 위에서 목적 기능별로 형성된 것이다. 결사체에는 국가, 정부,
> 정당, 의회, 행정기관, 학교, 병원, 교통기관, 회사, 레크레이션 시설,
> 노동조합, 협동조합, NPO 등 매우 다양한 유형이 존재한다.

---

42) 『깨어나라 협동조합』 - 김기섭 / 들녘 2012.

결사체란 한마디로 '자립한 개개인의 자유롭고 평등한 연합'이다. 따라서 '결사체에 의한 노동의 조직'이란 자유롭고 평등한 개개인이 생산수단을 공동으로 소유해서, 자본에 의해 통제받지 않고, 협의를 통해 각자의 노동을 조직해가는 것을 의미한다. 두레는 한마디로 결사체이다.

두레의 또 다른 어원으로 '둘레'가 있다. '둘레'는 '돌아간다', '돈다'에서 파생된 말이다. 이 '둘레'는 순환을 의미한다. 즉 오늘은 이집 논, 내일은 저집 논 이런 식으로 돌아가면서 농사일을 공동으로 해 준다는 의미이다.

두레가 마을의 성인 남자면 누구나 의무적으로 참여해야 하는 강제성이 있었음에도 농민들이 기꺼운 마음으로 두레에 참여할 수 있었던 것은 내 논밭도 두레가 공동으로 경작해 줄 것이라는 믿음이 있었기 때문이다. 따라서 두레의 어원 가운데 하나인 '둘레'는 곧 두레는 일종의 교환 시스템이라는 것을 말해 준다. 내가 마을 사람 모두를 위해 힘쓴 만큼 마을 사람 모두가 언젠가는 나를 향해 되돌려줄 것이라는 관계를 말한다.

이때 교환은 물건만이 아니라, 노동의 교환도 포함되어 있다. 품앗이가 바로 대표적인 노동의 교환이다. 교환은 단지 시장에서 사고파는 행위만을 말하는 것이 아니다. 오히려 시장에서 화폐를 통해 이루어지는 교환은 오히려 예외적인 경우에 해당한다. 품앗이는 일대일 교환뿐만 아니라 다자간 교환도 있다.

두레라는 일종의 노동 교환 시스템이 성립하기 위해서는 먼저 두

가지 조건이 필요하다. 하나는 분화가 있어야 하고, 두 번째는 계약이 있어야 한다. 분화 없는 교환이 이루어지지 않는다.

자기 땅에 농사를 지어서 자기가 먹을 때에는 어떤 농산물이나 농사일의 교환도 일어나지 않는다. 그래서 두레는 개별 농민이 공동체로부터 분화하는 시점에서 전국적으로 확대되었다.

그리고 노동 교환시스템이 계속되기 위해서는 계약이 필요하다. 분화되었다고 해서 분화한 둘 사이에 반드시 교환이 이루어지는 것이 아니다. 한두 번의 교환은 이루어질지라도 둘 사이의 약속 사항을 미리 정해 놓고 그 약속을 서로 지키지 않으면 지속적인 교환은 불가능하다. 일종의 계약이 필요한 것이다.

그 계약은 반드시 문서일 필요는 없지만, 모내기와 김매기 순서를 정하고 각자 작업 내용을 배정하기 위해 다시 말해서 계약을 위해서 두레원들이 모두 모여 농사일의 시작과 끝에 항상 회의를 했다. 회의에서 결정된 사항에 대해서는 반드시 지켜야 할 의무가 있었고, 지키지 않는 사람에 대해서는 처벌과 벌칙이 따랐다. 민주적 절차와 협의를 거쳐 계약이 성립되지만, 그렇게 성립된 계약에 대해서는 이행의 의무가 있었던 것이다

두레는 계약에 기초한 교환 시스템이었다는 점에서 이것은 일종의 사업체였다. 두레는 결사체이면서 사업체였고, 결사체를 토대로 하면서 사업체적 성격을 갖는 경제형 결사체였다고 할 수 있겠다.

두레는 계약에 의해 교환이 이루어지는 사업체였다. 일제강점기 때 두레를 연구했던 일본 학자들은 이런 점 때문에 두레를 농사일의 윤번 시스템이라고 단언했다. 두레가 지닌 '둘레'의 의미를 강조한

것이다. 이것은 맞는 말이지만 이렇게만 본다면 두레의 전체 모습을 이해할 수 없게 된다. 우리 집 논밭 일을 해줬으니 남의 집 논밭 일도 해줘야 한다는 식으로 계약과 교환 관계만으로 두레가 유지 될 수는 없다.

여기서 필요한 것이 바로 두레의 세 번째 어원인 '두루' 이다. 두레는 어원인 '두루' 에서 '두루 두루 행복하라' 는 설날의 덕담에서 보듯이 모든 구석구석마다 빠짐없이 골고루 또 널리 미치는 것을 의미한다. 그렇다면 무엇이 구석구석마다 두루 미치게 한다는 말일까?

이 당시 두레의 구성원은 성인 남자였다. 그러나 마을에는 노인밖에 없거나 과부가 혼자 사는 집들도 있었고, 성인 남자가 있어도 몸이 아프거나 일을 할 수 없는 경우도 있었을 것이다. 일반적인 계약이라면 그런 집은 두레 노동 대상이 아니다. 내가 받을 것이 없다는 것을 뻔히 알면서 내 노동을 그 집 농사를 짓는데 제공하는 멍청이는 없을 것이다. 그런데 두레는 그런 마을 사람들의 논밭을 내 논밭처럼 경작해 주었다. 또한, 두레 풍물패는 마을의 공동기금을 확보하여 마을의 대소사와 가난한 이웃을 위한 자금으로 활용했다.

더욱 중요한 것은 두레의 구성원들은 두레 안에서 이루어지는 모든 노동에 대해 차별적으로 평가하지 않았다는 점이다. 몸이 불편한 아버지를 대신해서 코흘리개 아들이 막걸리를 날랐다고 해서, 건강한 청년만큼 힘을 쓸 수 없는 늙은이라고 해서 그 집의 논밭 일을 소홀히 하지 않았다는 점이다. 두레 안에서 모든 노동은 균등한 가치로 평가 받았다.

여기서 생각해 볼 것이 있다. 그다지 쓸모없는 노동을 내 노동과 동등한 가치로 인정해 줄 수 있는가? 나는 열심히 일하는데 그 대가가 항상 농땡이 치는 놈과 같이하면 열심히 일할 마음이 날까? 두레는 '두르다'에서 보듯이 일종의 호혜 시스템이고, '둘레'에서 보듯이 일종의 교환 시스템이며, '두루'에서 보듯이 일종의 재분배 시스템이다.

정리하자면, 두레가 일종의 교환 시스템이기 때문에 노동의 교환과 윤번이 지속 가능했던 것이고, 두레 노동의 교환은 철저하게 호혜의 시스템 위에서 작동했기 때문에 두레 내에서 노동에 대한 질량적 평가를 상쇄시킬 수 있었던 것이다. 나아가서 이런 호혜에 기초한 두레 노동의 교환이 재분배 시스템과 더불어 가능했기 때문에 두레를 넘어선 노동의 제공과 돌봄이 가능했던 것이다.

농사짓기 힘든 이웃을 위해서 아무런 대가 없이 도움을 주는 것, 즉 두레의 이러한 재분배 시스템으로 인해 두레는 마을이라는 자연을 협동의 관계망으로 재조직할 수 있었던 것이다. 두레가 두레일 수 있는 것은 두레가 지닌 이런 '두루'로서의 성격 때문이다.

두레는 고대 시대의 공동체적 유제로도 일컬어지며, 토지의 소유 관계가 발달하지 않았던 씨족 공동체사회에서 발생한 공동 노동조직으로 삼한시대 무렵부터 존재했다고 전해진다고 하지만, 확실한 근거는 없다. 두레는 농사農事, 농청農廳, 농계農契, 농악農樂, 목청牧廳, 걍사醵社, 도청都廳, 공청公廳, 길쌈 등 다양한 명칭으로 불리기도 했다.

두레는 농민 중심으로 이루어진 농촌 자조 조직으로, 주로 경기 이남의 농촌에서 조직 운영되었다. 두레는 조선시대 후기 이앙법이 보편화되면서 농촌에서 농사일을 공동으로 하는 향촌 주민들이 마을·부락 단위로 설치된 공동 노동 조직이다. 상호부조, 공동오락, 협동노동 등을 목적으로 마을 단위로 조직되었다. 여성들의 길쌈을 위해 조직된 '길쌈두레'와 남성들의 삼(대마) 농사를 위한 '삼 두레'가 있다.

두레는 농촌에서 서로 협력하여 공동 작업을 하는 풍습, 또는 이를 위하여 부락이나 리里 단위로 구성한 조직을 말한다. 부락·리 단위의 모임은 '만두레'라고 한다. 동회洞會·동제洞祭와 같은 씨족사회 유풍이다. 주로 농번기의 모내기에서 김매기를 마칠 때까지 시행된다.

두레의 조직은 부락 내의 장정이 주가 되며, 참여 자격은 노동능력에 따라 두레의 역원이 재가한 후 가입이 허락된다. 역원의 구성은 통솔자인 행수行首 1명, 보좌역인 도감都監 1명, 두레작업의 진행을 지휘하는 수총각首總角 1명, 두레 규약을 감시하는 조사총각 1명, 유사有司 1명, 방목지의 가축으로부터 전답을 보호하는 방목감放牧監 1명으로 되어 있다. 행수·도감은 자작농민 중에서 인망과 역량이 있는 자를, 그 외에는 소작농이나 머슴 중에서 선출하였다.

두레 노동은 동네 전체의 이앙·관개·제초·수확 등의 주요 작업에만 한정하는 경우가 많았다. 작업에 앞서 숫총각이 논두렁에 농기(農旗: 두레기)를 세우고, 농악에 맞추어 작업에 들어간다. 농악은 일꾼들의 피로를 덜게 하고 서로 일손을 맞추어준다. 두레에 딸린 농악대는 작업이 있기 전 미리 마을을 돌며 전곡錢穀을 거두어 출역出役에 따라 분배하고, 일부는 적립하였다가 교량가설·야학시설·농악기 구입 등에 사용한다. 두레가 끝나면 풍농豊農을 기원하고 술과 노래, 농악으로 마을잔치가 벌어지기도 한다.

농사철에 두레 조직을 가동할 때에는 농사뿐만 아니라 노인이나 환자, 과부, 고아 등과 같이 어려운 처지의 사람을 돌보는 것도 포함되었는데, 이와 같이 두레는 마을의 복지 기능을 부분적으로 담당했다. 두레는 마을 주민들의 정체성이자 자부심이었고, 생활이자 문화였다. 두레는 개인이나 가족의 힘만으로는 극복하기 어려운 문제를 마을 공동체를 통해서 해결하는 홍익인간 정신을 실천하는 우리의 전통 사회자본의 핵심이다.

두레는 마을을 협동 공동체로 만들 수 있었다.

두레는 농사일을 하는 공동 노동조직이면서 동시에 마을 신神에게 함께 제사를 지냈던 집단적 제의 조직이고 또 두레패를 통해 함께 놀았던 집단적 유희 조직이다.

제사와 놀이가 노동과 함께 했다는 것이야말로 두레가 지닌 중요한 특징 가운데 하나다. 여기서 어떻게 두레 안에서 노동과 놀이, 그리고 제사가 어울리게 되었는지 살펴보자.

제사는 일종의 종교다. 먼저 힘든 노동의 와중에서 제사와 놀이를 함께 했다고 해서 필요한 노동량이 줄어들거나 노동의 수고를 느끼지 않는 것이 아니다. 과학적이고 계산적인 관점에서 본다면, 제사와 놀이는 노동에 아무런 도움을 주지 못한다. 그런데 두레의 노동에는 항상 제사와 놀이가 뒤따랐다. 그 이유는 무엇일까? 제사와 놀이가 노동과 함께 했다는 것은 노동을 지금 이 순간의 단순한 계약 관계로 머물지 않도록 한다는 데 의미가 있다.

지금 이 순간의 노동은 동시대를 넘어 다음 세대로까지 시간적으로 확장시켜 주는 것이 제사이고, 노동 당사자 간의 계약을 넘어 마을 주민 전체에게로 공간적으로 확장시켜 주는 것이 놀이다.

우리가 제사를 지내는 이유는 나와 조상의 대화가 목적이 아니라, 조상을 매개로 하여 나와 내 뒤에 오는 세대와의 대화가 목적이다. 또한, 우리가 모여 노는 이유는 단순히 노동의 수고를 풀기 위해서가 아니라, 노동의 교환 과정에서 쌓은 이익과 손실을 하늘나라 계산법으로 처분하기 위해서다. 제사를 통해 두레는 다음 세대와의 서로 돌봄을 확인하게 되고, 놀이를 통해 두레는 계약에 참여했든 하지 않았든 모든 마을 사람과의 서로 돌봄을 재확인하게 된다.

오늘 내가 몸져누운 이웃의 논밭을 경작해 주는 것은 내일 내게 닥칠지 모르는 같은 상황에 대한 대비인 것이고, 오늘 내가 아비 잃은 자식의 끼니를 해결해 주는 것은 내일 내 자식에게 닥칠지도 모를 같은 상황에 대한 대비이다.

오늘 내가 자식을 먹여 키우면 내일은 그 자식이 나를 먹여 키우리라는 반포反哺와 되먹임FeedBack의 원리를, 가족이라는 사적 단위를 넘어 사회적으로 확장시켜가는 속에서, 제사는 시간적 되먹임이고 놀이는 공간적 되먹임이다.

두레 안에서 제사와 놀이가 함께 했다는 것은 이렇게 두레가 지닌 '두루' 로서의 성격, 즉 지금 세대 성인 남자만의 이익을 넘어서 노동의 호혜적 교환 관계를 마을 사람들 모두와 나아가 다음 세대 사람들에게까지 미치게 재분배한다는 점에 그 참뜻이 있다.

정리하면, 두레는 '두르다', '둘레', '두루'의 세 가지 말에서 그 어원을 찾을 수 있다. '두루다'에서 두레는 호혜적 측면 결사체 성격을 나타낸다.

'둘레'에서 두레는 계약과 교환의 측면 즉 사업체로서의 성격을 나타낸다. '두루'에서 두레는 재분배 시스템의 성격을 드러낸다. 즉 홍弘 익益과도 일맥상통한다.

여기서 단순히 개별 농가의 농사일을 마을 사람 모두가 힘을 모아 돌아가며 함께 진행한다는 시각에서 본다면, 두레의 의미는 여기서 끝난다. 그러나 두레가 진정 두레일 수 있고 또 사업적 결사체, 경제형 결사체로서 그 목적을 제대로 실행하기 위해서는 두레가 지닌 재분배 시스템에서 나왔다는 사실이다.

두레의 가장 중요한 생명력은 그것이 결사체와 사업체를 뛰어넘는 재분배 시스템을 가지고 있었다는 사실에 있다. 이로 인해 두레는 결사체에서 나올 수 있는 권력의 편중과 집단이기주의, 사업체에서 나올 수 있는 부의 소수 집중화, 그리고 경제 결사체에서 나올 수 있는 효율의 저하를 막을 수 있었던 것이다.

이 같은 고유의 공동 작업조직인 두레도 현대에 들어와서는 개인주의적인 화폐경제가 발달함에 따라 원래의 성격은 거의 사라졌으며, 농촌의 공동경작에서 그 유풍을 찾아볼 수 있는 정도이다.

두레의 의미는 지역 공동체를 위하여 평등의 원칙에 의하여 운영했다는 점에서 매우 의미가 크다. 경지면적과 노동력에 따라서 임금을 결산하여 주고받는 방식으로 협동 경제의 한 형태로 지역사회의 다양한 기능을 했다. 두레가 대내적으로는 노동단체·예배단체·도의단체·유흥단체의 의의를 가졌었으며, 한편 대외적으로는 군사단체로 동지동업同志同業의 순수한 결사의 뜻을 가졌다.

그것이 오늘날에는 농촌의 민간에만 잔존하여 여러 가지 민간 협동체를 파생시킨 것이다. 두레는 또한 공동노동 조직임과 동시에 일종의 오락이라고도 할 수 있다. 두레는 오늘날의 지역 기반의 협동조합의 원조격에 해당한다고 볼 수 있다.

자율 노동: 품앗이

'품앗이'는 호혜적 행위를 가리키는 순우리말로, '품'은 노동력을 말하고, '앗이'는 주는 행위와 받는 행위, 갚는 행위를 동시에 포함한다. 이 품앗이는 마을 전체나 일부를 대상으로 강제성과 규칙성이 요구되는 두레와 달리 개인적 친분 관계에 따라서 자율적이고 불규칙적이며 정精의 원리에 의해서 맺어지는 마을 구성원간의 자율 행위이다.

품앗이는 임금을 주지 않는 우리민족 고유의 1대1의 교환노동 관습이다. 품앗이는 파종·밭갈이·논갈이·모내기·가래질·논매기·밭매기·퇴비하기·보리타작·추수 등의 농사일은 물론 지붕잇기·집짓기와 수리·나무하기 같은 생활상의 품앗이, 염전의 소금

일·제방 쌓기에 이르기까지 널리 활용되었다.

대개 마을을 단위로 해서 이루어지는데 노력勞力이 부족할 때 수시로 이웃 사람에게 요청했다. 사람들 간의 교환노동으로 서로의 품격 높은 신뢰를 전제로 하며, 개별 노동의 실제 가치를 따지지 않고 참여자의 개별 상황을 인정하면서 이루어지는, 신뢰와 인정을 바탕으로 한 한민족 고유의 관습에 대한 명칭이다.

품앗이로 하는 일은 농사를 비롯해서 퇴비堆肥·연료장만·벼베기와 같은 남자들이 하는 일뿐만 아니라 큰일에 음식을 장만하고 옷을 만드는 여자들의 일도 포함된다.

이처럼 우리 민족의 역사 속에 존재하는 '협동과 연대 정신'은 서구의 전통보다도 훨씬 더 유구하고, 위대하다. 이는 우리의 '인본주의적' 가치가 결코 서양보다 가볍지 않음을 말하는 것이다.

공동체경제마을에서 가장 중요한 요소는 '사람'이다. 홍익인간은 모든 인간이 평등하고 상호협력하여 살아간다는 대원칙을 지니고 있다. 이러한 홍익인간 정신을 무시하는 오늘날 자본주의가 한계에 도달하게 된 것은 당연하다.

자본주의는 결국 인간을 무시한 결과로 어려움에 직면한 것이다. 처음에는 몰랐지만, 이제 자본주의가 지닌 한계점이 확실히 드러나게 되었다. 그것은 '인간의 존엄성'을 가볍게 여기고 때론 무시하고 나중엔 철저하게 '자본' 즉 '돈'에 더 큰 가치를 부여했기 때문이다. 무엇보다도 인간은 개인 혹은 독립(?)적인 존재가 아니다. 인간은 결코 분리된 존재가 아니다. '인간'은 처음부터 '공동체적인 존재'였다는 사실이다.

자조의 힘: 계

전통 계契의 뜻은 우리나라에 옛날부터 전해 내려오는 상부상조의 민간 협동체이다. 처음에는 사교를 목적으로 하였으나 차츰 친목과 서로 힘을 합쳐 돕는 협동을 목적으로 하게 되었다.

계의 유래와 보급 과정을 살펴보면 삼한시대부터 조직되었지만, 조선시대에 이르러 여러 가지 목적의 계가 생겨났다. 조선 중기에는 친목과 서로 협동하여 일을 하기 위한 종계와 혼상계 등이 유행하다가, 점차 경제적인 어려움에서 벗어나기 위한 호포계, 농구계 등이 성행하였다.

전통 목적의 계는 주로 양반이나 부호들 사이에서 행해졌지만, 조선 후기에는 경제적 어려움을 다 함께 이겨 내기 위한 농민들의 자발적인 계도 생겨났다.

전통의 계의 종류는 동갑계처럼 친목을 목적으로 한 것, 혼상계와 같이 상호 부조를 목적으로 한 것, 동업자의 이익과 권리를 지키기 위한 것 등 여러 가지가 있었다. 계의 운영 방식 공통된 이해를 가진 사람들의 지역적, 혈연적 상호 협동을 위한 조직의 한 형태로서, 일정한 액수의 돈과 곡식, 피륙 같은 것을 추렴하여 운영하면서 서로 이용하여 이익을 나누었다.

계의 결성의 의미는 경제적 어려움을 타계하기 위하여 지역민들이 상호협력으로 민간 금융 기구의 역할을 했다는 것을 주목할 필요가 있다. 향약이 양반이 중심이 되어서 통치적인 측면에 강한 자치규약이라면, 계는 경제적 이익과 친목을 목적으로 자체 결성된 조직이다.

두레와 더불어 조선시대 대표적 협동조합인 '계'가 있다. 두레는 '함께 일하는' 개념으로 '협동'에 가깝고, 계는 '모임' 즉 '조합'에 더 가깝다고 할 수 있다. '계'가 사회 복지 분야에서부터 제사와 풍류에 이르기까지 다양한 내용을 담아낼 수 있었던 것도 그것이 내용이 아니라 형식이기 때문이다.

다산 정약용 선생은 '계'에 대해서 다음과 같이 설명을 하고 있다.

〈'계'는 약이며 합이다契者約也合也.〉 '계'는 약속이라는 의미이다. 이는 약속이라는 점에서 '계'의 운영 원리와 그 발전 시기를 가늠할 수 있다. 인간 사회가 공동체 사회gemienschaft에서 이익사회gesellschaft로 변화했다. 이익사회를 구성하는 가장 기본 원리는 공동체가 가하는 규제가 아니라, 불문의 관습에서 성문의 계약으로 나아가는 이행, 즉 개인 간의 자발적 약속에 있다.

'계契'라는 한자가 목간이나 대나무에 서로 주고받은 수량을 새겨 표시한 데서 유래했다는 사실 또한 계가 지니는 약속의 의미를 드러내고 있다. 그 약속의 관계 안에서는 지위의 높고 낮음과 나이의 많고 적음의 차이가 없었다. 다시 말해 계는 공동체에서 개인이 분리 독립하기 시작한 시기에, 개인과 개인 간의 자발적이고 평등한 약속에 따라 운영되는 조직이었던 것이다.

비록 계가 시장경제의 형성과는 무관하게 훨씬 긴 역사를 지녔다 할

지라도 실제 계가 우리 사회의 중심에서 민중의 자발적 경제운동 조직으로 기능한 것은 개인과 시장경제가 출현한 시점과 일치한다.

정약용은 계를 약속이면서 동시에 합습이라 했다. '합'은 계의 또 다른 의미로서 계의 목적을 드러내는 말이다. 정약용이 말하는 합은 우리가 이해하는 '모임'이 아니다. 계는 분명 일종의 '모임 즉 결사체'이지만, 계자회야契者會也라는 표현에서 별도로 설명하고 있다. 정약용이 말하는 '합'은 좀 더 정확하게 말하면 '합일合一' 즉 '서로 다른 것이 모여 하나 됨을 이루는 것'이며 이것은 계의 목적에 해당되는 말이다.

관습과 규제에 따른 강제적 합일과 달리, 개인 간의 자발적 합일을 위해서는 반드시 모두 동의하는 공정한 균형이 필요하다. 즉 계는 국가나 공동체의 강제적 합일이 그 기능을 상실하면서 민족의 자발적 조직이 그것을 대체하기 위해 생겨난 것이다.

다시 말해서 계의 진정한 목적은 개개인의 이익을 극대화하려는 것이 아니라, 개인 간의 사회적, 경제적 불공정과 불균형을 자발적 약속에 따라 시정 보완하려는데 있다. 국가의 기본적 역할인 재분배를 통한 사회통합의 기능이 외부의 잦은 외침과 내부의 삼정의 문란 탓에 더는 기대할 수 없게·되었을 때, 계는 개개인 간의 약속, 즉 협치協治를 통한 공정한 균형과 합일을 이룸으로써 국가를 대체하는 역할을 담당했던 것이다.

계에는 크게 세 가지 유형이 있다. 가정 경제 간의 교차 영역에 있는 계, 사적 경제와 가정 경제가 교차하는 영역에 있는 계, 그리고 공적 경제와 가정 경제가 교차하는 영역에 있는 계가 그것인데, 각 영역별로 얼마나 다양한 유형의 계가 조직돼 있었는지를 알 수 있다. 이렇게 조선 사회는 마을마다 집집마다 계가 조직되어 있었고 [村村有契 家家有契], 성인 남자는 대부분 계에 가입해 있었다.(1926년 조사에 따르면 당시 이미 2만여 개의 계에 81만여 명이 가입해 있었다 한다.) 한마디로 계는 당시 민족의 일상생활을 자발적 약속에 기초한 호혜의 원리로 폭넓게 조직해낸 최대의 사회적 경제였다.

조선 사람들은 태어나서 죽을 때까지 아니 죽고 난 뒤까지 계와 관계했고, 생산에서 소비에 이르는 전 과정뿐만 아니라 생산수단의 소유와 관리까지를 계로 조직했다. 계는 자본주의냐 사회주의냐, 사유제냐 국유제냐, 영리 추구냐 통제냐를 넘어선 새로운 시장을 만들어갔고, 일상의 생활을 호혜와 협동의 원리로 조직화함으로써, 현대적 의미의 사회적 경제의 전형을 보여줬다.

이렇게 활발했던 계는 일제의 탄압, 전시체제 전환에 따른 통제 계획 경제 강제 편입, 냉전체제를 유지하기 위한 자발적 민간 조직에 대한 탄압, 근대화의 자생적 맹아에 대한 지식인들의 몰이해와 천시 등으로 해방 이후 대부분 소멸됐고, 식리계와 종계만이 겨우 그 명맥을 유지하고 있다.

그러나 계가 대부분 소멸됐다고 하여 계를 만들어온 우리 민족의 사회적 경제 운동도 따라서 소멸한 것은 아니다. 계의 정신과 관습은 새로운 사회단체로 계승돼, 각종 조합으로 변천하거나 모임會이나 협회 같은 새로운 자치기구로 재등장하기에 이르렀다. 협동조합을 포함한 다양한 결사체가 비교적 단기간 내에 다양한 형태로 크게 발전할 수 있었던 것은, 이런 계의 전통이 우리 민족 사이에 여전히 살아 있었기 때문이다.

지금까지 살펴본 향도, 향약, 두레나 계, 품앗이 등은 우리 조상이 홍익인간 정신을 구현한 구체적인 사례라 할 수 있다. 오늘날 비즈니스 관점에서 볼 때 가장 이러한 홍익인간 정신이 가장 잘 드러나는 사업은 사회적 협동조합 방식이다.

5. 홍익인간의 기업경영

홍익인간 정신으로 기업을 경영하면 어떨까? 협동과 공유의 정신으로 기업을 성공적으로 경영한 사례가 많다. 그중에서 이미 널리 알려진 외국 사례를 통해서 재구성해본다.

셈코 이야기

셈코SEMCO는 일반인들에게는 생소하지만, 세계 언론에 잘 알려진 기업이다.[43] 브라질에 본사를 둔 셈코는 10여 개의 연합체로 구성된 전문적 서비스 제공과 하이테크 소프트웨어 개발 기업이다. 매년 40%에 가까운 성장을 이뤄낸 장본인은 CEO인 리카르도 세믈러Ricardo Semler다. 그의 부친이 설립한 셈코가 70년대 조선업 불황 및 브라질 경기침체로 위기에 처하자 80년대에 21세라는 약관의 나이로 CEO로 취임한 리카르도 세믈러는 다양한 혁신을 통해 위기를 극복하고 동사를 어디에서도 찾아볼 수 없는 독특한 기업으로 탈바꿈시켰다.

---

43) 『셈코 스토리』 - 리카르도 세믈러 / 한스켄텐츠 2006.
　　『매버릭』 - 리카르도 세믈러 / 프레스빌 1995.

수많은 사람이 그 비결이 뭐냐고 묻는다. 그런데 의외로 리카르도 세믈러의 대답은 간단하다.

바로 '왜'라고 묻는 것이죠. 직원들은 '왜' 집에서는 성인으로 대접받다가 직장에서는 미성년자 취급을 받는 것일까요? 직원들은 '왜' 스스로 자신들을 관리해서는 안 되는 것일까요? '왜' 반대 의견을 내놓고 의문을 제기하고 공개적으로 정보를 나누지 못하는 것일까요? 도대체 '왜', '왜', '왜'.

그는 항상, 그것도 세 번씩 연속해서 "왜"라고 묻는다면 결국은 관습적인 사고의 틀에서 벗어나 신선한 시각을 갖게 되고 사태의 본질에 접근할 수 있다고 말한다,

하버드, 스탠퍼드, MIT, 런던 상경대, INSEAD 등 세계 유수의 대학에서 사례연구로 활용되고 있는 브라질 기업, 셈코Semco. 과연 이상한(!) 기업이다. 우리가 흔히 회사라면 반드시 있어야 한다고 생각하는 많은 것이 셈코에는 없다. 우선 공식적인 조직구조가 없다. 비즈니스 계획도 없다. 기업전략이 없으니 당연히 장기예산안도 없다. 하지만 여기에서 놀란다면 시기상조. 어떠한 정해진 표준이나 관례도 없고 직무기술서와 고용계약서도 없다. 보고서나 경비내역서를 결재하는 사람도 없다. 심지어 인사관리 부서조차도 없다. 이렇게 하고도 회사가 운영될까? 하지만 셈코는 매년 40% 가까운 기록적인 성장을 이어가고 있다.

그는 직장 민주주의가 자리 잡기 위해서는 지위고하에 상관없이 평등한 관계가 구축되어야 한다고 주장한다. 그는 CEO의 의미를 직장 민주주의 도입 및 변화 촉매제(효소) 역할을 담당해야 하는 '최고효소임원 Chief Enzyme Officer'으로 정의하는 것도 그런 의미이다.

경영자 리카르도 세믈러가 생각하는 이상적인 직장 민주주의는 통제를 최소화하고 자율운영 원칙을 고수함으로써 성장하는 것이다. 직장 민주주의는 일에 대한 흥미를 북돋아 직원의 재능을 최대한으로 끌어낸다. 또한, 자율적 의사결정과정은 적절한 상황대처능력을 길러내 지속적인 성장을 가능케 한다고 주장한다.

셈코의 혁신적 사례 중 몇 가지를 소개하면 다음과 같다. 근무시간, 장소, 형태 모두 자율에 의해 탄력적으로 결정. 공식적인 조직도와 HR부서를 폐지, 모든 정보를 공개하고 이사회를 개방, 직원 2명이 이사회에 참석해 권한을 행사하는 반면 회사의 주요 결정은 일반 직원의 회의체인 평민회의에서 결정된다.

사원들의 '통제'를 포기하면 회사가 위기에 처할 것처럼 생각하지만 근무시간을 관리하지 않는 셈코의 유연한 근무제도는 생산성을 향상시켰다. 여유를 주고 자신의 재능과 관심사를 발견하게 하면 직원들은 개인의 꿈과 기업의 목표를 결합시킬 수 있게 된다. 또 직원들의 도전의식이 고취되고 활기찬 분위기가 퍼져 자연스럽게 수익과 성장으로 이어진다. 사원들의 통제는 사람을 수동적으로 만들뿐이다. 그래서 셈코 직원들은 직무와 과업을 자율적으로 결정한다. 이를 통해 직원의 직무만족도가 향상되고 일에 대한 몰입이 증대된다. 또한, 열정을 불러일으켜 직원의 재능을 최대한 발휘할 수 있도록 해주며, 소명의식을 지닌 직원을 길러내 회사의 성공 원동력이 되고 있다.

셈코에서는 모든 직원에게 열심히 일하라고 강요하지도 않는다. 다양

프로그램	내 용
12인 위원회	셈코의 기본가치를 지키기 위해 사업단위 및 지역별로 12인의 평사원을 위원으로 선출, 매월 경영진의 경영행위를 검토. 위원 중 2명은 셈코 이사회에 참석해 발언권 및 의결권을 행사
Up & Down Pay	일을 적게 하고 자유시간을 많이 갖고자 하는 직원들은 낮은 급여를 받는 조건으로 근무할 수 있으며 그 반대도 가능
Retire-a-Little	근무시간의 일정 비율을 개인시간으로 하고 이에 비례해 회사가 급여를 공제. 퇴직 이후 공제 급여만큼 재취업 보장
Work & Stop	이유를 막론하고 3년간 휴직을 보장, 휴직기 동안 휴식과 교육 기회를 얻게 됨. 이를 통해 이직률이 낮아지고 생산성이 높아짐
Lost in Space	신입직원은 1년간 여러 부서에서 자유롭게 근무, 각 부서와 신입직원의 자율교섭에 의해 직무를 선택하게 됨
러시아워 MBA	러시아워 정체를 피해 매주 월요일 오후 6시부터 2시간 동안 MBA에서 다루는 분야를 회사의 지원을 받아 학습함
Family Sliver Way	조직에 대한 이해가 높고 재능이 있는 인력을 계속 확보하기 위해 내부 직원이 타 사업팀이나 계열사로 이동할 때 30%의 가산점을 인정

성을 인정해야만 자율이 자리 잡는다는 것을 알고 있기 때문이다.

셈코는 지속가능한 성장만을 추구한다. 이를 위해 총수익에 기반을 둔 기존의 평가 방식을 거부한다. 대신 주주와 직원, 고객, 공급업체, 또 지역 사회에 의견을 물어 회사의 장단점을 입체적으로 평가하고 있다.

또 공식적인 감사나 모니터 행위는 없지만, 신뢰를 기반으로 한 동료들의 자율 통제가 이뤄진다. 신뢰를 유지하기 위해 더욱 신경을 쓰게 되기 때문 훨씬 효과적이다. 또한, 정보 공개 정책은 신뢰를 더욱 굳건하게 만들뿐만 아니라 쓸데없는 소문과 모함을 없애 생산성 향상에 일조하고 있다.

셈코를 이해하기 위해서는 먼저 경영자인 리카르도 세믈러의 철학을 이해해야 한다. 그는 기업이 인간을 위해 존재해야 한다고 생각한다. 그래서 인간을 위한 기업을 만들기로 한 것이다.

그는 홍익인간 정신을 가지고 있었던 것이다. 그리고 홍익 정신을 실천하는 기업가이다. 21살이란 젊은 나이에 아버지로부터 기업을 물려받는다. 아버지가 만든 기업은 전통적인 피라미드 형태의 구조를 원형의 구조를 만들고자 했던 것이다.

우리가 연구한 바에 의하면, 이것이 홍익인간 정신을 가진 기업가들이 도입하는 모든 사람들을 위한 경영 철학이다. 또한, 홍익인간 정신을 바탕으로 한 공동체 경영은 피부, 인종, 국가, 이념과 사상이 달라도

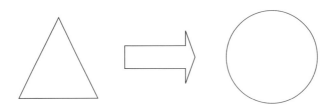

'인본주의 경영'으로 표현하는 형식은 같다.

처음 그가 회사의 시스템을 바꾸려고 할 때, 몇 가지 원리를 도입하였다. 먼저 자본주의에서는 개인적 자유와 이념과 개인주의를 도입했다. 그리고 경쟁 개념을 도입했다. 사회주의 이론에서는 탐욕의 절제와 정보 및 권력의 공유를 배웠다. 그는 일본인들로부터 유연성의 가치를 도입했다.

여기서 우리는 경영자 리카르도 세물러가 '홍익인간'적 사고방식을 가지고 있다는 점을 파악할 수 있다. 즉 어느 하나를 배척하는 것이 아니라 장점을 최대한 활용하는 것이다. 그는 기업의 운영에 자본주의와 사회주의의 장점을 도입한 것이다.

물론 처음에 모든 직원이 이것을 쉽게 받아들인 것이 아니다. 예를 들어 금속노동자 조합에서는 유연성을 받아들이기 쉽지 않았다. 자유롭게 출퇴근하면 공장이 엉망이 된다는 것이 일반적인 생각이었다. 그러나 결과적으로 공장은 아무런 문제가 없이 잘 돌아간다는 것이 입증되었다.

처음 회사를 맡게 되었을 때, 그는 기존의 수직구조로 되어 있는 회사의 직위체계를 과감하게 제거하였다. 한 마디로 모든 직책을 없애버린 것이다. 사장이니 이사니 혹은 과장이니 부장이니 하는 직책으로 피라미드 구조로 된 조직 체계를 한방에 제거한 것이다. 이를 위하여 그는 아버지와 오랫동안 일했던 회사의 중역들을 과감하게 숙청(?)했다.

경영에 '경'자도 모르는 새파란 젊은 사장이 들어와서 창업멤버이고 중역들로서 회사의 중요한 자리에 앉아서 놀고먹는(?) 권력자들을 싹쓸이했으니, 회사의 안팎으로 큰 충격을 주었다. 곧 이 회사가 망할 것이라는 소문도 돌았다.

홍익인간 정신 = 자율 정신 = 창의적 생각의 발현

경영자 리카르도 세믈러의 생각은 모든 것은 직원들이 주인이다. 무엇이든 자유롭게 할 수 있다. 그는 기업에 '통제' 대신에 '자유'라는 새로운 원칙을 적용시켰다. 예를 들면 그는 출퇴근 시간을 정해서 몇 시부터 몇 시까지 일해야 한다는 근무시간, 출퇴근 시간을 없앴다. 출근하고 싶을 때 출근하고 일하고 싶은 만큼 일하는 자유를 적용시킨 것이다.

원래 셈코는 정상적인 피라미드 구조와 엄격한 위계질서를 가진 전통적인 기업이었다. 그러나 지금은 공장의 종업원들이 스스로 생산량을 스스로 결정하며 심지어 그 생산량을 달성하기 위한 작업시간도 스스로 결정한다. 여기에는 경영진의 간섭도 없고 잔업수당 같은 것도 없다. 그들은 자기 손으로 만드는 제품의 디자인과 마케팅 계획에 자신의 견해를 반영한다. 각 부서의 책임자들 역시 전혀 상부의 간섭을 받지 않고 자유롭게 비즈니스 전략을 수립하며, 자유롭게 부서를 이끌어간다. 심지어 자기가 받을 보수도 스스로 결정한다.

직원들에게 자유를 부여했다. 이것이 홍익인간의 경영 방식이다

더욱더 놀라운 것은 회사의 중요한 각종 장부를 직원들이 볼 수 있도록 공개하고 있다는 점이다. 손익계산서와 대차대조표 같은 회사의 재무제표를 직원들이 열람할 수 있게 했다. 회사의 재정에 대해서 공개 토론을 벌이고 자신들이 어떤 상황에 놓여있는지 알고 있다. 심지어 다른 회사를 인수하는 중요한 결정도 회사의 모든 직원이 참여한 가운데 투표로 결정한다.

이렇게 모든 것을 자유롭게 한다면, 회사는 곧 절대로 성공할 수 없다는 것이 일반적인 경영자들의 생각이다. 또한, 경영 전문가들도 그렇게 주장한다. 하지만 셈코는 모든 경영 이론을 무시한 경영을 하고 있는데도 여전히 잘되고 있다. 셈코에서는 사장이니 종업원이나 하는 서열을 나타내는 개념조차 사용하기를 싫어한다. 차라리 동료, 동업자라는 표현을 좋아한다. 모든 직원들은 직책의 높고 낮음을 떠나서 부담 없이 잘 어울린다.

원래 셈코에는 관리자들이 많았지만 지금은 거의 없다. 심지어 감독하는 사람들도 필요성이 크게 줄어들었다. 그래서 법률 자문역, 회계 자문가, 마케팅 전문가 수도 75% 이상 줄였다. 그리고 자료를 처리하는 부서나 교육을 전담하는 부서도 없고, 모든 직원들이 자신의 업무에 대한 보증을 서기 때문에 품질관리 부서도 없다. 기존에 12개 직급이 3개로 줄어들었다.

직원들은 가업가적 창의성을 갖고 일을 한다. 실제 창업을 지원한다. 기존 피라미드 형태에서 원형 구조로 바뀌면서 직원들의 역할은 크게 바뀌었다.

경영자 리카르도 세믈러는 직원들에게 기업가 정신을 살리는 문화를 만들어 냈다. 예를 들어 한 부사가 다른 부서의 서비스가 마음에 들지 않으면 그들은 회사 바깥의 다른 누군가에게서 자기네 마음에 드는 서비스를 구매한다. 그래서 서로 촉각을 세우고 일을 한다. 심지어 직원들에게 독립해서 독자적인 사업체를 꾸려 보라고 격려하고 있다.

그들에게 셈코는 장비를 싼값에 임대해준다. 물론 셈코는 예전의 직원들이 만들어낸 제품을 구매한다. 또한, 이들은 셈코의 경쟁업체라도 자신들의 제품을 팔 수 있다. 독립한 사람들에게는 자신의 노동 생활을 완전히 통제할 수 있게 자유를 주었다. 한때 직원이었던 사람들이 사장이 되도록 하는 것이다.

셈코는 일반 기업과 전혀 다른 문화를 가지고 있다. 요즘의 표현으로 바꾼다면, '사내 벤처'를 장려하는 문화를 가지고 있다. 무엇보다도 셈코는 기업 자체가 대형화되어 비만에 걸리는 것을 방지하면서, 직원들에게 독립하여 자영 사업을 할 기회를 제공함으로써, 직원들이 경영자로 성장할 기회를 제공하는 데 역점을 두고 있다.

홍익경영 1: 위성衛星계획

셈코에서는 직원들이 회사를 떠나서 창업을 하고자 하면 지원할 수 있는 시스템을 고안하였다. 그것을 위성계획이라 부른다. 이는 셈코에서 근무하다가 퇴직하여 독립적으로 자기 사업을 하고자 하는 사람에게 셈코와 연결된 사업체를 운영할 수 있게 하는 계획이다. 물론 모든 사람들이 이렇게 창업을 해야 하는 것이 아니다. 퇴직하여 떠날 수도 있다. 어떤 사람들은 더 일하고 싶어 한다. 그런 경우에 셈코에서 하던 일을 독립적인 사업으로 진행할 수 있게 하는 것이다.

아마도 일반 기업에서도 이렇게 창업을 허용하는 경우가 있다. 이런 경우 하청업체로 사업을 하게 된다. 대개는 하청업체는 경쟁회사에 물건을 팔 수 없고 또한 가격이나 마진도 지정하여 납품해야만 한다.

그러나 셈코는 이 위성衛星회사가 셈코의 하청업체로서 머물러야 한다고 제한하지 않는다. 셈코의 경쟁 회사에 물건을 팔아도 상관하지 않는다. 대신에 셈코도 다른 경쟁업체로부터 물건을 살 수 있다. 따라서 서로 보장해 주는 것은 아무것도 없다. 그렇기 때문에 이렇게 독립한 회사들도 상호 간의 경쟁 속에서 혁신해야만 하는 것이다.

이러한 전략은 홍익인간 정신의 원칙인 '인간을 평등하게 대우' 하는 것이다. 즉 하청업체라고 해서 마음대로 하는 것이 아니고, 또한 편애하는 것도 아니다. 정정당당하게 경쟁하여 사업적으로 승부를 걸도록 하는 것이다.

셈코는 20개가 넘는 위성 회사들을 창업하고 독립하도록 지원하였다. 그 결과 셈코가 직접 수행하던 제조 분야의 작업 절반이 위성 기업으로 넘어갔다. 위성 기업들 중에 문을 닫은 기업들은 없다. 일부는 동업자를 찾고 있고, 일부는 생산 라인을 확장하기 위해 애쓴다.

이런 위성기업들 중 일부는 작은 셈코가 되어서 민주주의와 투명성, 신뢰감을 조직에 불어넣고 있다. 또 다른 일부는 새끼 포드나 IBM이 되었다. (리카르도 세믈러는 이것이 일시적인 재난이길 바란다고 했다.)

이런 위성기업들은 셈코 이외의 고객들을 가지고 있으면서 셈코와도 좋은 관계를 유지하고 있다. 셈코는 위성계획을 유연성의 관점에서 추진하고 있다. 제조과정의 번잡함에서 벗어나서 자유로워짐으로써 셈코는 보다 나은 제품을 위한 디자인과 엔지니어링, 그리고 조립에만 집중할 수 있게 되었다.

셈코의 성장은 또 다른 면에서 의미가 있다. 그것은 당시 브라질이 극심한 불황과 인플레이션, 그리고 정부의 경제정책의 혼란 속에서 무려 6배나 성장했기 때문이다. 생산성은 7배, 이윤은 5배나 증가했고, 14개월 동안 단 한 사람의 직원도 셈코를 떠나지 않은 기록도 가지고 있다.

그는 말한다. "우리는 다 죽어가는 회사를 맡아서 번성시켰다. 그럴 수 있었던 주된 요인은 우리의 가장 큰 자산인 '사람'을 낭비하지 않았기 때문이다."

정말 멋진 말이다. 만일 기업인들이 회사의 가장 중요하고 가장 큰 자산이 '사람'이라는 사실을 깨닫는 다면, 그는 홍익인본경영을 할 수 있는 것이다.

홍익인간은 '사람'이 가장 중요한 경영 자산임을 안다. 앞으로는 이런 기업만이 살아남을 것이다.

홍익경영 2: 인본경영

모든 문제는 인본경영으로 해결한다. 오늘날 기업들이 가장 큰 고민을 하는 부분이 아마도 '노·사간의 갈등'이 아닐까 생각한다.

셈코에서는 이 문제를 어떻게 처리하는지 살펴보자.

경영자 리카르도 세믈러는 노동조합이 단순한 필요악 이상의 것이라고 생각하며, 그것은 작업장을 변화시킬 수 있는 몇 안 되는 합법적인 장치 가운데 하나로 인식한다. 물론 모든 노조 지도자들이 이성적이 사고에 익숙한 것이 아니고, 모든 노조의 직책이 합리적인 것도 아니다. 그러나 노조의 존재를 무시하는 것, 기회가 있을 때마다 어떤 수단을 동원하고 어떤 대가를 치르더라도 노조를 무찌르려고 하는 것은 결코 전략이라고 부를 만한 가치도 없다고 생각한다.

일반적인 기업이 노동자 파업에 대처하는 통상적인 방법은 첫 번째, 회사의 입장을 정리한다. 두 번째, 요구 사항을 내건다. 세 번째, 물러서지 않는다.

또한, 일하고자 하는 자는 누구나 일할 수 있게 한다. 설사 그것이 경찰에 전화를 거는 일일지라도…. 그리고 회사의 재산을 보호한다. 그러기 위해서는 필요할 경우에는 물리적 힘을 행사한다. 나중엔 공장을 폐쇄하고 급료 지불을 보류함으로써 노동자들을 어렵게 만들고, 파업에 참여한 사람들을 분할해서 지배한다. 마지막으로 파업이 끝나면 주동자와 마음에 들지 않는 자들을 해고하고 나머지 사람들을 협박한다.

그러나 셈코의 방법은 다르다.

첫 번째. 모든 사람들을 성인으로 대우한다.

두 번째, 파업에 참여한 사람들에게, 작업에 복귀하면 아무도 처벌하지 않겠다고 약속한다. 그 약속을 지킨다.

세 번째, 작업에 참여한 사람, 파업을 주도한 사람에 대한 자료를 남기지 않는다.

네 번째, 절대 경찰을 부르거나 시위를 방해하지 않는다.

다섯 번째, 모든 수장을 정상 지급한다.

여섯 번째, 노동자들이 공장에 접근하는 것, 혹은 노조 대표들이 노동자들에게 접근하는 것을 봉쇄하지 않는다. 그러나 노조 지도자들에게 회사는 일하려 하지 않는 사람의 결단을 존중할 터이니 일하고자 하는 사람의 결단 역시 존중해 달라고 요구한다.

일곱 번째, 파업 중 혹은 파업 후에 아무도 해고하지 않는다. 그 대신 모든 사람들로 하여금 파업은 공격적인 행동이라는 사실을 인식하게 한다.

그래서 셈코는 파업 동안에는 한 번도 협상을 벌이지 않는다. 셈코의 원칙은 일하지 않는 시간에 대해서는 임금을 지불하지 않으며 파업 동안 어떠한 양보도 하지 않음으로써 모든 사람들을 작업에 복귀시키는 것이다. 셈코는 노동자들이 작업에 복귀한 다음에 비로소 협상을 시작한다. 파업에 참여한 노동자들이 공장을 드나들고 카페테리아를 회의장소로 이용할 수 있도록 허용한다. 여느 때처럼 아침식사와 점심식사를 제공하고 식대도 지불한다. 의료보험을 비롯한 갖가지 혜택들도 똑같이 제공한다. 그러나 협상은 하지 않는다.

기업은 항상 두 가지 생각이 공존한다. 기업들은 예외 없이 종업원들에게 충분한 배려를 베풀고 있으며, 그들은 자기 회사의 가장 큰 자산이라고 생각한다. 종업원들은 예외 없이 자기네가 충분한 배려를 받고 있지 못하다고 생각하며, 자기네의 진정한 생각을 이야기할 수 없다고 믿는다.

어떻게 하면 이 두 가지 입장의 화해를 이룩할 수 있을까?

사람을 일종의 생산도구로 이용하던 시대는 종말을 맞이하고 있다. 민주주의가 독재보다 훨씬 더 골치 아픈 것과 마찬가지로, 종업원의 참여를 유도하는 것은 의례적인 기업경영보다도 훨씬 더 복잡한 일이다. 하지만 그 두 가지를 무시한 채 이 시대를 견뎌낼 수 있는 기업은 그리 많지 않을 것이다.

셈코의 이야기를 계속해 보자. 셈코는 대형화되는 공장의 위험성을 직감하였다. 규모의 경제라고 하는 것은 가장 과대평가된 개념이라고 경영자 리카르도 세믈러는 생각하고 있다.

대형화는 단기적으로 힘을 발휘하지만, 시장이 축소되는 순간 위험에 빠진다. 실제로 대기업들이 도산하는 경우에 대부분 비만증에 걸려서 회복하지 못한 것이다. 대형화된 기업들은 내부가 매우 복잡하게 조직되어 있으며, 어느 하나의 문제가 생기면 전체가 다 연쇄적으로 제공이 걸린다.

셈코는 제조라인을 최대한 소규모로 분할하여 독립 운영이 되도록 함으로써, 경기의 성장기 때 훨씬 더 돈을 벌 수 있었고, 불경기나 위기 상황에서 신속하게 대처할 수 있게 하였다. 이렇게 기업을 최소화하여 '네트워크 기업'으로 전환하여 성공한 사례들이 많이 있다. ABB는 대기업이지만 하나의 거대한 사업체를 2000개의 작은 네트워크 기업으로 분사시켜서 성공적으로 운영하고 있다.

셈코는 공장을 분사하여 자치권을 부여하여 노사 갈등도 없애고 종업원들이 자발적으로 작업할 수 있게 함으로써 크게 소득을 올리게 되었다. 그러나 리카르도 세믈러는 돈을 버는 데 나름대로 기여한 모든 사람들에게 지분을 나누어줄 계획을 세운다. 당시 브라질에서 이윤을 분배하는 기업은 대여섯 회사밖에 없었다고 한다. 그나마 무슨 정해진 규정이 있는 것도 아니고, 최고 경영자의 기분에 따라서 특별 보너스를 지급하는 수준이었다.

셈코는 새로운 종류의 이윤 분배 방식을 계획한다. 그러기 위해서는 회사의 중요한 정보를 직원들과 공유해야 한다. 아무리 보잘것없는 일에 종사하는 사람이라도 모든 정보가 부족함 없이 제공되어야 진정한 참여와 동반의 정신을 살릴 수 있다는 생각에 회사의 기밀에 속하는 정보를 공개키로 한다.

가장 중요한 정보 중 하나인 회사의 재정문제를 종업원들과 공유하자는 이야기에 관리자들도 놀랐다고 한다. 실제로 셈코의 임직원들의 수익을 공개하자, 직원들은 충격을 받았다. 당시 브라질은 1년 최저임금이 1,500달러인데 경영진의 수익이 보너스를 합쳐 1년에 5만에서 10만 달러라고 사실을 공개했던 것이다. 보수 공개 이후에 점차 최고보수와 최저보수 사이에 격차가 줄어들기 시작했다고 한다.

처음에는 간부들의 봉급에 놀랐던 종업원들도 나중에는 그것을 인정하기 시작했다. 그만한 돈을 받을 일을 하고 있다는 것을 인정한 것이다. 이후에 급여뿐만 아니라 회사재정에 관한 모든 정보를 공개하였다. 처음에 사람들 중에는 이윤과 수입의 차이점조차 모르는 종업원들도 있었다. 그래서 회사에서는 노조의 협조를 받으며 대차대조표와 현금출납부, 기타 각종 서류들을 보는 방법을 가르치는 강좌를 개설했다. 이런 강좌를 개설한 회사는 셈코가 유일했다.

이후에 합리적인 이윤 배분을 위해서 나름대로 오랫동안 연구하였다. 왜냐하면 이렇게 하는 기업이 없으니 모두 처음부터 룰을 만들어야 했기 때문이다. 이 일을 위해서 공장위원회와 노조간부들이 참여하는 회의를 1년 반에 걸쳐 진행하여 결론을 얻었다. 총이윤의 40%는 세금으로 납부해야 하고, 25%는 주주들에게 배당하고, 12%는 회사의 지속적인 성장을 위한 최소한의 재투자비용으로 축적하고 남은 23%를 이윤배분하기로 하였다.

이를 위하여 종업원들이 참여하는 회의를 하는데, "왜 우리의 이익을 돈을 얼마 벌지 못한 다른 공장과 함께 나누어야 합니까? 그건 부당한 처사입니다."라는 의견이 나왔다. 그래서 과연 무엇이 정당한 처사인가에 대해서 많은 토론을 거친 경과 최종적으로 모든 사람들이 똑같은 액수를 받는 방식으로 결정되었다.

셈코의 이런 방식은 일반 기업에서는 생각조차 하지 못하는 것이다. 왜냐하면, 일반 기업은 처음부터 홍익인본경영을 하지 않기 때문이다. 셈코가 이윤을 종업원들에게 나누어주어야 한다고 생각을 한 것은 기업의 존재 이유는 사람을 위한 것이라는 홍익인간 정신에서 나온 것이다.

홍익경영 4: 책임과 의무의 경영

셈코의 모든 종업원들은 자신의 행동에 책임을 져야 한다. 어느 조직이든지 기업이든지 문제를 일으키는 사람들이 있기 마련이다. 어느 날 경영자 리카르도 세믈러 앞으로 편지가 왔는데, 그 내용은 셈코의 관리자 2명이 공급업자와 뒷돈 거래를 한다는 내용과 함께 빚을 대신 갚아달라는 요구를 했다. 여기 거론된 공급업자에게 50만 달러 이상의 주문을 한 직후였고 아직 거래가 이루어진 상태는 아니었다. 먼저 투서자를 조사해 보기로 했다. 만일 투서가 거짓이라면 그런 사람과 일하고 싶지 않았으며, 사실이라면 적절한 조치를 취하면 되고. 왜 익명의 방식으로 폭로해야 했는지 알고 싶었기 때문이다. 필적 전문가를 동원하여 감정한 결과 1년 전 쯤 비슷한 투서를 한 종업원과 동일인이라는 것을 알게 되어 그 투서를 무시해 버렸다. 나중에 그 관리자들은 무죄가 입증되었고 고발자는 해고되었다. 그때서야 비로소 모든 사람들은 그와 같은 사건이 있었음을 알게 되었다.

셈코가 인수한 지 몇 달 안 되는 어느 공장에서 있었던 일이다. 한 종업원이 부품 서비스 부서에 근무하는 세 명의 직원들이 뚜렷한 이유 없이 늦게까지 일하곤 한다는 사실을 알게 되었다. 어느 날 밤 그 종업원은 작은 옷장에 숨어서 그 세 사람이 부품을 빼돌려 그들의 차에 옮겨 싣는 장면을 목격했다. 붙잡힌 도둑들은 해고당한 뒤 체포되었다.

셈코는 누군가 범죄행위를 저질렀다는 것이 확실하면 그때 확실한 책임을 묻는다. 그렇지 않은 경우에는 극단적인 조치를 피한다. 시말서나 정직, 감봉 같은 조치를 취하지 않는다. 셈코는 종업원들의 개인행동에 대해서 2가지를 적용한다. 첫째는 각 종업원들은 자신의 행동에 책임을 져야 한다. 두 번째는 그들 자신의 시간에 무엇을 하든 그것은 그들 자신의 일이다.

셈코는 종업원들의 작업에 대해서만 주의를 기울인다. 한번은 공장에서 종업원들을 위한 파티를 열었는데, 몇 사람이 대마초를 피웠다. 다른 회사에서는 즉시 해고감이다. 셈코는 공장위원회를 소집하고 공장 구내에서는 대마초를 피우는 것을 허용할 수 없다고 말하는 것으로 끝냈다. 그들의 이름을 거론하지 않았다. 목표는 처벌이 아니라 그런 일이 재발하지 않는 것이기 때문이었다.

종업원들의 결점에 의해서 회사가 위험에 빠질 것 같다는 느낌이 들지 않는다면 셈코는 그 결점에 대해 책임을 느끼지 않는다. 종업원이 알

코올 중독자라도 술을 끊게 하는 것은 회사의 역할이 아니다. 그건 금주협회에서 할 일이다. 셈코는 행복한 대가족이 되기를 원하지 않으며 하나의 기업이 되기를 원한다. 그래서 진심으로 우러나오는 자연스러움과 자발성으로 도움을 주는 것을 원한다는 것이다.

예를 들어서 회사 내에서 50대의 청소부의 아내가 쌍둥이를 출산한다는 것을 알았는데, 인사관리부서에 근무하던 '리아' 라는 직원이 공장과 사무실을 돌아다니며 기부금과 아이들 옷가지를 모았다. 그녀에게 그 일을 하라고 시킨 사람은 아무도 없고 그녀 스스로 알아서 한 일이다. 이렇게 자발적으로 회사의 거의 모든 사원들이 동참했으며, 회사가 하는 것보다 훨씬 더 큰 긍지를 느꼈다.

셈코는 종업원에게 돈을 빌려주기는 하지만, 홍수나 배우자가 큰 병에 걸린 것 같은 예기치 못한 긴급한 상황에 빌려준다. 그 돈은 종업원의 상환능력에 따라서 1년 혹은 3년간 월급에서 20%~30% 삭감한다.

셈코는 다른 기업과 달리 수영장이나 체육관이 없다. 그보다는 스트레스의 원인을 제공하지 않으려고 노력하고 있다. 셈코는 복지 재원을 내놓고 종업원들이 효과적으로 운영하도록 결정권을 종업원에게 주고 있다.

셈코는 철저하게 개인의 자유와 기업이라는 공동체의 역할을 구분하여 사람들이 자발적으로 행동하게 하고 있다. 실제로 많은 기업들은 셈코와 같은 홍익인본경영을 하지 않는다. 종업원들에게 자유를 주지도 않으며 인간적으로 대우하지도 않는다. 징계나 해고 같은 처벌은 엄격하면서 종업원의 복지를 위해 많은 것들을 투자한다고 말한다. 사실은 이러한 것 자체가 기업의 이익을 위하여 각종 문화시설이나 복지 서비스를 하고 있는 것이다.

셈코는 각 개인의 자유를 최대한 존중한다. 대신에 모든 행동에 대한 책임을 본인이 지게 함으로써, 스스로 자신을 관리할 수 있게 한다는 것이 중요하다.

홍익인간 정신은 전체의 이익을 위하여 개인을 희생시키는 것이 아니다. 오히려 개인이 스스로 전체의 이익을 위하여 스스로를 제어할 수 있도록 자유를 준다는 점을 주목할 필요가 있다. 스스로 선택하느냐 아니면 강제적으로 해야 하느냐는 엄청난 차이가 있는 것이다. 또한, 홍익인본경영에서 중요한 원리 중 하나는 기업이란 공동체에서 직원들이 무엇을 해야 하는지 그걸 명확하게 구분하고 있다는 점이다.

현대의 많은 기업들은 개인의 일과 기업의 일을 구분하지 않는다. 직장에 오면 무조건 기업의 일을 해야 한다고 생각한다. 즉 돈을 주고 직원을 산 것처럼 생각하는 것이다. 직장에서 자신의 역할을 분명히 하고, 기업의 손실을 입히지 않는다면, 자유롭게 시간과 활동을 할 수 있게 하는 것이야말로 기업 경영에서 생각해 봐야 할 대목이다.

홍익경영 5: 자기권한과 자율통제

셈코의 특별한 경영 방식 중 하나는 인사권에 관한 것이다. 이것은 직장에서의 민주주의 즉 경영 민주화의 핵심이다.

셈코는 장래의 사장에게는 좋은 인상을 주지만 부하가 될 사람들에게는 존경받지 못하는 사람을 고용할 필요가 없다고 생각한다. 그래서 셈코는 인사관리 특별한 프로그램을 개발하였다. 그것은 밑에서 일할 사람들이 그들의 우두머리가 될 사람을 인준하는 프로그램이다.

1년에 두 번씩 부하가 그들의 관리자를 평가하는 공식을 만들어냈다. 36개항의 다양한 질문들로서 기술적 능력, 경쟁력, 리더십, 지도자로서의 여러 가지 자질들을 측정하기 위해 고안된 것이다. 이 평가 설문지를 통해서 직원들은 그들의 상사를 직접 평가할 수 있고, 그 결과에 따라서 관리자들은 스스로를 변화시키는 노력을 하게 된다. 이렇게 부하 직원들이 상사를 평가하는 시스템에 의하여 셈코에는 피라미드 구조에서나 가능했던 관리자는 생존이 불가능할 것이다. 상급자라고 해서 일방적으로 명령하고 군림하는 방식이 허용되지 않기 때문이다.

만일 어느 부서에서 신규 직원을 채용해야 할 일이 있다고 한다면, 일반적으로는 회사에서 일방적으로 직원 모집을 할 것이다. 이때 직원 모집을 담당하는 면접관이 심사를 해서 채용 여부를 결정하는 것이 보통이다. 하지만 셈코에서는 직원이 필요할 때, 먼저 부서장이 그 이유를 동료들에게 설득하는 것이 먼저 하는 일이다. 왜 직원을 채용해야 하는지 구체적으로 말한다.

그 다음에 직원들과 토의하여 '직원 채용 게시물'을 만든다. 여기에는 학력이나 외모 등은 고려 사항이 아니다. 어떤 일을 하는 것인지 어떤 사람이 필요한지만 중요한 것이다. 이 채용 게시물을 먼저 회사의 게시판에 붙인다. 그 이유는 채용을 먼저 회사 내부에서 하기 위해서이다. 이 게시물을 보고 회사의 종업원들이 응시할 수 있다. 만일 회사 내부에서 응시가자 없다면, 그 다음에는 외부에서 채용을 하는 절차를 밟는다.

이때 가장 먼저 직원의 친구나 친척을 추천받는다. 이 경우에 직원의 직계 가족은 제외시킨다. 이렇게 직원들에게 추천을 받는 것은 직원들이 업무를 가장 잘 알고 있으며, 또한 추천할 사람들에 대해서도 잘 알고 있기 때문이다. 서로 믿고 같이 일할 수 있는 사람을 찾는 것이 가장 중요한 일이다.

만일 이렇게까지 했는데도 적당한 직원을 찾지 못한다면, 그 다음에는 신문에 광고를 낸다. 이렇게 하여 응모자가 나타나면, 그 다음에는 직원들이 직접 채용 심사를 한다. 이때 중요한 부분은 바로 직원 채용을 해 본 적이 없는 일반 종업원들이 제대로 된 직원을 채용하기 위한 '면접용 질문'들을 제공해 준다. 이 질문들은 전문가들이 만든 것이므로, 이 질문들을 통해서 자기 부서에 필요한 사람을 선별할 수 있게 하는 것이다.

일반적인 회사에서 감히 부하 직원들이 상사를 평가한다는 것은 일종의 반역(?)이라고 해석될 일이고 있을 수 없는 일이다. 그런데 셈코는 상사를 평가할 수 있는 시스템을 만들어 놓았다. 여기서 부하직원들이 상사를 평가하라고 할 때, 아무런 방법을 제공하지 않는다면, 과연 합리적인 평가를 할 수 있겠는가 생각해 볼 일이다.

예를 들어 평소에 상사가 마음에 들지 않았던 직원이라면, 상사를 감정적으로 평가하여 무능력한 상사라고 단정지을 수도 있는 것이다. 반면 상사와 잘 어울렸던 직원이라면 유능한 상사라고 평가할 것이다. 그래서 셈코는 객관적인 평가 기준을 마련한 것이다. 이 36개 항의 질문을 가지고 상사가 어떤지 평가하는 것은 개인의 사적인 감정이나 편견을 개입시키지 않는 합리적인 방법이 되는 것이다.

이렇게 일을 할 수 있도록 '권한과 방법'을 동시에 제공하는 것이 바로 홍익인본경영이다. 세상에서 가장 무책임한 권한 위임의 경우가 이런 식이다. "당신이 책임지고 알아서 잘 해봐."라고 하는 것이다. 알아서 하려면, 구체적으로 어떻게 해야 하는지도 알려주어야 하는 것이다. 그렇지 않았을 경우에 나중에 이런 문책을 당할 수 있다. "뭐야? 누가 이렇게 하라고 했나?"

셈코에서는 관리자에 대한 직원들의 평가를 1년에 2번씩 하게 됨으로써, 관리자들이 결코 나태해지지 않는 것은 물론이고 팀 자체서 서로 잘 융합될 수 있게 하는 것이다. 직원을 채용할 때, 먼저 팀장이 직원들에게 동의를 구하고, 직원들이 참여해서 공동으로 직원을 채용하는 방식은 바로 홍익인간 정신을 그대로 구현하는 좋은 방법 중 하나이다.

신규 직원은 결국 채용되면 기존의 직원들과 같이 일해야 한다. 신규 직원이 늘어났을 때 기존 직원들의 역할이나 혹은 수익 등에 직접 영향을 미친다. 그래서 신규 직원에 대해서 가장 민감한 사람이 바로 같이 일하는 동료들이다.

동료! 그렇다. 같이 일하는 동료로서 새로운 사람들 받아들일 수 있도록 직원 채용의 모든 권한을 기존 직원들에게 주는 것은 가장 인본주의적 방식이다.

이미 그 일을 하고 있는 사람들이 어떤 신규 직원을 뽑아야 할지 가장 잘 안다. 그러니 그들이 새로운 동료들을 채용할 수 있게 하는 것이 가장 현명한 방식이다. 그런데 여기서도 아주 중요한 부분이 있다.

회사 내에는 아직 최대한 능력 발휘를 하지 못하는 유능한 인재들이 있다. 그래서 먼저 그들을 채용하는 것이다. 이렇게 되면 사람 자원을 가장 효율적으로 활용하는 것이 된다. 그래도 안 될 때, 직원들의 친구나 친척들에서 찾고, 그래도 안 되면 그때는 신문에 구인광고를 내는 순서를 밟는다.

홍익경영 6: 자조경제의 실현

기업은 가장 발전된 형태의 공동체이다. 그러나 동시에 가장 낙후된 가치체계로 경영되는 공동체일 수도 있다. 그 이유는 오늘날의 기업들은 개인의 자유, 사유 재산, 자본주의의 가장 발전된 형태이지만, 가장 나쁜 쪽으로 발전했다는 것이 문제일 수 있다는 것이다.

오늘날 기업 안에 절대 부족한 DNA가 인본주의 가치관이다. 오늘날 기업은 정치의 가장 나쁜 형태인 통제와 억압을 통한 지배 방식을 채택하고 있기 때문이다. 한 마디로 인간미가 없다는 것이다.

오늘날 기업은 명확하게 '갑과 을'의 관계로 구분되어 있다. 주인이 있고 종업원이 따로 있다. 기업은 직원들의 시간과 노력을 '돈을 주고 산 것'이라고 생각한다. 사실 직원들의 시간과 노력과 헌신으로 기업이 돈을 버는 것이다. 그러나 그렇게 생각하는 인본주의적인 경영자들이 그리 많지 않을 뿐이다.

'갑'은 주인이고 '을'은 하인이다. 이것이 당연하다고 생각하고 모두 이에 순응하고 있다. 그러나 속으로는 이것이 분명히 옳은 것은 아니라는 생각을 하고 있다. 뭔가 잘못되었다는 것을 느끼지만 그걸 표출하는 방법이 없다. 그래서 노사분규가 일어나는 것이다. 아마도 기업 내에서 가장 큰 분쟁의 요인은 급료 문제일 것이다.

셈코의 경영자 리카르도 세믈러가 지적했듯이, 갑과 을은 언제나 돈에 관해서는 상반된 생각을 갖고 있다. 기업의 오너는 직원들이 급료보다 적게 일한다고 생각한다. 반면 직원들은 일한 것보다 적게 받는다고 생각한다. 셈코는 급료 시스템을 개선하기 위하여 처음에 다양한 형태의 급료 시스템을 연구하고 시도하였지만 별로 성공적이지 못했다. 최종적으로 직원들이 급료를 결정하는 방식을 선택하였다. 그런데 직원들이 급료를 정하게 하자는 데에 대한 문제점이 지적되었다. 직원들이 지나치게 많은 금액을 요구하거나 반대로 지나치게 적은 금액을 요구해서 그대로 받는다면 어떻게 될 것인가? 이 문제의 해결책을 찾기로 하면서, 동시에 직원들에게 급료에 대한 의견을 조사했다.

일부 직원들과 간부들에게 다음과 같이 질문을 하고 급료를 정하게 하였다. "당신 같으면 편안한 생활을 보장받기 위해서 어느 정도의 돈을 벌어야 합니까?", "어느 정도의 급료를 받으면 아침에 출근할 때 기분 좋게, 정당한 대우를 받고 있다고 생각하면서 집을 나설 수 있겠습니까? 더 이상 다른 직장을 알아보고 싶은 유혹을 느끼지 않을 정도로 말입니다."

이런 질문을 하고 진지하게 생각하여 답을 달라고 했다. 그것이 내년의 급료가 될 것이라고 알려 주었다. 이런 실험을 한 후에 이것을 하나의 시스템으로 만들기 위하여 평가 양식을 만들어 냈다. 직원들이 나이, 근무연한, 현재의 역할 그리고 하루의 일과를 어떻게 소화시키는지 — 업무 시간 중에 의사결정이나 고객과의 만남, 자기 부서에서 일하는 시간 등등을 기록하여 제출하게 하고, 상사도 한 부를 작성하여 제출하게 하였다. 즉 직원과 상사가 각각 평가서를 제출한 것을 바탕으로 서로 충분히 교감을 형성할 기회를 만들었다.

셈코의 돈 문제에 대한 설문에는 4가지 사항이 있다.

첫째, 다른 직장에 가면 얼마를 벌 수 있다고 생각하는가?

둘째, 셈코 내에서 비슷한 책임과 기술을 가진 다른 사람들은 얼마를 받고 있는가?

셋째, 비슷한 배경을 가진 당신의 친구는 얼마를 받고 있는가?

넷째, 생활하는데 필요한 돈은 어느 정도인가? 이다.

앞의 두 가지 질문에 보다 수월하게 답을 할 수 있도록 셈코의 임금조사 자료와 전문기관의 전국적인 임금 수준 조사 자료를 제공했다. 나머지 두 가지는 각자 파악하면 된다. 이렇게 하여 직원들의 급료를 책정하였다.

이 결과 놀랍게도 몇 명의 직원들을 제외하고 대부분은 셈코가 예측했던 것과 비슷한 액수를 제시했던 것이다. 직원 중 한 명은 "내가 얼마나 받아야 하는지 결정하는 것이 얼마나 어려운지 새삼 깨달았습니다."라고 말했다.

자율적인 급료 결정에서 합리적인 사고가 작용할 수 있었던 것은 세 가지 이유가 있다. 첫째 전 직원들이 다른 동료들의 급료가 얼마인지 알고 있었고, 둘째, 임원들이 급료에 대해 매우 겸손하였고, (셈코는 최저임금과 최고임금의 격차를 10배가 넘지 않도록 한다는 경영철학을 가지고 있다.) 셋째, 직원들이 자신의 급료에 대해서 겸손한 태도를 보인 이유는 자기보호 본능 때문이다. 왜냐하면, 셈코 다른 회사와 달리 6개월 단위로 예산을 편성하는데, 직원들의 급료가 예산의 대부분을 차지한다는 것을 직원들도 알고 있기 때문이다. 예산상 문제가 생기면 가장 간단한 방법은 지나치게 많은 것처럼 보이는 급료를 잘라내는 것이다. 이 방법으로 수년간 자율적인 급료 시스템을 운영한 결과 매우 효과적이라는 것이 입증되었다.

셈코에서 이러한 파격적인 실험들이 성공한 이유는 무엇일까? 이런 모든 개혁의 이면에 바로 '홍익인간' 철학이 바탕이 되어있기 때문에 가능한 것이었다. 즉 기업이라는 공동체를 잘 운영하는 목적은 모든 멤버들이 경제적 기반인 일터를 지속시키기 위한 것이라는 것을 관리자나 종업원들이 모두 알도록 하는 것이다.

홍익경영 7: 자주적 조직 운영

앞에서 셈코는 피라미드 구조에서 원형 구조로 변신을 시도한 기업이라는 점을 말했다. 셈코는 크게 세 개의 원과 네 개의 직책 그리고 두 번의 회의로 운영되는 회사이다. 이것이 셈코의 구조를 압축한 설명이다. 설명을 위해서 간단히 그림으로 나타내 보겠다.

- 카운슬러counselor: 일반 기업의 부사장, 고위 간부 그룹에 해당하고, 셈코의 전체적인 정책과 전략을 구상한다.
- 파트너partner: 각 업무 단위 책임자 일곱 명 내지 열 명을 포괄한다.
- 어소시에이트associate: 기계공, 식당 직원, 수위, 세일즈맨, 경비원 등 셈코의 나머지 직원들.
- 코디네이터Coordinator: 마케팅, 세일즈, 생산감독, 엔지니어, 조립 라인 반장 등 이전의 기본적인 지도력을 발휘했던 모든 사람들의 역할을 담당한다.

셈코의 조직은 각 업무 단위 마다 여섯 내지 열두 개의 삼각형이 있으며 이들은 커다란 원을 둘러싸고 자유롭게 떠다닌다. 가운데 작은 원은

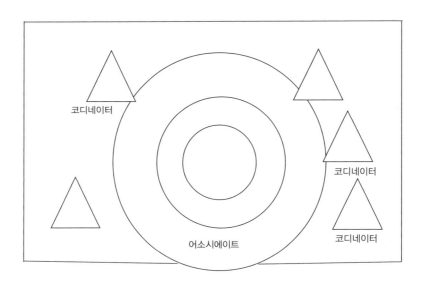

두 번째 원에 소속되어서 실질적으로 회사를 운영할 사람들의 결정과 행동을 자극하는 촉매작용을 하게 된다. 결정과 행동은 부서나 특정 업무를 지휘하는 코디네이터들에게 전달되어 5명 내지 20명의 어소시에이트associate 들을 움직이게 된다.

셈코의 조직 구조는 경직된 일반 피라미드 구조보다 훨씬 자유롭고 이동이 가능하다. 예를 들어서, 코디네이터가 어소시에이트associate 신분으로 돌아갈 수 있다. 급여는 직책과 관계가 없고 어소시에이트의 수입이 코디네이터보다 나을 수도 있다. 일반 직원들도 마음만 먹으면 지도자가 될 수 있다. 또한 언제든지 지도자 역할을 그만둘 수도 있다.

작업현장에서 어소시에이트가 스스로 자신 있다고 판단하면 모든 결정을 내릴 수도 있고, 코디네이터에게 자문을 구할 수도 있다. 물론 코디네이터Coordinator도 직접 결정을 내릴 수 있지만, 파트너에게 자문을 구할 수도 있다. 업무 단위의 파트너가 주관하는 월요 회의에서 결정하여 코디네이터가 어소시에이트에게 그 결과를 전달한다. 그리고 새로운 장비 구입 등 많은 예산이 필요하여 회사 차원의 중요한 결정이 필요한 경우에는 모든 카운슬러가 참석하는 화요일 회의에 상정하면 된다. 이렇게 하여 셈코는 기존의 피라미드 구조에서는 엄청나게 많은 직책과 복잡한 조직의 형태에서 처리하던 일들을 세 개의 원, 네 개의 직책, 두 번의 회의로 처리하고 있는 것이다. 이러한 구조적 변신을 통해서 셈코는 홍익인본경영의 확실한 모델케이스가 되었다.

샐러리맨의 천국: 미라이 공업

꿈의 직장 미라이 공업의 창업자인 야마다 아키오는 참으로 독특한 사람이다.[44]

셈코의 세믈러는 매우 정교하고 체계적인 방식으로 기업을 경영하고 있다고 한다면, 야마다 사장은 그와는 정반대이다. 그러나 두 사람은 똑같은 공통점이 있다.

미라이 공업의 반 상식적인 경영의 원칙을 살펴보자.

- 정년: 70세 (71세 생일 전날까지)
- 근로시간: 일일 7시간 15분 (4시 45분 퇴근/연간 노동시간 1,640시간)
- 정규직 종신고용: 직원 모두, 잔업, 휴일근무
- 정리해고: 없음
- 휴가: 연간 140일 + 개인 휴가
- 육아 휴직: 3년 (3명이면 9년)
- 여행: 5년마다 전 직원 해외 여행. 1년마다 국내 여행(경비는 회사 부담)
- 월급: 동종업계보다 10% 높음
- 제안제도: 제안 1건당 무조건 5천 원 (연간 9,000건)
- 업무: 자신의 할당 업무량은 스스로 결정
- 보고, 상담, 연락 의무 : 없음(현장직원이 직접 결정)
- 작업복: 생산직까지 자유 복장, 제복 지급 대신 연 10만 원 의복비 제공

---

44) 『야마다 사장, 샐러리맨의 천국을 만들다』 - 야마다 아키오 / 21세기북스 2007.

- 승진: 철저한 연공서열 (근속연수, 나이 순서로 자동 승진)
- 본사에 보고하지 않고 지점 개설
- 도매상: 2차 도매상(3,000곳)과 직접 거래, 1차 도매상과 거래하지 않는다.

회사가 사람을 위해 존재하는 것이지, 사람이 회사를 위해 존재하는 것이 아니라는 것이 야마다 사장의 철학이다.

나는 무대에서 인생의 모든 것을 배웠다. 막이 오르면 연기는 배우에게 맡겨야 한다. 그렇지 않으면 배우는 성장하지 못하고 성장하지 못하면 연극은 망한다. 기업도 마찬가지다. 막이 오르면 경영자는 사원이라는 배우에게 모든 걸 맡겨야 한다. 사원 스스로가 감동해 열심히 하지 않으면 기업은 성장하지 못한다.

"사원은 회사의 전부다."
"나에게 유토피아란 사원의 무사생존이다."
"인간은 말이 아니기에 당근과 채찍의 조화는 필요 없다. 단지 당근만 필요할 뿐."
"내가 사원에게 주는 당근은 '일하지 말라는 당부' 이다."

"인간은 코스트가 아니다. 임금 삭감은 분명 잘못된 일이다.", "기업은 기업 자체를 위해서가 아니라 사원을 위해 존재한다.", "사원은 모두 같다. 선풍기 승진을 시켜도 다 잘한다.", "사원이 기뻐야 회사가 기쁘고 내가 기쁘다."

"노르마(업무 할당량)따위는 필요 없다. 사원들이 알아서 한다.", "어디든 있는 것은 안된다. 없는 것을 생각해야 한다."

이것이 미라이 공업의 원칙이자, 나 야마다 사장의 신념이다. 기업 경영에서 가장 중요한 것은 바로 '사원의 의욕' 사원들이 100% 능력을 발휘 할 수 있도록 만드는 것이 사장이 할 일이다. 사원들 스스로가 감동해 열심히 일하지 않으면 기업은 성장하지 못한다. 사원들은 기업의 전부이다.

그래서 나는 지금까지 '사원들을 감동시켜야 하는' 나의 임무 한 가지를 잘 수행하기 위해 꾸준히 노력해 왔다. 그리고 그것은 어느 정도 성공한 듯싶다. 그래서 지금 사원들에게 당당히 외칠 수 있는 것이다.

"제대로 쉬어라. 남을 위해 일하지 말라. 좋아하는 일만 하라!"

미라이 공업의 힘은 사원들에게서 나온다. 사원들이 자발적으로 아이디어를 내고, 이것은 상품 개발로 이어졌으며, 생산품의 90%가 특허 상품이다. 일본 시장 점유율 1위 제품이 10개가 넘고 실용신안과 의장 신청 중인 것까지 포함해 2,300건이 넘는다. 이 모든 것이 아무도 통제하지 않는 상태에서 달성된 것이다. 회사경영에서 가장 중요한 기본은 사원의 의욕이다. 그런 의미에서 사장이 해야 할 일 중 가장 중요한 것은 사원의 의욕을 불러일으키고 사기를 진작시키는 일이다.

사원의 불만을 줄이고 또 줄여라.
휴가는 되도록 많이 주려고 노력하고 있다.
노동시간이 짧아지면 사원들은 기뻐할 것이다.

세상에는 셈코나 미라아 공업과 같은 새로운 기업들이 많아지고 있다. 이런 기업은 공통점이 있다. 기업의 경영자들이 모두가 홍익인간 정신을 지닌 리더들이라는 점이다. 그래서 기업을 하나의 공동체와 같이 생각한다. 이들은 협동과 공유의 힘을 잘 안다. 기업이나 국가나 혹은 마을이나 똑같다. 어떤 리더가 이끄는가는 매우 중요하다.

지금까지 홍익인간 정신에 대한 개괄적인 설명을 통해서, 우리가 건설하는 공동체경제마을의 핵심이 홍익인간 정신에 있음을 말하고자 했다. 홍익인간 정신은 공동체경제마을의 바탕이며 동시에 마을의 경쟁력이다. 마을 사람들이 모두 홍익인간 정신을 갖는다는 것은 곧 모두가 창의성을 가진 인재라는 의미이다. 따라서 공동체경제마을은 창의적인 사람들이 거주하는 마을이다. 그러므로 당연히 부자 마을일 수밖에 없다.

7장

공동체경제마을의
일주일

— 제7장의 내용은 가상의 시나리오다. 하지만 전혀 근거 없는 이야기는 아니다. 많은 부분은 가능하기 때문이다.

1. 공동체경제마을의 명세서

공동체경제마을이 뭐지? 도대체 어떤 마을인가? 이 질문에 대한 답을 해보자.

– 형태 –

우리의 공동체경제마을은 협동조합이면서 주식회사이다. 이 말은 마을의 주민이 조합원이고 주주라는 뜻이다. 또한, 이 말은 마을이 곧 사업체이고 경제성을 기반으로 구축되었다는 의미가 된다. 공동체경제마을은 일류 브랜드 마을이다. 이 말은 곧 마을 자체가 고수익을 창출하는 시스템 혹은 파이프라인, 머니트리라는 말이다.[4 5]

– 규모 –

1. 인구

공동체경제마을은 기본적으로 홍익인간 정신을 가진 50~100가구로 결성된 경제적 공동체이다. 마을이라고 정의하는 이유는 앞에서 설명한

---

4 5) 시스템, 파이프라인(pipeline), 머니트리(money tree)는 모두 같은 말이다. '일을 하지 않아도 지속적으로 수익을 창출하는 구조, 또는 장치'를 의미한다.

것처럼, 마을이 곧 협동과 공유로 만들 수 있는 최소의 사회 구조이기 때문이다.

가족은 혈연적 조직이라서 우리가 원하는 구조가 아니다. 반대로 대도시나 국가라는 단위는 모두가 협동하고 공유하기에는 너무 벅찬 규모이다. 그래서 공동체경제마을의 단위unit는 50~100가구이다. 공동체경제마을이 50가구의 초미니 마을로 구성되는 이유는 협동과 공유를 위한 최소 단위이다. 이보다 더 적으면 경제성을 갖추기 힘들고 너무 많아서 100가구 이상이 된다면 협동과 공유를 끌어내기 어려울 것이다.

2. 면적

공동체경제마을은 기본 단위(50가구 기준)로 본다면, 마을의 총면적은 2만~3만 평 규모이다. 이런 면적은 주민들의 주거와 일터 그리고 농업 생산 토지를 포함한 것이다. 물론 여기에는 산림과 공원, 호수와 같은 자연환경 등이 포함된다.

마을의 규모는 거주하는 주민 가구 수와 비례한다. 기본적으로 50~100가구를 하나의 마을 규모로 본다면, 면적은 2만~10만 평 사이가 적합하다.

3. 수익사업

공동체경제마을은 처음부터 경제성을 기반으로 설계된 마을이다. 고수익 창출이 가능한 6차산업 융·복합을 기본으로 한다. 즉 농업을 기반으로 생산, 가공, 유통의 융·복합 사업을 한다는 뜻이다.

그러나 이것은 기본적인 사업이고, 역사와 문화를 바탕으로 다양한 인문적인 콘텐츠를 가지고 다수의 파생 사업들을 개발한다. 차별화된 콘텐츠를 가지고 마을의 브랜드를 창조하고, 지속적인 수익 창출을 하는 것이다.

4. 재산

마을 주민들은 모두 가구별 지분을 가지고 있어서 충분히 사유재산의 이점을 누리면서, 마을에서 발생하는 총체적인 수익을 분배함으로써, 공유 재산으로부터 고수익을 얻는다. 또한, 마을 자체의 가치 상승에 따른 프리미엄을 적용받아 주민 모두가 부자로 살게 된다.

주민들은 자유롭게 자신의 재산권을 행사할 수 있으며, 필요하다면 지분을 양도 양수할 수 있다. 다만 마을 주민이 되는 것은 일정한 자격 기준에 맞아야 한다.

5. 복지

공동체경제마을의 기본은 경제이다. 따라서 모든 주민들은 경제적으로 윤택한 것이 기본이다. 일반적인 최저생계를 보장하는 것이 아니라, 상향 평준화를 이룬다. 이 복지에는 프라우트(함께 나누는) 철학을 적용하여, 주거, 음식, 의료, 교통, 문화, 통신 등 기본적인 모든 것들을 최상으로 보장받는다.

공동체경제마을의 복지에서 가장 중요한 부분은 노인세대들이 건강하게 일하면서 사는 구조이다. 오늘날 돈이 많거나 적거나 모두 양로원에서 죽음을 맞이하는 것이 우리 사회의 현실이다.

공동체경제마을은 노인들이 즐겁게 건강하게 일하는 일터를 제공하고, 죽는 날까지 자신의 재능을 발휘할 수 있도록 환경을 제공하는 것이다. 그래서 의료는 모두 무료 제공하는 것이 원칙이다.

6. 금융

공동체경제마을의 또 다른 특징은 마을 주민들의 새로운 부가 사업이나 또 다른 마을을 건설하는데 필요한 금융적 지원을 하기 위한 금융 기관을 갖는 일이다.

백 년 이상 발전한 서구의 협동조합에서 중요한 두 가지 요소는 협동과 금융적인 힘이다. 오늘 날 무엇을 하더라도 자금이 없다면 안 된다. 그래서 공동체경제마을은 주민들을 위한 마을금고, 신협 등의 금융기관을 갖추고 상호부조 사회적 협동조합 등을 운영한다.

7. 교육

공동체경제마을은 창의적 교육의 중요성을 알고 있다. 그래서 어린이들을 위한 대안 교육기관을 운영하며, 글로벌 리더를 양성하는 경영대학을 운영한다. 자연생명학교, 미래창업대학 등이 그런 대안 교육기관이다.

8. 자립

공동체경제마을은 기본적으로 세 가지 자립을 추구한다.

1) 에너지 자립

2) 생산 자립

3) 경제 자립

공동체경제마을은 에너지를 자체적으로 해결한다. 태양광이나 기타 친환경 에너지를 바탕으로 마을의 모든 에너지는 자급자족한다. 이는 국가 시책과도 맞는다.

공동체창조경제마을은 생산 자립을 추구한다. 거의 모든 식량은 마을에서 생산 가능하며, 일부만 가급적 국내에서 조달한다. 이를 위하여 식량 공급을 위한 네트워크를 구축한다. 경제자립은 공동체경제마을의 중요한 기반이다. 그래서 마을을 건설하기 전부터 경제와 경영 전문가가 설계하는 것이다. 그러나 이러한 자립은 결코 고립을 의미하지 않는다. 외부의 영향을 최소하여 안전성을 유지하는 데 목적을 두는 것이지, 지나친 배타성을 추구하지 않는다.

9. 위치

공동체경제마을은 대도시 주변의 위성도시 및 근교 농·산촌 지역 어디나 가능하다. 단, 지나친 고립 지역은 경제성이 떨어질 수 있으므로, 주변 환경이 청정한 도시 근교를 선택한다.

10. 경영

공동체경제마을은 민주적 경영 규정(마을 헌법)에 의하여, 선발된 임원들이 행정을 맡는다.

마을은 주식회사이고 동시에 협동조합이다. 따라서 이에 준하는 규정에 의하여 운영된다. 앞에서 설명한 것처럼, 셈코나 미라이 공업과 같은 '협동과 공유' 그리고 '민주와 평등'의 원리들이 적용되는 경영 원칙이 적용된다.

11. 네트워크

공동체경제마을은 전국 어디나 설립 가능한 형태의 네트워크 마을이다. 즉 20~100가구의 주민들이 결성되고 필요한 기반 인프라를 구축하면, 동일한 시스템으로 전국 어디나 마을을 건립한다.

공동체경제마을은 해외에도 건설하며, 전 세계 어디나 동일한 시스템으로 브랜드와 경쟁력을 갖추는 느슨한 네트워크 방식을 선택한다.

제1 공동체경제마을을 시작으로 제10 마을, 100번째 마을이 만들어지는 일이 가능하다.

12. 멤버십

공동체경제마을은 기존의 마을에서도 가능하지만, 그것은 시간, 노력, 비용의 투입에 있어서 경제성이 떨어진다. 그 이유는 사람의 가치관, 철학, 신념, 고정관념 등이 모두 다르기 때문이다. 이런 것들을 교정하는 것이 매우 어렵다는 것을 잘 알기 때문에, 처음부터 같은 교육과 일정 기간의 연수과정을 통해서 자격을 획득한 사람들만 주민으로 선발한다.

이는 단지 마을의 경제적 성공을 위한 최소한의 규정이다. 이를 위하여 공동체경제마을 멤버십 교육과 훈련 프로그램을 별도로 제공한다.

공동체경제마을은 매우 현실적인 것이다. 이제 마을에서 일어나는 일들을 이야기해보자. 이는 가상의 이야기이지만, 우리의 노력 여하에 따라 가능성이 있는 이야기다.

공동체경제마을에서 일주일을 보내보자.

2. 공동체경제마을의 일주일

월요일

　오늘은 우리 마을의 주민총회가 있는 날이다. 주민총회는 매달 1회 마을 주민들이 모두 한자리에 모여 즐기는 정기적인 축제이다. 총회에서는 공동체경제마을 법인의 대표이사가 경영보고를 하면서, 주주이고 조합원인 주민들과 마을 경영에 관한 중요한 안건을 토의하고, 그리고 마을에 관련된 다양한 주제들을 다루게 된다.

　주민총회는 오전 10시에 시작해서 12시에 끝난다. 총회가 끝나면 마을 사람들이 모두 마을의 공용 레스토랑에서 점심을 먹고 일정을 마무

리한다.

주민총회라고 해서 딱딱한 의자에 앉
아서 쓸데없는 탁상공론을 하는 방식이
아니다. 우리 마을에는 미래경영대학의
캠퍼스가 있는데, 대학 안에 잘 만들어진
실내 회의장 겸 공연장이 있다.

돔형 건축물로 설계된 실내 공연장은
우리 마을의 명물 중 하나이다. 이 거대
한 돔 건물은 밤에는 LED 전등을 켜서
무지갯빛으로 빛나기 때문에 멀리서도
잘 보인다.

공연장 실내는 무대를 중심으로 둥글게 원형으로 소파들이 놓여있다.
그러나 이 소파와 책상들은 모두 이동이 가능하여, 필요하면 전부 치우
고 이곳을 공연장으로 사용하기도 한다. 즉 이곳은 공연과 영화 상영이
가능하고, 또 다양한 회의가 가능하도록 다목적으로 설계되어 있어 공
간을 효율적으로 사용한다. 200석 규모의 공연장은 마을의 회의가 없을
때는 외부에서 오는 손님들을 위하여 다양한 이벤트나 공연이 열린다.

오늘 마을 주민총회에는 마을 주민 100여 명 중에서 60여 명이 참석
했고, 나머지는 화상회의로 참석 중이다. 멀리 미국에서 화상으로 참석
하는 주민도 있다. 심지어 유럽으로 여행을 떠난 가족도 화상회의로 참
여한다. 그래서 마을 주민 대부분이 총회에 참석한 셈이다.

회의는 여느 때와 마찬가지로 마을 대표가 인사를 한 후에 한 달간의
마을 경영에 대한 것을 영상물로 보여 주면서 시작된다. 이 영상물은 마

을 주민이라면 누구나 스마트폰으로 볼 수 있어서, 현장에 참석하지 못해도 내용을 알 수 있다. 또한, 관련된 자료들을 모두 마을의 전용 인트라넷에 올려놓았으므로 상세한 내용을 길게 설명하지 않아도 된다.

오늘 주민총회에서 가장 중요한 안건은 제3 마을에 버섯 가공공장을 설립하는 문제이다. 우리 마을은 3년 전에 건설되었지만, 벌써 5개나 공동체경제마을을 더 건설한 상태이다. 그래서 우리 마을을 제1 마을이라 부르고, 그다음에 제2 마을, 제3 마을 순으로 부른다. 각 마을마다 고유의 이름도 있지만 편의상 이렇게 부른다.

각 마을마다 약간씩 특징이 있는데, 3번 마을은 총 6만 평 부지로 우리 마을의 2배가 되는 넓은 면적을 차지하고 있다. 우리 마을은 3만 평 규모에 총 25가구가 거주하고 있고, 3만 5천 평 규모인 제2 마을에는 30가구, 6만 평 규모의 제3 마을에는 47가구가 거주하고 있다. 제4 마을은 2만 5천 평에 30가구가 거주하고, 제5 마을은 약 4만 평 규모에 50가구가 거주한다.

우리 마을은 도심지에서 1시간 30분 거리에 있지만, 다른 마을도 거의 2시간 거리 안에 있다. 특히 제4 마을은 대도시의 외곽에 위치하고 있어서 지하철이 직접 연결되어 있다.

이 중에서 제3 마을은 입지조건이 가장 좋아서 대형 꽃송이버섯 식물공장을 이곳에 짓기로 한 것이다. 여기에 버섯 식물공장과 가공공장을 한꺼번에 짓는 것은 재배와 가공을 한 곳에서 처리하여 우리 마을의 사업체 중 하나인 신 유통회사의 물량을 커버하기 위한 조치이다. 그동안은 외부의 전문회사에 가공을 위탁하고 있었다. 이번에 제3 마을 버섯 가공공장을 건립하는 것이 총회의 승인 사항이다.

우리 마을은 제1 마을이고, 제2 마을은 2년 전에 건설되었고, 제3 마을은 1년 전에 건설되었다. 그리고 올해는 제4 마을과 제5 마을이 동시에 건설되었다. 앞으로 10년 사이에 100여 개 마을이 건설될 예정이다.

우리가 제1 마을을 건설할 때는 꽃송이버섯 재배단지가 마을 주민들만 참여하는 규모였지만, 이번에 제3 마을에 꽃송이버섯 가공공장을 짓는 일에는 도시의 일반 소비자 회원들도 주주로 참여하게 되었다.

현재 우리 마을은 주식회사로 되어 있고, 이미 5개의 공동체경제마을이 모두 계열사로 등록되어 있어, 외형적으로 연 매출이 1조 원이 넘는 대기업 수준에 이르고 있다. 아직 기업 상장을 하지 않은 상태이지만, 곧 자회사 중에 어느 회사를 상장할 수 있는 절차를 밟고 있는 상태이다. 다시 말해서 우리 마을은 지주회사의 성격을 갖고 있는 것이다.

꽃송이버섯은 우리 마을 외에도 여러 도시의 수직농장에서도 재배하고 있는데, 30평 규모의 도시의 수직농장이 전국적으로 100여 개가 건립되었기에, 월 100만 배지를 생산하는 대규모가 된 것이다. 이제 생산 물량이 상당하여 자체 가공공장이 필요한 시점이 된 것이다.

오늘 공장의 설립에 대한 최종 결정을 하게 되면, 다음 달에는 공동체경제마을 5개 전체에서 참여하는 주주들과 공장을 독립법인으로 분사시켜 창립총회를 열게 된다. 이미 자료를 통해서 다 알고 있는 내용이라서 이 공장 신축 건은 만장일치로 가결되었다. 안건을 결정하는 데 10분도 걸리지 않았다.

그다음 안건은 우리 '마을화폐'를 다른 마을에도 확장하는 것이다. 우리 마을에는 마을을 건설할 때부터 일종의 지역 화폐를 만들어 사용했다. 우리 마을과 거래하는 모든 점포와 사업체들은 우리 마을화폐를 사용한다. 화폐라고 해도 일반 종이 화폐는 아니다. 우리 마을화폐는 신용카드 형태로 제작되어서, 안전하고 누구나 쉽게 사용할 수 있으며, 현금과 똑같은 기능을 갖고 있다. 이 마을화폐는 우리 마을의 신협에서 관리하는데, 실제로 신용기능이 있어서 현금이 없는 경우에도 일정한 금액을 사용할 수 있도록 되어 있다. 마을 주민들이 상호 보증을 하고 있기 때문에, 금융사고 같은 문제가 발생하지 않는다.

그동안 3년간 우리 마을 내에서만 이 마을화폐를 사용했는데 아주 잘 운영되어서 이번에 5개 마을 전체에 확장하기로 하는 것이다. 이미 다른 공동체경제마을의 주민들도 마을화폐를 사용하겠다고 요청한 상태이다. 이 마을화폐는 다목적인 기능이 있어서, 점차 외부인들도 사용하는 사람들이 늘어나고 있는 추세이다.

앞으로 이 마을화폐는 도시의 회원들도 사용할 수 있도록 발전시킬 계획이다. 마을화폐 건도 무난히 승인되어서 오늘 중요한 안건은 잘 처리되었다. 30분도 안 되어 중요한 안건들이 빠르게 처리되자, 마을 대표는 잠시 차를 한 잔 마시면서 나머지 안건들을 토의하자고 했다. 우리 마을에 산야초로 특별한 약초차를 만드는 명인이 살고 있어서, 오늘은 스테미너에 좋다는 특별한 차를 대접한다고 했다.

주민들은 모두 환호성을 지르면서 좋아했다. 커피를 좋아하는 사람은 즉석에서 로스팅한 수제 커피를 마실 수도 있다. 우리 마을에는 취미로 원두커피를 직접 볶아서 핸드 드립 커피를 만드는 일류 바리스타도 살고 있어서, 커피 마니아들이 작은 원두커피 공방을 운영하고 있다. 이 커피 공방에서 마을 주민들은 모두 공짜다. 주민들은 삼삼오오 둘러 앉아서 자신들이 좋아하는 차를 마시면서, 마을의 중요한 일들을 대형 스크린의 영상물로 살펴보았다.

우리 마을은 자체 스마트폰 앱이 있기 때문에, 언제든지 마을 회의에서 토론한 것들을 다시 볼 수 있다. 또한, 마을의 일과에 대한 게시물들을 보면서 의견을 즉시 댓글로 달아서 서로 간의 의견을 조율할 수 있다.

그래서 수십 가지나 되는 안건들이 대부분 자동적으로 처리되었고, 마을 대표는 간단히 체크만 하면 되는 것이다. 마을 주민들이 거의 모두 참여하여 오늘 총회도 잘 진행되었고, 산채 정식으로 맛있는 점심을 먹은 후에 일정을 마쳤다.

현재 우리 마을에는 총 25가구가 단독주택에 살고 있다. 집은 각자의 취향대로 지은 것이지만, 건축 전문가들이 한옥 스타일, 2층이나 단층 그리고 복합형 등 여러 형태의 설계도를 제시하였고, 세대마다 자신들이 원하는 형태의 집을 지었다. 주택 단지는 총 1만 평이 할당되어 있고, 한 세대에 평균 300평의 땅을 할당하여 충분한 공간이 있었다. 여기에는 마을의 주거 지역에는 작은 어린이 놀이터와 카페, 편의점 등이 들어있다. 모두 마을 주민들이 자체적으로 운영하고 있다.

마을 중앙에는 학교와 펜션 시설 그리고 수직농장이 들어 있다. 이런 시설물들이 총 1만 평을 차지한다. 그리고 나머지 1만 평은 마을 뒤편에 있는데, 주로 자연녹지와 각종 농산물을 재배하는 농장 그리고 작은 호수와 수영장, 운동장 등이 여기에 있다. 그리고 우리 마을은 마을 뒤편의 국유림을 50만 평 정도 장기 임대하여 산야초를 키우는 데 사용하고 있다. 국유림이라서 임대료는 얼마 들지 않는다.

마을에는 입구에 차량을 주차할 수 있는 별도의 지하 주차장이 있고 그 위에는 공원이 조성되어 있다. 그래서 수십 대의 차량이 있지만, 마을에는 전혀 차량을 볼 수 없다. 지하 주차장은 200대 정도의 차를 주차할 수 있는 넓은 공간이다.

우리 마을은 주민들의 거주공간과 외부의 손님들이 출입하는 공간들이 구분되어 있다. 그래서 외부 손님들이 오는 곳에는 별도의 야외 주차장이 있고 그곳에서 펜션과 연결되는 길이 나 있어서, 마을 내부에는 차량이 들어올 필요가 없게 되어 있다. 말하자면 우리 마을은 차량이 마을의 외부에서 주차하고 일을 볼 수 있게 되어 있는 것이다.

주민들은 한 가구당 평균 3~5인으로 전체 마을 주민이 총 100여 명이 된다. 그러나 평소에는 절반 정도만 거주한다. 근교 대도시로 나가서 활동하기도 하고, 해외여행을 하는 사람들도 있어서, 오히려 외지에서 오는 손님들이 더 많다.

우리 마을에는 매주 1,000명 이상이 손님들이 방문한다. 주로 근교의 대도시에 살고 있는 회원들이다. 회원들이란 말은 우리 마을에서 도시에 운영하는 사업체와 프랜차이즈 매장의 회원들을 말한다.

우리 마을은 도시에 신 유통회사를 운영하고 있다. 예를 들어서 건강 아이템을 주력으로 하는 네트워크마케팅 회사를 운영하고 있는데, 회원들이 10만이 넘는 대형 회사로 성장해 있다. 그래서 이 회사의 회원들이 우리 마을을 자주 방문한다. 이들 중에는 우리의 제2 마을이나 혹은 제5 마을의 주민이 된 사람들도 있다. 이들의 꿈은 공동체경제마을의 주민이 되는 것이다.

그래서 마을에는 이들을 위한 무료 펜션이 준비되어 있다. 펜션이라고 해도 다른 곳에 있는 것과는 아주 다른 형태이다. 한옥으로 지어진 펜션이 5채가 있고, 초가집도 3채나 있다. 심지어 거대한 돔으로 만든 것도 대형 룸도 있다. 이곳은 한 번에 50명이 잘 수 있는 큰 방이 5개나 있다. 또한, 젊은이들이 좋아하는 텐트형 펜션도 있다. 그래서 우리 마을에서는 최대 500명 정도가 숙박이 가능하다.

또한, 마을 뒤쪽에는 산과 연결된 계곡에는 차를 가지고 와서 캠핑할 수 있는 오토캠핑 공원도 있다. 하지만 우리 마을에서는 전혀 펜션 사업을 하지 않는다. 처음부터 펜션은 고객을 위한 서비스로 제공하는 무료이기 때문이다. 대신에 운영에 필요한 자금은 펜션의 사용자들을 회원제로 조직하여 일정한 회비와 부대사업에서 나오는 수익으로 충당한다.

사실 펜션의 부대사업에서 충분한 소득이 창출되므로 펜션은 무료 운영해도 된다. 이것은 우리 마을의 경영 노하우이므로 공개하지 않는다. 책에서 이나카다테 마을의 사례를 소개할 때 언급한 것처럼 그들은 논그림을 상업적으로 이용하지 않았다. 그것이 중요한 포인트이다. 같은 맥락에서 우리 마을은 펜션에서 수익 창출을 하지 않는다. 그보다 훨씬 더 큰 소득을 발생시키는 사업들이 많기 때문이다.

또 하나 우리 마을에서 수익사업으로 운영하지 않지만 다양한 부가가치를 창출하는 것이 있다. 바로 '발효 공원'이다. 우리 마을에는 농장 주변에 3000개의 항아리가 있다. 이 항아리는 모두 도시의 회원들에게 분양한 것이다. 우리 마을은 공간이 부족하여 제3마을에 항아리 1만 개의 대형 발효 공원을 조성하고 있다. 이곳은 영화 촬영장으로 사용할 수 있도록 준비하는 곳이다.

공동체경제마을에서 주목하는 건축물은 한옥과 항아리이다. 이것을 잘 융합시켜 새로운 부가가치를 창조하는 일을 추진하고 있다.

화요일

오늘은 우리 마을의 근무가 시작되는 날이다. 우리 마을이 주식회사이며 협동조합이라는 점은 앞에서 설명했다. 그래서 마을 주민들은 모두 각자 맡은 일들이 있다. 물론 근무 시간은 각자가 자유로이 조정할수 있다.

우리 회사는 앞에서 소개한 셈코나 미라이 공업과 같이 자율경영을한다. 자율경영이 가능한 것은 마을 주민들이 모두 홍익인간 정신을 가졌기 때문이다. 사실 우리 마을에서는 사장이나 부장 혹은 전무 같은 직책은 큰 의미가 없다. 하지만 대외적인 활동에 필요하여 직책을 가지고있을 뿐이다. 모든 사업은 팀 프로젝트로 추진한다. 그래서 팀장이 곧사장이고 결정권자가 된다.

참고로 우리 마을은 일주일에 3일 일하고 4일을 쉰다. 이것은 마을의운영규정에 있다. 3일간 일을 하지만, 하루 종일 매달려 일하는 방식이아니다. 자신이 할 일을 스마트폰 앱에서 체크하여 스스로 일정을 잡아서 진행하면 된다.

평균적으로 하루 근무 시간은 총 5시간 정도이다. 주로 오전 2시간오후 3시간이지만, 사람에 따라서는 오후나 오전에 모두 사용하기도 한다. 이렇게 적게 일해도 수익창출이 가능한지 의문을 가질 수도 있다. 그러나 실제로 우리가 하는 일은 모두 창의성을 바탕으로 하는 사업들이다. 기계가 할 수 있는 일을 인간이 해야 할 이유는 없는 것이다. 어떤일이든지 협동과 공유의 철학으로 한다면, 노동은 극히 많이 필요하지않다.

〈꽃송이버섯, 식물농장 내부〉

우리 마을은 6차산업 융·복합을 토대로 수익창출을 한다. 우리는 주로 농업에 종사하지만, 그렇다고 전통적인 농업을 하는 것이 아니다. 하루 종일 밭에서 김매고 거름 주고 작물을 가꾸는 일이 아니다. 우리의 농업은 '스마트 농업'이다. 즉 식물공장 등에서 자동화된 시설로 고부가가치의 농산물을 생산하는 것이다. 그래서 사람이 하는 일은 많지 않다. 사람이 할 일은 창의적인 일이다. 새로운 것들을 창조하는 일은 사람의 몫이다.

오늘은 수직농장 즉 식물공장을 실제로 점검하는 날이다. 그래서 오늘 근무하는 마을 주민들이 직접 식물공장을 들려서 공장 전체를 살펴보고 농작물들의 상태도 점검한다. 물론 평소에는 이런 일을 스마트폰으로 다 처리한다. 그러나 사람들이 자주 식물의 성장 상태를 관찰하는 것은 매우 필요한 일이다. 식물들도 애정을 쏟으면 더 잘 자라는 법이다.

현재 우리 마을의 식물공장에는 꽃송이버섯 등 몇 종류의 식용버섯들을 재배한다. 꽃송이버섯 하나만으로 연간 100억 원 이상의 소득을 창출하고 있다. 이 사업으로 마을의 한 가구당 월 1000만 원 이상의 배당이 지급되고 있는 것이다. 마을 운영회는 수익금의 절반은 기금으로 보유하여 다른 사업에 투자하게 된다. 혼자서 많은 소득을 가지고 있는 것보다 마을에서 그 자금을 모아서 확대 재생산을 하는데 투자하는 것이 더 가치 있기 때문이다.

그동안 버섯사업으로 조성한 기금은 무려 300억 원이나 된다. 그래서 월요일 주민총회 때 제3 마을에 버섯 가공공장을 짓는데 우리 마을이 공장에 자금을 투자하고 지분 60%를 갖는 결정을 했던 것이다. 참고로 이런 투자 결정은 마을 단위로 협의하여 추진한다. 각 마을은 독자적으로 새로운 사업을 전개할 수 있고, 이런 경우에 다른 마을이 투자에 참여할 수 있는 것이다.

우리의 공동체경제마을은 그 숫자가 더 많아지면 이러한 협동과 공유의 투자 규모도 더 커질 수가 있는 것이다. 오늘날 몬드라곤 협동조합 복합체가 연간 수십조 원의 매출을 달성하는 대기업체로 발전한 것은 모두 이러한 자본을 모아서 집중할 수 있었기 때문이다.

개인이 1억 원을 가지고 할 수 있는 일은 많지 않다. 그러나 1억 원을 가진 1,000명이 힘을 합쳐서 1,000억 원을 투입하면 할 수 있는 일이 너무 많다. 이것이 자본주의에서 금융자본가들이 성공하는 비결이다.

마을 주민들은 버섯 사업에서 벌어들인 돈의 일부를 마을의 복지사업에 투입하는데 동의하였다. 그래서 오늘은 마을의 힐링 '자연치유' 센터를 확장하기 위해서 현장 답사를 하는 날이다.

우리 마을은 마을 소유의 3만 평 부지 외에 주변에 약 5만 평 정도의 부지를 최근에 매입하였다. 여기에는 우리 마을뿐만 아니라 도시의 저소득층 노인들을 위하여 무료 힐링센터를 운영할 계획이다.

이 힐링 '자연치유' 센터는 세계적으로 성공한 통합의학 전문가들이

참여하여 천연물과 자연환경을 이용하여 힐링 '자연치유' 프로그램을 운영하기로 했다. 즉 산책을 하고 명상을 하고, 그리고 산야초와 각종 천연물 식품들을 활용하여 건강관리를 하는 것이다.

이 힐링 '자연치유' 센터는 비영리사업으로 추진되며, 운영 주체는 공동체경제마을의 의료보건 사회적 협동조합이다. 이 사회적 협동조합은 공동체경제마을 주민들과 도시의 회원들이 출자하여 설립하였고, 정부와 지자체, 민간 기업들로부터 후원을 받아서 1,000억 원이상의 기금을 조성하여 통합의학적인 힐링센터를 전국적으로 건립하는 일을 추진하고 있다.

이러한 힐링 '자연치유' 센터는 매우 중요한 역할을 한다. 그것은 경제력이 없는 노약자들이 단순히 현재의 의료보험으로서 건강한 생활을 할 수 없는 부분을 채워준다. 즉 노약자들을 위한 예방의학적인 활동으로 큰 병을 사전에 차단하며, 오랫동안 건강하게 살 수 있게 하는 것이다.

이 힐링 '자연치유' 센터는 입원 치료 개념이 아니라, 생활을 통한 자연적 건강 회복에 목적을 두고 있어서, 노약자들이라도 할 수 있는 다양한 일들을 하는 프로그램으로 연결되어 있다. 그래서 이곳은 노약자들을 위한 주거 시설과 일터가 동시에 제공되는 세계 최초의 치매예방과 항抗노화를 위한 '자연치유' 센터라고 할 수 있다.

오늘날 노인들은 살길이 막막하다. 젊은이들도 힘든데 노인들은 말할 것도 없다. 돈이 있는 경우는 훌륭한 요양시설에서 노후를 편하게 지낸다고 하지만, 서민들의 경우는 대책이 없다.

노인들은 외롭고 갈 곳이 없다. 그렇다고 자식들도 힘든데 그곳에서 생활한다는 것은 결코 쉬운 일이 아니다. 북유럽의 복지국가처럼 정부와 사회가 이런 문제를 해결하는 것이 가장 좋겠지만, 우리의 현실은 그렇지 못하다. 노부모를 모시려는 효심이 지극한 자식들도 있지만, 사실 엄청나게 부담이 따른다. 그래서 조금만 여유 있다면 양로원, 요양시설로 보낸다. 이것이 현실이다.

우리 마을에서는 노인들을 위한 복지 프로그램을 가지고 있다. 충분히 일할 수 있는 경우에는 일을 통해서 삶의 시간을 보람되게 사용할 수 있게 한다. 젊어서 얻은 지식과 경험 그리고 지혜를 그냥 썩히는 것은 국가적으로 사회적으로 낭비다. 노인들의 삶의 지혜를 후손들에게 물려주게 하는 것이 공동체경제마을이 할 일이다.

우리 마을은 가족 중에 노인들이 가진 여러 가지 재능들을 활용하기 위한 '재능은행'을 운영한다. 이 재능은행에는 각자가 가진 전문지식, 경험, 기술, 노하우 등을 상세하게 데이터로 제공한다. 그래서 이러한 재능을 기부하거나 혹은 활용하는 형태로 실제적으로 일에 참여할 수 있는 기회를 만든다.

여기에는 다른 재능은 없지만 아직 건강하여 일을 할 수 있는 노인들의 경우에는 노동력을 제공할 수 있다. 노인들이 할 수 있는 일들은 무한하다. 스마트 농장의 관리 업무, 마을 꽃 가꾸기, 길 안내, 주차 안내, 견학 안내, 아이들 지도, 연극 지도, 기술 교육 등 할 수 있는 일들이 무궁무진하다.

우리 마을에는 부양가족이 없는 노인들의 경우에도 일을 하면서 생활할 수 있는 주거 시설이 제공된다. 이렇게 근무하는 노인들이 모두 50여명이 있다. 이들을 위한 별도의 주거용 하우스가 마련되어 있다. 여기에는 긴급 상황에 대비하는 비상연락망과 모니터링 시스템이 연결되어 있어서,

노인들의 안전을 돕고 있다. 오늘날 사물인터넷IoT는 참으로 유용한 기술이다.

이번에 치매 예방과 항抗노화를 위한 '자연치유' 센터를 확장하게 되면, 새로운 넓은 부지에는 노인들의 일터와 생활공간이 더 큰 규모로 확장된다. 여기에는 전국적으로 최대 500명의 노인들이 일을 할 수 있고, 생활을 할 수 있는 시설이 만들어진다. 이 일은 국가와 지자체, 일반 기업체들이 후원하여 진행하는 사회적 공유사업이다.

수요일

오늘은 우리 마을에 있는 학교에 견학 오는 사람들이 있다.

우리 마을에는 2개의 학교가 있다. 하나는 자연생명학교이고 다른 하나는 미래창업대학이다. 자연생명학교는 대안학교이며, 미래창업대학은 창업인큐베이팅 전문대학이다.

자연생명학교는 현용수 교장(필자)이 오래전부터 준비한 대안학교이다. 이 학교에서는 인문적 소양을 갖춘 인재들을 육성하는 커리큘럼을 가지고 있다.

자연생명학교의 학생들은 전국의 도시에서 유학 온 학생들이 마을에서 생활하면서 다니는 학교이다. 이 학교의 수업은 교수가 강의하는 일반 수업과는 아주 다르다. 학생들에게 주제가 주어지면 학생들이 자체적으로 공부하고 토론하여 주제 발표와 결론을 도출하는 방식이다.

자연생명학교에서는 인문 교육, 경제 교육, 농업 경영 등을 다룬다. 여기서는 홍익인간의 정신과 우리 민족의 역사, 문화 그리고 철학을 배운다. 동서양의 위대한 현자들의 고전도 공부한다.

자연생명학교에서는 전인 교육으로 명상과 기공 호흡 등을 가르치고 실제적인 농업 현장 학습도 병행한다. 또한, 전 세계의 천재들의 고전문

학들을 심도 있게 공부한다. 그러나 현실적 감각을 키우기 위한 경영 원리 등도 공부한다.

학생들은 일정 기간 유학을 와서 이곳에서 생활하면서 공부하는 방식이다. 따라서 일정한 자격을 갖춘 소수의 학생들만 정기적으로 입학하여 수업하는 방식이다.

반면에 미래창업대학은 비즈니스 학교이다. 이 학교는 6차산업 융·복합 분야의 경영자들을 양성하는 CEO 인큐베이팅 전문대학이다. 이 학교의 수료자들에게는 우리 마을에서 운영하는 사업체의 경영진으로 채용되거나 자신의 회사를 설립할 때에 자금 및 경영 전반의 지원을 해 준다. 한 마디로 미래창업대학은 CEO를 양성하는 훈련 기관이라 할 수 있다.

미래창업대학은 학생들은 모두 전액 장학금을 받고, CEO가 될 수 있도록 지도받는다. 따라서 1년 단기 과정을 마치면 실제 사업체에 배치되어 일을 배우게 된다. 그리고 매년 1개월간 학교에 와서 경영자로서의 역량을 심화시키는 프로그램을 이수하게 된다.

미래창업대학의 학생들은 모두 6차산업 융·복합과 신 유통 분야의 사

업들을 경영하면서, 개인적으로는 백만장자 CEO이면서 다양한 분야의
리더로 활동한다.

미래창업대학의 학생들은 단순히 기업체 운영을 배우는 것이 아니라,
전국 각지에서 창업학교를 운영한다. 또한 세계 각지에도 사업을 전개
하면서 학교를 운영한다. 이 방식은 새로운 비즈니스 전략으로 매우 성
공적이 되고 있다.

목요일

우리 마을에는 재미있는 장소들이 많이 있다.

마을의 공용 주차장에는 마을의 공동 차량들이 있다. 이 차들은 모두 마을 법인이 운행한다. 소형 승용차 5대, 중형 3대, 대형 2대가 있다. 차는 용도에 맞추어 마을 주민들이 운행할 수 있다. 또한, 트럭과 25인 버스, 45인승 대형버스도 2대가 있다. 이 차량들은 평소에 스쿨버스와 단체 행사에 사용된다. 우리 마을의 차들은 대부분이 전기차이고 하이브리드 차량이다.

마을 자체에서 전기를 생산하기 때문에, 전기 자동차들을 편리하게 운행할 수 있다. 최근 기술발전으로 속성 충전되는 고성능 자동차 배터리가 있어서 장거리 운행에도 지장이 없다.

우리 마을에는 자체 발전설비가 몇 가지 있지만, 가장 큰 전력은 태양광을 통해서 발전한다. 태양광을 이용한 발전설비는 다용도로 활용된다. 이것은 정부의 지원과 업체의 지원으로 건설된 것이다. 일반적으로 태양광을 설치할 때, 빈 공간에 태양광 패널을 설치하는 경우가 많지만, 이것은 공간 활용 면에서 비효율적이다.

그래서 우리 마을은 모든 태양광 패널을 모두 지붕 위에 설치하는 구

〈태양광 패널〉

〈24시간 자체 발전 가로등〉

조로 건물을 지었다. 이 과정에서 태양광 건설업체가 건물 골조 비용을 부담함으로써 건축비용도 절감할 수 있었다. 또한, 마을의 모든 가로등은 자체 태양광 발전이 가능한 구조로 되어 있어서, 24시간 365일 자동적으로 날씨가 흐려지면 조명이 켜지는 구조로 되어 있다.

우리 마을에는 이러한 자체 생산하는 전기를 사용해서 스마트 농업을 경영하고, 마을에는 자체 자동차 농기구 등을 정비하고 수리할 수 있는 시설이 있다. 이곳에서는 자동차의 정기 점검뿐만 아니라 각종 농기계와 마을에서 사용하는 모든 기기를 정비하고 수리하는 일을 한다. 이 정비소는 과거에 큰 정비업체를 운영하다가 은퇴한 1급 정비기사가 운영하고 있다.

이 정비소는 다른 마을의 농민들에게도 큰 인기를 끌고 있다. 웬만한 것은 거의 무료로 고쳐주기 때문이다. 필요한 부품만 구입하면 다 무료이다. 이 정비소에는 도시에서 회원들이 필요한 부품들을 무료로 제공하기도 한다. 이것은 마을의 스마트폰 앱을 통해서 필요한 부품 목록을 올리면 도시의 여러 지역에 있는 회원들이 보내준다. 도시의 회원 중에는 각종 공구와 부품 중고품을 취급하는 사업체를 하는 사람도 있다.

이 사람들이 부품을 원가로 공급하는 것이다.

우리 마을에는 각 집마다 자체적으로 태양광 발전 시스템을 갖추고 있어서, 1년 365일 에너지 걱정을 하지 않는다.

마을에는 몇 개의 공방이 있다. 그중에 하나는 한옥을 짓는 목수들이 한옥 학교를 운영하도록 마을에서 장소와 시설물을 제공한 곳도 있다. 여기에는 무형문화재 장인들이 한옥을 지어주는 프로그램도 운영한다. 우리 마을에서는 기금을 지원한다.

즉, 누구든지 한옥을 짓고자 하면 마을 기금에서 자금을 대주고 이곳의 한옥 명장들이 집을 지어준다. 집을 거의 공짜로 짓는 것이다. 그런데 한 가지 조건이 있다. 이렇게 지어진 한옥들은 공통적으로 외국인 게스트 룸이 설치되고, 이것을 우리 마을에서 임대하여 관리하는 것이다. 이것은 외국인 관광객들을 위한 전국적인 게스트 하우스 프로그램으로 기획된 것이다.

집주인의 경우에는 한옥을 거의 공짜로 지었기 때문에, 방 1개를 게스트룸으로 배정하는 것은 그리 문제가 되지 않는다. 또한 이 게스트룸은 독립된 출입문이 있어 집주인의 사생활에 방해되지 않는 구조이다.

이 프로젝트의 목적은 새로 집을 짓는 경우에, 한옥을 짓게 유도하는 것과 관광객이 머물 수 있는 방을 넣는 것이다. 이렇게 함으로써 점진적으로 우리 고유의 주거문화를 살리는 동시에 외국인들도 접근 가능하게 하는 프로그램이다. 물론 이 일은 하나의 실험적인 프로그램으로 장기적인 계획으로 추진하고 있다.

우리 마을은 이런 방식으로 한옥을 현재까지 20여 채를 지었다.

우리 마을은 이 지역에서 가장 큰 도서관을 가지고 있다. 이 도서관은 우리 마을 주민들뿐만 아니라 다른 마을 주민들도 이용할 수 있고, 심지어 도시의 회원들도 이용할 수 있다.

우리는 다른 공동체경제마을에도 반드시 도서관을 설립하고 있는데 그것은 마을 주민들이 인문학을 생활의 일부로 습관화하기 위해서이다.

이 도서관은 종이책만 비치하는 것이 아니라 열람 가능한 형태의 전자도서를 국립 도서관과 연계하여 서비스하고 있다. 또한, 전 세계 유수의 도서관, 대학 도서관들과 계약을 맺고, 전 세계 최고의 전문 서적, 신간 서적, 논문들도 열람할 수 있는 서비스를 제공하고 있다.

이 도서관은 자체적으로 스마트폰 어플을 통해서 도서를 검색하고 전자도서를 읽을 수 있도록 서비스하고 있다. 이 도서관 어플을 각 가정의 대형 스크린에 연결하면, 집안이 곧 도서관이 되는 것이다.

우리 마을에는 주민들이 사용하는
모든 가구나 인테리어 등의 가정용
혹은 사무용품등을 재활용하는 시스
템이 있다. 즉 집안에서 더 이상 사용
하지 않거나 새것으로 교체하려고 하
는 물품은 있으면, 마을의 공동 재활
용센터에 갖다 주면 된다. 그러면 재
활용센터에서는 이것을 필요한 곳에
보내거나 혹은 수리하여 사용한다.
여기는 전자제품, 자전거, 자동차용
품, 각종 가구들도 다 포함된다.

마을에서는 거의 생활쓰레기가 나
오지 않는다. 마을 내에 완벽한 분리
수거 시스템이 있어서, 주민들이 자발
적으로 쓰레기들을 그곳에 집하시키면 이곳을 담당하는 주민이 자동적
으로 분류하여 소각할 것은 하고 외부 처리할 것은 처리하기 때문이다.
우리 마을 사람들은 각 가정에 불필요한 물품들을 많이 소유할 필요
성을 못 느낀다. 그 이유는 마을의 공유로 사용하면 되는 것들이 많기
때문이다.

오늘날 도시의 각 가정에는 전혀 사용하지 않지만 보관하고 있는 생
활용품들이 엄청나다. 1년에 한 번도 쓸 일이 없지만 그래도 혹시 몰라
서 보관하는 물품들이 넘쳐난다. 이것은 지구촌의 문제이기도 하고 국

가나 사회적 부담을 키우는 일이다. 사실 그간 상업자본주의가 사람들에게 소비만능풍조를 만들면서, 너무나 많은 것들을 소비하고 소비하도록 부추겼던 결과물이다. 사람들은 모두 개인소유물과 소비문화에 중독되어 산다. 그래서 쓸데없는 것들도 잔뜩 사들이고 또 사들인다.

그러나 우리 마을에서는 생활에 필요한 거의 모든 것들이 공유되고 있다. 자동차도 각 가정이 1대씩 혹은 2대씩 소유할 필요가 없다. 실제로 개인 소유의 차량 중에서는 1년에 몇 번 운행하지 않는 차들이 많다. 그래서 우리 마을에서는 총 100명이 살고 있지만, 차량은 20여 대가 있고, 모두 마을의 공유 차량들이다. 이 차량으로 일상생활에 전혀 불편함이 없다.

우리 마을에 입주하면서 개인용 차량이 쓸모없어진 마을 주민들은 차량을 마을 공용으로 전환시켰다. 그러면 마을 법인이 차량을 인수하여 관리함으로써, 개인적인 비용도 줄어들지만 언제든지 마음대로 차를 사용할 수 있어서 전혀 불편하지 않다. 다른 도시에 또 다른 거주지가 있거나 다른 사업체가 있어서 별도의 차량이 필요한 몇몇 주민들만 개인용 차량을 가지고 있을 뿐이다.

우리 마을은 집을 지을 때부터 건물 구조를 모두 붙박이장 형태로 설계하여 별도의 가구를 마련하지 않도록 하였다. 사실 대부분의 선진국에서는 이런 붙박이장 구조가 기본이다. 우리나라처럼 이사할 때 대형화물차로 이사를 해야 하는 경우는 드물다. 이사를 할 때 달랑 가방 몇 개면 충분하다.

우리 마을은 거의 모든 생활도구들을 집에 구비하여 언제든지 다른 곳으로 이사하거나 다른 사람이 입주하더라도 불편하지 않게 하는 시스템을 도입하였다.

오늘날 각 가정에는 주방마다 엄청나게 큰 냉장고와 김치냉장고들이 즐비하다. 그 이유는 도시에서 각 가정이 각자 먹을거리를 해결하기 때문이다. 그러나 우리 마을은 이 문제를 간단히 해결하였다. 이 말은 우리 마을에서는 숟가락 하나만 가지고 있으면 먹을거리 걱정 안 해도 된다는 말이다.

우리 마을에는 마을 공동의 전문식당이 있고, 각종 음식 재료를 보관하는 대형 냉장, 냉동 시스템이 있다. 이곳에는 마을 주민들이 언제든지 필요한 만큼 가져다 먹을 수 있는 다양한 식재료들이 보관되어 있다. 마을에는 전기가 풍족하기 때문에 이러한 대형 냉장, 냉동 시스템을 가동하는 데 부담이 없다.

우리 마을에는 전통 발효식품을 전담하는 장인이 있어서, 최고의 간장과 된장 고추장을 생산한다. 그래서 마을 주민들이 각자 된장 간장을 담글 필요도 없다. 또한, 김장을 담기 위해서 고생할 이유도 없다. 마을에는 최고의 김치공장도 있기 때문이다.

마을에서 주민들이 운영하는 식당은 매우 특별하다. 이 식당은 한식, 중식, 일식 등 다양한 요리는 물론이고 언제든지 간식도 먹을 수 있도록

필요한 재료들이 늘 준비되어 있다.

　마을 주민들이 24시간 사용할 수 있도록 시스템이 되어 있다. 그래서 집에서 밥 해 먹기 귀찮거나 혹은 힘든 사람들은 마을 식당을 이용하면 된다. 또한, 자기 집에서 먹고 싶을 때는 마을 식당에서 재료만 다 준비해서 가져가면 된다.

　마을의 공용 식당은 집안의 잔치나 혹은 외부 손님들을 접대할 때에도 매우 편리하다. 이런 행사 때문에 비용이 들고 가족들이 힘들지만, 이 식당에서는 늘 여러 사람들이 먹을 수 있도록 재료와 시설이 준비되어 있으며, 또 전문적인 요리사들도 있기 때문에 최고의 서비스가 가능하다.

　우리 마을에는 세탁이나 옷을 수선하는 전문 샵이 있다. 그래서 마을 주민들은 각 집에 일일이 세탁기를 장만하고 옷을 다리거나 할 필요가 없다. 이런 일들은 마을의 공동 시설에서 모두 가능하기 때문이다.

　마을의 공동시설들로 인하여 각 가정에서는 불필요한 시설이나 비용이 들지 않는다. 이로 인하여 생활도 훨씬 여유가 생긴다. 이러한 공유 문화를 유지하는데 필요한 것은 경제력이다. 그래서 우리 마을은 무엇보다도 경제적인 사업에 집중하는 것이다.

금요일

금요일에는 도시의 가족들이 주말을 이용해서 우리 마을에 휴식하러 오기도 한다. 주로 금요일 오후에 와서 일요일 오후에 다시 도시로 간다. 우리 마을에는 이렇게 매주 내려왔다 가는 사람들이 매주 10여 가구가 넘는다. 그리고 어떤 때에는 직장 동료들의 가족들이 모두 내려오기도 한다. 이들은 모두 마을의 무료 펜션을 활용한다. 이 펜션에는 적어도 한 번에 50명 이상이 숙박이 가능한 규모라서 전혀 문제가 없다.

이들은 우리 마을의 규칙에 따라서 펜션을 사용하고 관리한다. 마치 자신의 집처럼 잘 사용하기 때문에 청소까지 마치고 간다. 또한, 음식이나 기타 숙박을 위해서 많은 장비나 물품이 필요 없어서 가족끼리 가볍게 몸만 왔다 가도 된다. 물론 이러한 혜택은 모두 멤버십으로 제공하기 때문에 서비스를 받는 만큼의 어떤 역할을 하는 것이다.

이들은 주로 우리 마을의 홍보대사 역할을 하고, 유통을 지원하고 있어서 이러한 서비스를 받을 자격이 있다. 공동체경제마을에는 이러한 홍보대사 제도가 있다. 이는 도시의 회원들에게 일정한 자격을 주고 활동 점수에 따라서 다양한 서비스를 제공하는 방식이다. 이것은 마을 스마트폰 어플에서 자동적으로 처리된다.

우리 마을은 가까운 대도시에 전문적인 프랜차이즈 사업체를 운용하고 있다. 현재 우리 마을에서 주력하고 있는 꽃송이버섯을 메뉴로 한 버섯 샤브샤브점이 프랜차이즈 형태로 전국에서 사업을 펼치고 있다.

이 전문점은 프랜차이즈 구조이지만 조금 다른 형태인데, 도시의 서민들이 조합원으로 참여하여 협동조합을 결성한 후 운영하는 구조이다. 즉 이 샤브샤브점은 일자리 창출을 목적으로 기획된 것이다. 그래서 기존의 프랜차이즈와는 달리 본사에서 모든 것들을 일괄적으로 경영하면서, 각 지역에 동일한 점포를 갖추어 가는 것이다. 구조적으로는 프랜차이즈이지만, 본질적으로는 협동조합 기업체이다.

즉, 본사가 가맹비를 받고, 가맹점은 브랜드를 사용하는 프랜차이즈와는 완전히 다른 개념으로 운영한다. 이 사업체는 본사가 모든 경영과 마케팅을 총괄하고 각 점포는 협동조합 형태로 운영된다. 본사가 직영하는 구조이면서, 각 점포는 독립된 협동조합이다.

그래서 이 샤브샤브점은 본사에 가맹비를 내는 것이 아니다. 오히려 본사의 지분을 가지고 있기 때문에, 본사가 전국지점을 통합적으로 경영하면서 물량 공급과 브랜드 관리 그리고 마케팅 전략을 추진한다.

따라서 각 지역의 샤브샤브점은 최대한 서비스를 잘 제공하기만 하면 된다. 어느 지역에서 수익이 잘 나지 않아도 본사에서 그 부분을 해결한다. 그래서 본사는 각 지점에 사업 현황을 실시간으로 분석하여 정확한 대책을 수립한다.

이런 방식은 기존의 프랜차이즈가 가진 병폐를 막고, 새로운 협동과 공유의 사업 방식을 창조하는 것이다. 기존 프랜차이즈는 본사가 슈퍼갑이고 가맹점은 노예이다. 이런 형태로 세계 굴지의 프랜차이즈 기업들이 탄생했고 재벌이 되었지만, 가맹점 중에서는 인건비도 건지지 못하는 경우가 허다하다. 이미 기존의 프랜차이즈는 글로벌 자본주의와 다국적 기업의 체질로 굳어진 상태라서 그렇다.

우리의 유통점들은 모두 가족이다. 그래서 본사의 주식을 소유하고 또한 배당을 받는다. 그 뿐만 아니라 공동체경제마을에 입주할 수 있는 자격을 획득한다. 이 때문에 매주 혹은 매달 한두 번씩 이 샤브샤브점의 직원들이 우리 마을에 놀러 온다. 이렇게 하여 우리 마을에는 늘 외부의 손님들이 넘쳐난다. 그러나 이렇게 많은 사람들이 마을에 와도 마을 사람들의 생활은 전혀 불편하지 않다.

우리는 처음부터 마을 주민들을 위하여 모든 시스템을 운영하고 있기 때문이다. 이것을 외부에서 오는 손님들도 정확히 인지하도록 사전에 교육한다. 이러한 내용은 우리의 스마트폰 앱APP에서도 자세히 소개되어 있다.

공동체경제마을에서는 매일 매일이 축제이다. 그 이유는 외부에서 오는 손님들도 한 가족이기 때문이다.

토요일

　이번 주 토요일에는 등산모임이 있다. 서울에서 내려온 우리의 공동체경제 신 유통회사의 리더들이 행사를 한다.

　우리 마을의 주민들이 출자하고 전문경영인들이 운영하는 신 유통회사는 정확히 네트워크마케팅 회사이다. 설립한 지 2년 만에 벌써 동남아 10개 국가에 지사를 설치할 정도로 빠르게 성장하고 있다.

　이 새로운 유통회사는 설립 멤버들이 모두 우리 마을 주민들이고, 운영진도 모두 마을 주민들이다. 5개의 공동체경제마을 주민들은 모두 1,000명이 된다. 이들 대부분이 신 유통 법인에 출자를 했다. 물론 각 마을도 법인으로 출자를 했다. 이렇게 해서 출자금만 50억으로 설립된 회사이다.

　신 유통회사는 처음부터 온라인과 소비자들이 참여할 수 있는 마켓 3.0 시대에 전략을 적용시켰다. 우리 마을에서 생산하는 특별한 건강보

조식품들과 꽃송이버섯을 원료로 하여 만든 기능성 화장품, 영양제 등 다양한 제품들을 유통한다.

또한, 타사에는 없는 문화상품들이 제공된다. 예를 들면 자기계발 교육이나 강연 그리고 건강 프로그램 같은 것들도 모두 상품으로 제공된다. 여행 서비스나 금융서비스 등도 포함되어 있고, 여기에는 핀 테크 기술도 접목되어 있다.

신 유통회사는 기존 회사와 달리 독특한 시스템이 있다. 첫 번째는 자격증 제도가 있다. 회사에는 일반적인 소비자 회원과 사업자 회원이 구분되는데, 사업자를 네트워커라 부른다. 네트워커가 되려면 일정의 자격 이수가 필요하다. 여기에는 미래창업대학의 교수진들이 교육을 담당한다.

교육에는 공동체경제마을의 견학 및 실습과정도 포함된다. 1주일간의 교육 연수를 마치면 리치 네트워커로서 활동하게 된다. 이러한 독특한 제도로 인해서 초기에는 매우 속도가 느렸으나 어느 순간부터 조직이 급성장하고 있다.

이미 설립 2년 만에 국내 월 매출이 100억 원을 돌파했으며, 동남아

시장 매출을 합치면 1,000억이 넘는다.

신 유통회사의 리더들이 오늘 우리 마을에서 1박하면서 등산모임을 갖는다. 총 100명의 리더들이 전국 각지에서 왔다.

오늘 행사에서는 이달에 최고 경영자가 된 모 씨를 축하하는 디너쇼도 기획되어 있다. 월요일에 총회를 개최했던 마을의 공연장은 이러한 퍼포먼스를 진행할 수 있도록 적합한 시설이다.

유명한 가수와 연예인도 초빙하여 행사를 진행한다. 이들은 모두 우리 마을의 회원들이다. 이들은 신 유통에서도 참여하여 꽤 높은 직급에 도달한 경우라서 찬조출연을 하는 것이다.

행사는 모두 우리 마을의 스마트폰 앱으로 볼 수 있다.

일요일

우리 마을의 일요일은 매우 조용하다. 물론 외부에서 온 사람들이 진행하는 행사가 있고, 또 캠프도 있어서 그곳에는 많은 사람들이 있다. 그러나 마을 주민들은 대부분 각자의 시간을 보낸다. 각자 종교 활동을 하거나 명상을 하는 경우도 있다.

우리 마을에는 주민들의 규정이 있는데, 다음 세 가지는 공식적으로 다루지 않도록 규정하고 있다.

첫째는 정치적 이슈이고, 둘째는 종교적 이슈, 셋째는 개인 생활 이슈이다. 이런 것들은 마을의 질서와 단결에 부작용을 초래할 수 있어서, 사전에 차단하는 것이다.

마을에서는 각자의 신앙적인 활동을 할 수 있도록 종교의 자유, 그리고 정치적 자유를 허용하고 있다. 그러나 이것은 마을의 경영에 영향을 미치지 않도록 마을 외부에 두도록 하였다. 따라서 우리 마을에는 특정 종교나 정치 혹은 불필요한 시설들은 없다. 대신에 각자의 종교 생활에 방해되지 않도록 활동이나 시간 등을 충분히 고려하고 있다.

예를 들어서 종교적 이유로 특정 음식을 먹지 않거나 혹은 특정 날에

활동하지 않는 등의 경우를 감안하여 프로그램을 운영한다.

우리 마을의 목표는 보다 인간적으로 풍족하게 사는 것이다.

이것이 홍익인간의 정신이고 사상이다.

마을이 무엇을 할 수 있나?

왜 마을을 만들려는 것인가?

마을이 할 수 있는 일은 매우 많다.

마을은 세계가 하지 못하고, 국가가 하지 못하고, 도시가 하지 못하는 일을 할 수 있다. 오늘날 세상은 서민들이 살기가 힘들다. 경제력이 약한 개인이나 한 가족만으로는 너무 힘들다. 우리 사회가 유럽 선진국처럼 복지국가라면 얼마나 좋을까?

사람들이 단합한다면, 무슨 일이든 할 수 있을 것이다. 그러나 하나의 도시나 국가는 단합된 하나의 일을 하기 엔 너무나 크다. 그래서 가장 적합한 단위가 마을이다. 물론 우리가 말하는 마을은 아주 작은 초소형 마을이다. 20가구~100가구 정도의 작은 마을이다. 이렇게 작은 마을이라면 충분히 성공적인 경영이 가능하다. 주민들이 모두 협동과 공유의 정신으로 성공을 이끌어 낼 수 있을 것이다.

우리가 살고 있는 이 시대는 협동과 공유 시대이다.

사실 거대한 도시도 협동과 공유를 가능하다고 생각한다. 물론 오래 걸리겠지만, 협동조합 방식으로 충분히 가능하다. 스페인의 몬드라곤이나 이탈리아의 볼로냐, 캐나다의 퀘벡 등이 그런 가능성을 보여준다. 작게는 일반 기업체들도 충분히 협동과 공유경영이 가능하다. 셈코, 미라이 공업 같은 앞선 기업들은 협동과 공유의 정신을 발휘하여 성공을 거두고 있다.

공동체경제마을은 기업과 도시의 중간 영역에 있다. 사람 사는 마을을 하나의 기업체처럼 경영한다. 개인적으로는 경제력이 약한 서민들이지만 뭉치면 큰일을 할 수 있다. 협동하고 공유하는 기업체 마을을 만들어서 잘살아 보자는 것이다.

공동체경제마을은 가능한 일이고, 이미 현실적인 여건이 성숙했다.

2015년 6차산업법(농촌 융·복합 육성 및 지원에 관한 법률)이 시작되었다. 지금 우리는 공동체경제마을을 조성하기 위한 기구를 설립하였다. '(사)한국 아그리젠토 6차산업 경영컨설팅협회' 이다. 이 법인은 정부가 추진하고 있는 6차산업 융·복합의 선도적 단체가 될 것이다.

이 책은 지금까지의 생각들을 옮긴 것이다. 그러나 이것이 결론이 아니다. 이것은 필자의 생각을 정리한 것이다. 물론 완성된 생각도 아니다. 현재까지의 생각들을 일부 정리한 것뿐이다. 사실 아직 하지 못한 말들이 많다. 그러나 지금은 여기까지만 말하는 것이 좋을 것 같다.

이 책을 만든 이유는 단순하다.

"사람들이 아그리젠토 공동체경제마을이 뭡니까?"라고 물을 때, 설명 대신에 이 책을 주려고 한다. 시간도 절약하고, 에너지도 절약하고, 다목적으로 사용하려는 것이다.

처음 이 책을 기획할 때, 공동체경제마을의 일주일을 상상해 보았다. 초고를 끝내고 돌아보면, 늘 아쉬움이 남는다. 여기까지 읽어주신 독자여러분께 감사드리며, 한 마디 하고 싶다.

우리 다같이
공동체경제마을에서
부자로 멋지게 살아봅시다.

◇참고 자료◇

• 이다카다테 마을 이야기: 유투브 동영상 (마을을 살리는 쌀 그림)

  https://youtu.be/pyO7PxS5HEU

• 쁘띠프랑스 사이트 참조: http://www.pfcamp.com/

• 독일마을 사이트 참조: http://nhpadok.namhae.go.kr/

  http://남해독일마을.com/

• 프리미엄 조선 기사

• 정선다문화 사이트: http://damoonhwa.net

• 조선닷컴 기사: 양반증서

• 도시 근대건축물 생태보고서 '낡은 집' 방송물

  http://www.mbcgn.kr/onair/video.php?id=REVIEW&seq=2015112606

• 통의도시연구소: http://www.turi.re.kr/

• artMK 문화를 통한 도시재생 프로젝트5

• http://www.hot-ishikawa.jp/kanko/korean/20041.html

  http://www.kanazawa-tourism.com/korean/main/index.php

• 북촌문화센터 사이트: http://bukchon.seoul.go.kr/

• 한겨레 2015. 02. 08. 기사내용

• 《경남발전연구원》 농업의 6차산업화와 추진과제.경남발전,(133),57-70.

◇참고 서적◇

「고을과 마을의 문화이야기」 이해준 / 세창출판사 2015.

「깨어나라 협동조합」 김기섭 저

「내가 꿈꾸던 북유럽 라이프」 루크 / 팬텀북스 2015.

「노후를 위한 집과 마을」 주총연 / 클 2014.

「대한국인의 길」 현용수 / 홍익미래경영연구원 2015.

「도시에서 행복한 마을은 가능한가」 유창복 / 휴머니스트 2014.

「마을기업 희망 공동체」 정윤성 / 씽크스마트 2013.

「마을로 가는 사람들」 인간도시 컨센서스 / 알트 2012.

「마을로 간 인문학」 김영선, 이경란 / 당대 2014.

「마을 만들기를 위해 알아야 할 28가지」 폴 매티시 /그물코 2015.

「마을문화의 인문학적 가치」 임재해 / 민속원 2012.

「마을, 생태가 답이다」 박원순 / 검둥소 2011.

「마을을 상상하는 20가지 방법」 박재동, 김이준수 / 샨티 2015.

「마을의 귀환」 오마이뉴스 특별취재팀 /오마이북 2013.

「마을의 재발견」 김기홍 / 올림 2014.

「마을이 돌아왔다」 김예진 / 수선재 2014.

「모두를 위한 마을은 없다」 하승우, 권단 외 / 삶창 2014.

「매버릭」 리카르도 세믈러 저

「미래의 땅 생명의 땅」 현용수 / 홍익미래경영연구원 2015.

「복지 사회와 그 적들」 가오렌쿠이 / 부키 2015.

「사람사는 대안마을」 정기석 / 피플파워 2014.

「삶의 학교, 칠곡 인문학 마을」 칠곡군 14마을 주민 /빛을만지는아이들 2014.

「세계시골마을」 이형준 / 예담 2011.

「셈코 스토리」 리카르도 세믈러 저

「스웨덴 기자 아손 100년 전 한국을 걷다」 아손 그렙스트 / 책과 함께 2005.

「신성한 경제학의 시대」 찰스 아이젠스타인 저

「야마다사장,샐러리맨의 천국을 만들다」 야마다 아키오 저

「우리는 이상한 마을에 산다」 댄 핸콕스 / 위즈덤하우스 2014.

「우리 마을 만들기」 김기호, 김도년 외 / 나무도시 2012.

「우린 마을에서 논다」 유창복 / 또하나의문화 2010.

「우주선 지구호 사용설명서」 버크민스터 풀러 저

「유럽의 책마을을 가다」 정진국 / 생각의 나무 2008.

「자본주의를 넘어」 다디 마헤슈와라난다 저

「창조마을」 김규성 / 나비로활주로 2014.

「한국인만 모르는 다른 대한민국」 임마누엘 페스트라이쉬 / 21세기북스 2013.

「한옥마을에서 본 한류」 김윤덕 / 삶과지식 2013.

「함께 만드는 마을, 함께 누리는 삶」 김성균, 이창언 / 지식의날개 2015.

지은이/ 현용수

• 건국대학교 미래지식교육원 주임교수(6차산업 융복합 경영 최고위)

• (사)한국 아그리젠토 6차산업 경영컨설팅협회 이사장 · 회장

• 홍익미래경영연구원 HMCI 대표이사 · 원장

• 경영학박사Ph.D/의역학자醫易學者/자연치유학자Naturopathy/뇌교육학자Brain Trainer

저서로는 『대한국인의 길』, 『미래의 땅, 생명의 땅』, 『중국을 열다』, 『비상장 주식에 투자하라』, 『장외시장 투자 및 운용』, 『그래도 뜨는 땅은 있다』, 『부동산 문화 시대』. 그 외 칼럼으로는 『직업상담론 I · II』, 『철학, 경영에 답하다』, 『성공하는 운運, 실패하는 운運』 외 다수.

현용수 교수의
공동체경제마을 이야기

개정판 1쇄 발행 2018년 6월 14일

지은이 현용수
펴낸이 현용수
펴낸곳 홍익미래경영연구원
출판등록 제2015-000095호 (2015. 04. 22)

주소 서울시 서초구 서초중앙로 152, 702호(서초동, 우민빌딩)
전화 (02) 853-6677

부회장 남기원 | 기획 · 편집 양세엽 | 자료 · 구상 김규남
회계 · 재무 박신영 | 주간 장주동 | 간사 박창홍 | 마케팅 · 교육 최계춘

ISBN 979-11-961849-8-8 03320

＊책값은 뒤표지에 표기되어 있습니다.
＊잘못 만들어진 책은 구입처에서 교환해 드립니다.

小름 세상 은 홍익미래경영연구원의 다른 이름입니다.